보험으로 사는 시대가 온다!!

I got it!
세일즈폭발 II

김송기 지음

보험을 열창하고 싶지 않은가?
자산축적용상품의 비밀
LC어프로치/간병보장 등 실전기법수록

성공문화연구소

들어가는 글

New normal시대 퍼즐맞추기

    2005년 출간된 세일즈폭발은 현장 교과서로 많은 사랑을 받아 왔다. 그 후 시간이 많이 흘렀고 현장은 급격한 패러다임 변화가 있었다. 계절이 변하면 옷을 바꿔 입듯 기본개념과 전략도 바뀌어야 하고, 변화된 패러다임에 맞는 보험 교과서가 필요하기에 펜을 든 지 1년 만에 두 번째 버전을 펴내게 되었다. 학창시절 수업시간에 졸아도 믿는 구석은 또 하나의 선생인 '전과(全科)'였다. 보험의 전과, 이것이 이 책의 집필 의도다.

    매월 쏟아지는 보험 상품은 여러 다양한 기능 부가로 고차원 방정식이 돼버렸다. 그 결과 우리의 머리는 혼란스럽고 고객은 결정 장애에 빠져 있다. 지금은 파는 시대가 아니라 본격적인 컨설팅 시대로 바뀌는 전환기로 기존 컨셉과 프로세스를 획기적으로 뜯어고치는 패러다임 전환과 핵심키워드를 찾아 온갖 지식을 정리하여 '사통팔달'을 만들어야 한다. 여러 가지 지식이 필요한 것이 아니다. 꼭 필요한 지식을 알기 쉽게 전달하여 고객의 혼란한 머리를 확 정리해주면 된다. 몰라서 못 파는 것이 아니라 정리되지 않아 못 파는 것이다. 세일즈폭발 Ⅰ이 '개념세우기'였다면, 세일즈폭발 Ⅱ는 조각나고 흩어진 지식과 개념의 '퍼즐 맞추기'다. 7가지 chapter(수납공간)에 맞춰 키워드를 정리하고 정리된 키워드 중심으로 상품개념을 재구성하면 된다. 만날 고객이 없다고 말하는 사람이 많다. 가망고객과 시장은 발굴이 아니라 발견하는 것이다. 세일즈폭발의 원동력은 시장과 보험을 바라보는 관점을 혁명적으로 바꾸는 것이다.(1.2.7장) 먼저 3가지 패러다임에 주목해야 한다.

3가지 패러다임

1. 세상이 변했다. 이제 재무설계사는 FP가 아니라 고객 자신이다. 이것이 FP의 말이 먹히지 않고 클로징 확률이 떨어지는 이유다. 이 개념을 중심으로 일의 순서를 다시 잡아야 한다. 세상은 이익에 의해 움직인다. 보험가입의 이익을 차곡차곡 정리해주고 고객 스스로 자기보험을 잘 '운전'하도록 구매과정을 이끌어야 한다. 그러기 위해 고객과의 관계도 끌어올려야 하고 프로세스도 다시 정리해야 한다.(7장)

2. 100세 시대 보험은 지출이 아닌 생존자산이다. 생존보장 중심으로 지출 개념을 과감히 깨고 개별 보장을 스토리로 엮어 보장카트(Cart)를 구성해야 한다. 이를 쉽게 전달하려면 LC백지설계가 필요하다.(2,6장)

3. '간병보장'이 시급하다. 대부분 고객은 '간병보장'이 준비돼 있지 않아 이른바 블루오션 시장이다. 간병보장 중심으로 기존 보험을 재해석한다면 수많은 기회의 문이 열린다.(5장)

　　지금 트렌드는 보험의 실사구시, 즉 내 보험이 실질적으로 어떤 도움이 되는지를 알면 납입여력은 고객이 만들어 낸다. 납입여력 부족보다 이해 부족이 문제다. FP는 이해할 수 있는 것만을 권하고 고객도 자신이 이해한 상품만 구매하게 된다. 이해 수준을 높여야 종신보험 같은 고액판매를 할 수 있다.

　　학습방법은 먼저 정독으로 전체 흐름을 파악하는 1독, 별도 노트에 핵심

들어가는 글

키워드를 정리하는 2독, 또 학습조직을 만들어 함께 읽고 토론하는 3독을 권한다. 고객과 함께 읽고 PT가 가능하도록 기획하였으므로 엄선된 통계자료 등 중요 부분에 형광펜과 포스트잇을 표시하여 PT한다면 상담력이 향상될 것이다. 이해가 안 되는 부분은 일단 넘어가고, 많은 내용을 단번에 소화하려고 하지 말고 목차부터 꼼꼼히 점검하면서 관심 있고 필요한 부분을 집중적으로 취하는 것도 좋은 방법이다.

항상 곁에 두고 펼쳐 보아 책에 담긴 보물들을 한 부분도 놓치지 말고 남김없이 캐내길 바란다. 책에 실은 내용은 이유가 있다. 아마 부족했던 많은 부분을 채울 수 있을 것이다. FP는 보험을 노래하는 가수이고 누구나 보험으로 열창하고 싶을 것이다. 이 책은 국민과 함께 부를 노래다. 그대로 전하면 된다. 부디 이 노래가 FP를 통해 전국 방방곡곡에 울려 퍼지길 기대한다. 이제 첫 장을 넘겨 노래를 익히자.

김 송 기

세일즈폭발 II 부분적으로 학습하기

1. 자기소개와 철학을 정리하다. _Chapter 7
2. 종신보험 컨셉을 정리하다. _Chapter 4
3. 간병보장, 카트를 만들다. _Chapter 5
4. 흩어진 컨셉의 퍼즐을 맞추다. _Chapter 3
5. 100세 트렌드를 잡다. _Chapter 2
6. 일의 패러다임을 전환하다. _Chapter 1
7. 백지설계를 익히다. _Chapter 6

Contents

들어가는 글 | New normal시대 퍼즐 맞추기 _ 3가지 패러다임

Chapter 1 시대 트렌드
Concept세우기 10 | 전해야 할 것들 14 | 지금은 어느 때인가? 17 |
3조1도움 25 | 저성장 insight 33 | 생명보험, 본질을 꿰뚫다 40 |
보험, 대한민국 보물창고 51 | 꼭 알아야 할 보험약관 56

Chapter 2 100세 insight
미래 읽기 62 | 생존보장 72 | 보험으로 사는 시대 79 |
의사가 내 병명을 모른다? 87 | 20년 후, 우리의 미래 98 |
100세 인디케이터, 치주질환 108

Chapter 3 보장연합군 창설식
보험이란? 122 | 보험의 성품. 성질. 성격
1단계 초급 어프로치 132 | 손가락 보장
2단계 중급 어프로치 138 | 위험 3단계
3단계 실전 어프로치 142 | 3가지 궁금증
4단계 보장컨설팅 insight 150 | 사후 반복보장

Chapter 4 보험, 자산축적용 상품
10년 후 어느 날, 의료민영화의 미래 71 | 실손보험 178 |
가난을 부르는 생각들 188 | 23전 23승의 이순신 198 |

종신보험, 평생 비과세통장 202 │ 종신보험, 자산축적용 상품 208 │
億 만드는 아이디어 222 │ 보험으로 상속하는 시대 227

Chapter 5 I got it, 간병보장
간병(치매)보장 236 │ 치매, 최악의 시나리오 243 │
간병보장 개념 248 │ 간병보장, 어떻게 준비하는가? 250 │
간병보장, 카트에 담기 253 │ 암간병 보장 264 │
심장질환 VS 뇌졸중 280 │ 보험금 청구 관련 283

Chapter 6 4장으로 끝내는 LC백지설계
백지설계를 마스터하라 288 │ 우리들의 인생이야기 291 │
LC그리기 294 │ 백지 보장설계 304 │ 백지 은퇴설계 312 │
어린이, 120세 콜럼버스 317 │ 손해보험, 실손보상 카트만들기 136 │
운전자보험 329

Chapter 7 프로세스&자기소개
프로세스 세우기 338 │ 일의 철학 344 │
실전, 자기소개 만들기 352 │ 보험인 철학 367

나오는 글 │ You are special!

01
시대 트렌드

- ◆ Concept 세우기
- ◆ 전해야 할 것들
- ◆ 지금은 어느 때인가?
- ◆ 3조 1도움
- ◆ 저성장 insight
- ◆ 생명보험, 본질을 꿰뚫다
- ◆ 보험, 대한민국 보물창고
- ◆ 꼭 알아야 할 보험약관

>

저성장은 물건을 사지 않는 시기가 아니라 물건을 사는 방식이 바뀌는 시기,
인간의 욕망은 경기가 좋거나 나쁘거나 막론하고 변화하지 않는다.
경기나 트렌드에 따라 표현방식이 달라질 뿐,
경제 위기라는 울타리를 벗어나기 위해 비상의 날개를 펴야 할 때.

_김난도 교수

Concept 세우기

내 고객은 어디로 갔을까

> Bible에 보면, 밤새 그물을 던졌지만 단 한 마리의 물고기도 잡지 못한 제자들에게 예수가 나타나 깊은 곳에 가서, 혹은 배 오른편에 그물을 던지라고 했고 그대로 했더니 그물이 찢어질 듯 물고기가 잡혔다는 스토리가 나온다. 평생 어부로 살아와 경험과 지식이 풍부한 전문가인데 단 한 마리도 잡지 못한 어이없는 상황. 지금이 바로 이와 같은 상황이다. 물의 흐름도 바뀌었고 물고기도 사라졌다. 고객리스트 300명도 이처럼 한꺼번에 사라져 0^{ZERO}가 될 수 있다. 이것이 '내 고객 실종사건'!

배 오른편이란 고개를 돌려 반대편을 보라는 말이다. 재무설계와 보험의 바뀐 흐름을 파악해야 한다. 스티브 잡스는 끊임없이 변화를 주목하고 탐색하며 절대 머물지 말고 찾으라고 한다. 일단 과거 성공 경험을 싹~잊고 현실을 직시해야 한다. 시대에 맞는 컨셉으로 무장하여 새로운 컨셉으로 기존 컨셉을 재해석할 수 있어야 기존보험을 부수고 재건축을 할 수 있다. 바야흐로 생존보장 중심의 보험교체기다. 필요시기에, 필요한 보험금에 맞춰 거꾸로 각종 담보를 배치하면서 보험료와 납입기간을 조정하고, 기존보험 중 '살릴 것, 조정할 것, 보강할 것'을 조정해야 한다. 100세 시대 관점에서 종신보험과 CI보험도 다시 해석해야 한다. 일방적인 제안이 아닌 표준샘플 제시 후 고객 스스로 개별담보들을 조립하도록 도우면서 다건(多件)이 팔리는 패러다임이다. 이 흐름을 잡고 단 한 번을 성공시키고 그 성공을 모델로 계속 찍어 내면 되는 것이다.

가장이 수입능력을 상실했다면 배우자라도 대신해야 한다. 역할은 바뀔 수 있다. 저금리로 이자수익이 사라져 버린 빈 공간에 투자수익과 보험수익으로 채워야 한다. 과거엔 '저축과 보험'이었다면 이젠 '투자와 보험'이다. '종신보험은 사망보험이다'란 말을 생각해보자. 맞는 말이지만 사실 틀린 말이다. 종신보험을 사망보험으로만 알면 어린애다. 기능에 대한 이해가 부족한 것이다. 이는 '어머니는 여자'라는 말과 같다. 역할보다 어머니란 기능이 중요하다. 고객이 보험을 싫어할까? 오히려 원한다. 다만 무엇을 원하는지 모를 뿐이다. 보험은 상품이 아닌 제도와 기능을 사는 것이다. 기능을 알면 절실해진다. 그러므로 실질적 기능과 도움을 역설해야 한다.

키워드는 '분리'가 아닌 '결합'이다. 빚을 내어 내 집 마련에 나서는 이유는 '주택'과 '연금'이 결합(주택연금)했기 때문이다. 암진단비, 장해진단비도 연금과 결합하여 '암간병연금, 장해연금'이 된다. 생명보험과 손해보험도 비교하지 말고, 결합시켜야 한다. Buy the term, invest the rest란 '정기보험을 구입하고, 나머지를 저축하라'는 말이다. 보장통장과 저축통장을 나누자는 거다.

여력이 부족하면 통장을 결합시켜야 한다. 그래서 보장과 저축을 결합한 종신보험이 팔린다. 상품은 종신보험이나 기능은 다목적이다.

깊은 곳은 보험의 본질이다. 고객은 보험 자체를 원한다. 보험의 본질은 기능이다. 내 보험이 어떤 역할인가를 아는 것이 중요하다. 원자력과 화력발전 중 어느 것이 더 폭발력이 강할까? 원자력은 쪼개는 것, 화력은 태우는 것이다. 바로 원자력이다. 보험도 본질로 파고 들어가 단물이 나오도록 씹어 폭발력을 만들어야 한다. FP는 컨셉에 강해야 한다. 컨셉의 퍼즐이 맞춰지면 입이 터진다. 고객과 대화가 되고 토론이 된다. 남의 화법을 외우는 것이 아니라 명확한 보험 일과 설계에 '자기 입장'을 말할 수 있어야 한다. 일을 잘하려면 어떻게 해야 할까? 절에 다니지 말고 부처가 되고, 교회에 가지 말고 예수가 되면 된다. 부처가 되면 나오는 말이 다 부처님 말씀이고 설법이며, 예수가 되면 모든 말이 예수의 말이 된다. 보험인이 되면 되는 것이다. 보험가입자도 재무설계사가 되어야 보험을 가장 잘 가입할 수 있는 것이다. 재무설계사가 자기 입장을 가지려면 보험의 본질로 깊게 파고 들어가 깊이와 내공을 만들어야 한다. 그러기 위해 자기만의 스크립트를 만들고 글로 쓰고 말해봐야 한다. 복싱에서 잽을 날리듯, 침을 찌르듯, 본질적 질문으로 기존질서를 무너뜨려야 한다. 매력적인 질문리스트를 만들자. 질문은 FP의 수준을 말해준다.

질문리스트

- 기존 보험은 왜 가입했는지 _가입목적에 충실한지
- 기존 보험은 누구를 위한 것인지
- 기존 보험은 언제 쓰려고 가입하는지 _절실한 기간은 언제인지
- 그 기간에 충분한 금액인지
- 대기업 회장이 보험이 필요한가? _부자와 가난한 자 중 누가 절실한가?
- 보험에 가입한 자와 가입 안 한 자 중 누가 엘리트인가?
- 지금 점검받지 않으면 강제로 점검 당하는 시기는?
- 보험금 지급의 불확실성이란 다른 말로 '실현 가능성'!
- 단 1%의 확률이 있어도 내게는 100%가 되는데, 무시해도 될까?
- 저렴하고 싼 보험이 존재할까?
- 저렴한 보험이 좋은 보험일까? 회사가 바보인가?

왜 살아야 하는지 아는 사람은 어떤 어려움도 견딜 수 있다.

전해야 할 것들

네 문제야~ 지금이 설득할 때인가? 다들 노후준비하느라 아우성인데… 이미 100세 시대로 훅~들어와 버렸다. 이젠 연습게임이 아닌 실전이다. 항상 강조하는 말이 있다. '네 문제야~!'라는 것. 가장 큰 리스크는 '잘못 가입한 보험으로 안심하는 것'이다. 그저 열심히 소처럼 일해서 보험료를 내도 막상 보장이 안 되면 헛고생한 거다. 보험은 주택구입 다음으로 큰 결정이고 자동차구입보다도 중요한데 가입된 보험으로 어떤 보장을 받는지 모른다면 큰 일이다. 고객도 때론 혼나야 한다. 소비자도 갖춰야 할 '수요자의 윤리'가 있다. FP 잘 만나는 것이 복인 시대다. 고객이 FP를 선택하는 것이 아니라 오히려 FP가 고객을 선택하는 시대다. 선택되셨으니 이 만남이 소중하지 않나? 나도 최선을 다하겠다. 손바닥도 마주쳐야 소리가 나듯 서로 최선을 다하자.

가난을 물려줄 수 있어~ 65세 이후 1년 병원비는 65세 이전 병원비와 같다. 이젠 하우스 푸어를 넘어 메디컬 푸어가 되는 시대로 노후파산에 대비해야 한다. 이제 IMF는 각 가정으로 온다. 사람은 언제 죽을지, 아플지 모른다. 불확실한 시대에 최소한의 안전장치도 없이 신의 영역에 도전하면 어떻게 되는가. 생로병사! 누구도 피할 수 없다. 고로 보험도 피할 수 없다. 재무설계사와 만남도 피할 수 없다. 보험이 없어 생긴 가난이 가장 질 나쁜 가난이고 특히 노후가난은 30년의 준비기회를 낭비한 벌이다. 질병통계를 무시하지 말고 가족력과 유전병도 파악해야 한다. 저성장 시대 보험은 가장 손쉽게 자산을 만들 선취자산으로 가치는 갈수록 상승하므로 가격도 오를 것이다. 돈의 우물을 파고, 돈 나갈 구멍을 막아야 한다.

보험으로 상속하는 시대야~ 자산이 없어도 소액으로 손쉽게 자녀를 돕는 방법이 있다. 납입이 완료된 보험증권을 주는 것이다. 지금 트렌드는 집 한 채는 못 물려줘도 나중에 보험 때문에 부담되지 않도록 작은 보험이라도 물려주는 것이다.

큰 걱정부터 해결하자 가장 큰 걱정은 보험이고, 보험을 잘 다뤄야 성공적인 인생을 살 수 있다. 그런데 보험이 독학으로 가능할까? 중요과목은 과외라도 해야 한다. FP는 보험의 과외교사다. 고객이 모든 분야의 전문가가 될 수 없다. 매월 거액의 보험료를 내고 있으면서도 불안하면 안 된다. 이번 기회에 정리 안 된 보험증권을 깔끔하게 정리하고 걱정을 뿌리 뽑자. 고객의 선한 친구로서 항상 고민한다. 고객을 위한 설계인지, 나를 위한 설계인지!

보험은 생존비용 가난하다고 병원비를 할인해줄까? 전기요금, 가스료도 단 한 푼도 할인해주진 않는다. 잠수부는 각자 산소통을 매고 물속으로 들어가고 해외장기여행을 간다면 배낭 꾸리기가 준비의 90% 이상이다. 노후를 위해 '생존배낭'을 꾸려야 한다.

수수료는 전문인을 얻는 아주 값 싼 비용이다.

지금은 어느 때인가?

시각조정

　우리는 인생에 대해 '긍정적', 재무적으론 아주 '금전적', 보장은 '비관적 시나리오'를 바탕으로 해야 한다. 막연한 긍정은 합리적 결정을 막는다. 최악의 시나리오에 대한 대비가 역설적으로 최상의 긍정을 끌어낸다. 주식의 하단부분과 청룡열차의 하단부인 실패, 불행을 제거하면 성공과 행복만 남게 된다. 인생도 흥망성쇠^{興亡盛衰}를 거친다. 흥함^{興}과 성함^{盛}은 저축과 투자로, 망함^{亡}과 쇠함^{衰}은 보험으로 잡는다. 먼저 보험으로 망과 쇠를 다스린다면 흥함과 성함은 시간문제일 뿐이다. 실패 대비 계획은 곧 더 강한 성공계획이다. 먼저 죽을 준비$^-$, 아플 준비$^+$를 먼저 해 두어 행복하게 살 일만 남게 만들자. 사람은 '믿는 구석'이 있어야 하고 일곱 번 쓰러져도 여덟 번째 일어날 수 있어야 하며 역경에 처해서도 '그럼에도 불구하고' 일어설 수 있어야 한다. 이미 다가온 100세 장수는 온통 지뢰밭이다. 지뢰밭에선 언제 발목이 날아가 활동불능^{ADL}

이 될지 모른다. 역전패당하지 말고, 역전드라마를 만들어야 한다. 세상은 항상 변증법적으로 변하여 위기☞기회☞위기☞기회가 반복된다. 하늘이 무너져도 솟아날 구멍은 있다. 예정된 위기는 위기가 아니다. 경고를 듣고 대비하므로 비관론은 항상 틀리게 된다. 위험을 미리 보고선견, 미리 알고선지, 미리 대비선구하면 된다.

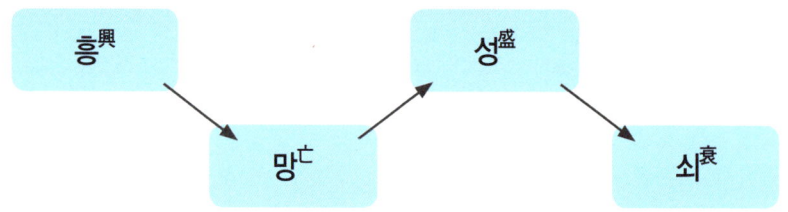

금리가 올라가면 내 돈값이 올라가 노후준비 기간이 줄어드니 좋고, 금리가 내려가면 대출이자가 줄어들어 좋다. 시대에 맞는 재테크, 재무설계의 방법을 찾으면 된다. 2019년까지 미국 연준의 기준금리 전망은 3.0%다. 한국은 여기에 1~1.5%를 더하고, 보험사 공시이율 1%를 추가하면 5~5.5%가 된다. 게다가 비과세 혜택까지 받으면 금상첨화다. 금리가 올라 좋아할 사람은 금리가 낮을 때 미리 저축하여 목돈을 만든 사람이다. 1천만 원의 1%는 10만 원, 1억 원의 1%는 100만 원이다. 금리상승의 혜택은 금융회사에 더 큰돈을 예치한 사람이 누리게 된다. 어떤 사람인가? 저금리에도 불구하고 꾸준히 노후자금을 저축해온 사람이다. 변액보험도 단기간에 수익이 날수도 있지만, 기간이 길어지면 펀드도 흥망성쇠를 거치다가 수익률은 평균에 수렴한다. 그래서 [정기예금+@]를 목표로 잡아야 한다. 재무설계에서 핫 이슈는 노후준비다. 노후준비는 금리와 시장 상황과 관계없이 명확한 목표와 세밀한 실행계획 아래 차질없이 진행되어야할 중대한 일이다. 중요한 것은 시간이다. 무조건 일찍 시작하는 자가 이기는 게임이다. 금리 인상기는 흩어진 통장들을 정리하고 초저금리로 인한 폭발 일보 직전의 부채를 줄이는 등 자산구조를 바꾸는 시기다. 목표는 10명 중 4명이 재앙이라고 걱정하는 노후다. 이제 보험시장을 살펴보자.

IMF 시절에도 여전히 챔피언은 나왔고 오히려 큰 성과를 거둔 사례가 많았다. 부동산중개인은 부동산 가격과는 관계없다. 돈을 벌지 못하는 경우는 오직 '거래중단'사태뿐이다. 시장이 불황이어도 보험은 호황일 수 있다. 지금은 [서울-대전행] 열차표를 [서울-부산행]으로 바꾸는 것처럼, 고성장기 보험에서 저성장기 보험교체기다. 보험교체와 더불어 FP도 교체될 수 있어 한쪽은 탈락 위기, 신인이나 다른 누군가에게는 무한한 시장이 펼쳐진다. 핸드폰시장이 스마트폰시장으로 재편되듯 FP도 스마트해져야 한다. 지금은 모두가 신인이라고 생각해야 한다. 10년 된 신인, 1년 된 신인... 지금 시장은 고객이 먼저 변하여 변화를 요구하고 있다. 지식도 갱신하고 태도든 모든 면에서 다시 태어나야 한다. 당장 전자제품 매장에 가보자. 불황기엔 오히려 고가 제품이 많이 팔린다. 고가라도 기능에 비해 저렴하다면 싼 거다. 기능이 가치를 결정하므로 고객은 기능을 이해하면 비싸도 선택한다. 비싼 제품은 판매자가 밀어붙인다고 되는 것이 아니다. 스스로 느끼고 원해야 한다. 고객 스스로 선택하게 하려면 상품정보에 앞서 상품을 선택할 판단 기준을 제공하고, 구매과정을 도와야 한다. 상품 가치는 기능이 결정한다. 실컷 설명했는데도 고객이 알아듣지 못했다면 누구 책임인가? 고객 입장에서 알아듣도록 확~와 닿게 말해야 한다. 말이 안 되면 글을 써서라도 전달해야 한다.

통계를 보면 한국인은 4인 가구 기준 16건을 가입, 사망보장 인당 3천만 원, 사적연금가입률은 20%(17.6%)가 안 된다. 전체 가구 보험가입률 81.7%(보험연구원,2016)지만 자동차보험만 가입해도 카운트되므로 보험에 많이 가입했단 말을 믿으면 안 된다. 2016년 보험 해지는 총 30조 원(생보 20조, 손보 10조)으로 70%가 보험료 부담과 목돈 수요 때문이다. 그러나 동시에 지점마다 몇 배의 청약서가 쌓이고 있다. 설계사 탈락으로 고아고객은 넘쳐나고, 비대면채널 증가로 현장에선 FP를 보기 쉽지 않아 고객은 어디 물어 볼 데도 없다. 노후는 다급하나 시장은 고요한 공백 상태다.

연령별 생명보험 가입률(2015)

성별	~19세	~24세	~29세	~34세	~39세	~44세	~49세	~54세	~59세	~64세
남자	52%	51%	53%	60%	67%	69%	72%	69%	70%	65%
여자	52%	54%	59%	66%	75%	78%	80%	78%	80%	76%

'가계저축 역대 최저'란 보도로 한국인은 저축을 전혀 안 한다고 생각하면 안 된다. 가계저축률 8.66%(2016년)로 OECD국가 중 5위다. CMA와 보험이 제외된 저축률 통계는 일명 '가짜뉴스'다. 저축의 구조가 바뀌고 있는 것이다. 한국의 경제 규모는 세계 10위권, 국민 순자산은 무려 1경 원을 넘는다.(1경2,359조5천억, 가구당 3억 6,152만, 부채 6,181만, 한 해 소득 4,767만) 가계자산 중 비금융자산 비중 75.6%로 미국 34.9%을 비롯해 일본 44.3%, 영국 57.4% 등 주요 선진국보다 훨씬 높다. 2007년 금융위기 이후 보험·연금비중은 22.7%에서 31.1%까지 높아졌다.(국민대차대조표,한은&통계청,2015) 고령화를 먼저 경험한 일본, 대만에서도 보험·연금 비중 급상승으로 볼 때, 앞으로도 금융자산으로 자산의 위치이동이 가속화 될 것이다. 새로운 여력이 있어 보험에 가입하는 것이 아니라 기존보험 분석, 저축 분석을 통한 '자산의 위치이동'인 것이다. 고객이 원하는 것은 '보험료 줄이

기'가 아니라 재무목적 달성을 위해 보장분석, 연금분석 같은 '컨설팅'이다.

가계저축률(OECD)

2012년	2013년	2014년	2015년	2016년
3.9%	5.6%	7.18%	8.82%	8.66%

기출문제 보기

'한국경제, 돈의 배반이 시작된다'의 저자 타마키 타다시는 오래 사는 것은 무엇보다 행복한 일이지만 경제 사정으로 기본생활을 유지할 수 없다면 비극이라고 말한다. 자녀는 '대입 수능생', 부모는 '노후수험생'이다. 대입 수능보다 중요한 것이 노후수능이다. 초등 5학년생의 꿈이 건물주, 7급 공무원으로 초등학생도 노후를 걱정한다. 20대부터 연금에 가입하는 시대다. 그런데 수능의 출제범위가 갑자기 늘어났다. 80세로 알았던 출제범위가 100세로 늘어난 것이다. 모든 구조를 확~바꿔야 하지 않을까. 단순히 아는 것은 중요치 않다. 절실해야 한다.

지금 시대의 키워드는 '각자도생'과 '실사구시'다. 각자도생이란 제각기 살아나갈 방도를 꾀하는, 한마디로 더치페이다. 각자 자기 지갑을 채워야 한다는 말이고, 보험의 실사구시는 보험의 실질적 역할을 원한다는 말이다. 기출문제부터 풀어 보자. 먼저 노령화를 겪는 일본 사례다. 저성장의 원인은 인구절벽이고 일본은 1996년, 한국은 20년 시차로 2016년부터 인구가 줄기 시작했다. 젊은이가 줄면 매출이 줄고 매출이 줄면 기업은 임금과 고용에 손을 대므로 한계가구로 내몰리게 된다. 불안한 중산층은 꼭 필요한 소비를 하고 싼 것을 찾는다. 가성비. 가격파괴란 말이 나오는 본격적인 디플레이션의 시작이다. 붕괴 직전 일본에 나타난 현상이 우리에게 나타나고 있다. 세수가 줄면 보편적 복지를 포기할 수밖에 없고 학생들이 4~5천 원짜리 커피를 폼 잡고 마시는 날이 얼마 남지 않았다.

> 빨리 저성장 시대에 맞춰 살아야 한다. 이것은 곧 닥칠 현실이며, 시급하고 시간이 없다. 보통의 중산층, 즉 미생들은 더 이상 국가의 역할을 기대하지 말고 각자도생해야 한다. 국가에 기댈 수 없는 시대가 온다. 앞으로 국가는 한계 가정과 한계 개인만 살릴 수밖에 없다. 절체절명의 위기에 처한 개인만 국가가 살리고 나머지 중산층은 알아서 살 수 밖에 없다. 지난 60년간 우리가 경험하지 못한 사태가 곧 닥친다. 그 결과는 참담하다. 큰 아파트 단지에 몇 집 밖에 살지 않아 관리비로는 엘리베이터를 운행할 수 없다. 노인들이 힘겹게 아파트를 걸어서 올라다닌다. 노숙자와 빈집문제는 물론, 노인파산, 고독사, 노인범죄 등 심각한 사회문제가 벌어진다. 현재 우리나라의 노인빈곤율이 50%에 가까운데, 일본처럼 인구절벽·소득절벽의 전철을 밟으면 노인빈곤율이 70~80%까지 높아질 수 있는 그 무서운 현실이 닥칠 것을 모르고 앉아 있는 것이다. 이에 대한 준비는 일부 기업만 하고 있지, 개인도 가계도 국가도 아무런 대비를 하지 않는다. _ 2016.6.18. 경향신문

폐색감閉塞感이란 갇히고 답답해서 움직이지 못하는 상태다. 일본의 고령화 상황을 그린 '노후파산', '2020년 하류 노인이 온다'라는 책을 보면 일본 노인들이 두려워 하는 것은 치매로 인한 간병상황이다. 건강해서 병원 한 번 가본 적이 없다고 말하는 사람도 막상 은퇴하고 나면 뜻밖에 병원비가 많이 들어간다. 그럼에도 일본 노인의 총자산은 1경 6천조 원이나 되고, 노인 30%는 매월 연금 230만 원(은행예금 2억)씩 나온다. 일본은 상대적으로 연금소득이 높고 취업한 노인이 적다. _2014년 65~69세 남성취업률 한국 58.0%, 일본 50.5%. 반면 한국의 노인빈곤율은 현재 49%로 향후 70%가 멀지 않았다. 노인 10명 중 6명이 생계를 위해 일하고 있는 현실에서 의료·간병대책도 시급하다. 한정된 요양시설을 무한정 늘릴 수 없기에 집에서 간병하는 사례가 많아질 것이다. 만약 88년에 시작된 국민연금이 입법을 시작한 15년 전(73년)에 시작되었다면 어떠했을까? 20년 납입 기준으로 1년당 5%씩 증감하므로 평균 200만 원 이상 받을 수 있었다. 15년간 골든 타임을 놓친 베이비붐 세대는 연금은 고사하고 일본처럼 완벽한 '의료·간병시스템'을 준비하지 못하고 있다. 작가는 꿈을 이룰 수 없는 시대에 젊은이들의 문제를 '희망 난민'이라 부르고 희망이 없는 사회에서는 '하면 된다'라는 식의 격려는 금물이며 오히려 젊은이의 꿈을 단념시켜야 한다고 말했다. 국가가 못한다면 부모라도 도와야 한다.

Coffee Break

유태인 성인식 Bar Mitzvah

유태인은 한국과 달리 성인식을 13세에 치른다. 결혼식 다음으로 중요한 의식으로 일가친척과 친구들이 모여 부조금을 낸다. [평균 200달러 × 하객 200~300명 = 4~5만 달러(약 5천만 원)]가 모인다. 부조금 전액은 자녀의 것이고 부모는 이 돈을 자녀 이름으로 예금, 채권, 펀드를 사서 10년 가까이 굴려 약 1억~1억 2천만 원 정도의 종잣돈을 만들어 준다. 이 통장으로 자녀는 돈을 불리고, 잃지 않기 위해 재테크를 공부하면서 자연스럽게 경제교육과 경제독립자금을 만든다. 종잣돈이 있으므로 학자금 대출을 받을 필요도 없다. 부자의 3단계는 ①돈 모으기^{집전} ②돈 불리기^{용전} ③돈 지키기^{수전}이다. 한국에선 대학 졸업과 취업 후 30대 초반부터 1단계를 시작하면서 종잣돈을 모으기 위해 아등바등 될 때 유태인은 중학교 입학 전, 부모와 친척이 13세에 2단계를 시작하여 성인이 될 때까지 돈 불리는 노하우를 쌓게 된다. 이러한 이유로 성공한 금융인 중 유태인이 많은 것이다. 자녀가 대학졸업 후 경제독립기념일을 정하고, 이때 건네줄 종잣돈을 마련할 통장을 개설하여 돌잔치부터 모인 돈을 장기투자 한다면 자녀의 삶을 획기적으로 바꿀 수 있다.

3조 1도움

100세 시대는 3조 1도움이 필요하다. 혼자선 안 되니 힘을 합쳐 난관을 헤쳐나가야 한다. 국가도 보험이란 제도를 활용한다. 국민연금, 국민건강보험도 보험이다. 국가 운영이냐, 기업 운영이냐만 다를 뿐이고 회사도 금융당국의 통제를 받는 등 보험은 국가정책과 연결되어 있다. 보험은 먼저 상품보다 국가정책과 제도로 이해해야 한다. 우리나라는 3층 보장이다.

국가와 공조共助
생·손보 상품의 협조協助
자녀와 함께 자조自助
보험인의 도움Help

국가와 공조 국민연금은 최고의 재테크이자 재무설계의 기본 스케치로 만 18세 이상이면 식구별로 다~가입하고 있어야 한다. 미가입 기간만큼 연금이 깎이기 때문이다. 현재 2015년 기준 수급자는 501만 명이나 총 가입자는 약 2,157만 명이므로 계속 늘어날 것이다. 모든 국민이 '국민연금'으로 노후를 준비하고 있고, 대부분 노인이 연금을 받는다는 것을 생각해야 한다. 20년 이상 납부자는 현재 평균 약 88만 원을 받고 있고, 10년 납부자는 그 금액의 절반(44만)을 받는다. 이제는 받고, 안받고의 문제가 아니라 개인준비도에 따라 '연금신분'이 결정되고 있다는 거다.

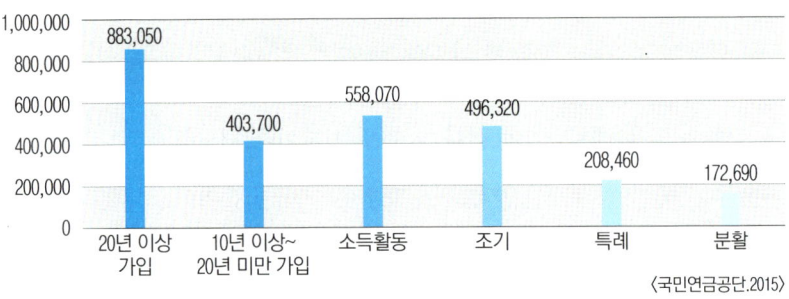

노령연금 종류별 평균 급여액

〈국민연금공단.2015〉

문제는 다~내고, 다~타는데 울고만 있을 전업주부와 같은 납부예외자다. 지역가입자 중 사업중단, 실직자, 휴직자, 학생, 군 복무, 교정시설(감호시설)수용 중, 1년 미만 행방불명, 재해·사고로 인한 소득감소, 사업장가입자 중 납부 예외, 육아 휴직 등 납부 예외로 인한 보험료 미납기간만큼 연금이 뚝뚝 내려가고 있다. 최근 일하는 여성 증가로 여성 가입자도 전체 가입자의 43.6%나 된다. 전업주부라고 가만히 있으면 바보가 될 뿐만 아니라 '연금천민'으로 내려가는 것이다.

65세~100세까지 신분 계급

- 공무원·교사·군인·경찰 146만
- 국민연금납부자 1,575만
- 납부 예외 451만
- 장기체납 109만
- 비경제 연구 984만

　국민연금은 등급과 가입기간이 중요하다. 강남 엄마는 자녀가 만 18세가 넘으면 소액이라도 미리 가입시켜주는 국민연금 재테크를 시작한다. 아직도 국민연금이 고갈되지 않을까란 생각을 한다면 시대착오다. 국민연금이 최고 재테크인 이유는 복지정책이기 때문이다. 복지정책이란 한마디로 퍼 주기! 퍼 주니까 고갈되는 것이다. 국민연금을 못 탈 경우는 국가파산일 경우이다. 국가파산이 빠를까, 기업파산이 빠를까? 국민 70%가 가입한 상황이라면 전업주부라도 시간을 낭비하지 말고 하루빨리 납입을 시작해야 한다. 국민연금의 장점은 ①종신지급형이란 점과 ②물가를 반영한다는 것이다. 납입기간은 40년, 연금개시는 60세로 1년마다 ±5%씩 연금액이 달라지고 69년생부터는 만 65세부터 받으며 10년 이상 내야 수급자격이 주어진다. 한국인은 통상 [30세 취업☞50세 퇴직, 평균 근속기간 10.8년]이고 낮은 소득신고로 등급이 낮은 자영업자라면 적제 낸만큼 수령금액도 적다. 전업주부라면 과거 직장생활 기간만큼 납입 후 해약하여 받은 '반환일시금'을 [미납액+정기예금이자]를 내면 부활시킬 수 있다. 최근 더 많은 연금을 받기 위해 연금 시점을 5년 연장하고 보험료를 계속 내는 경우가 많다. 이럴 경우 매년 [7.2%+5%=12.2%]를 더 받을 수 있다. 그야말로 국민연금확보진쟁이다. '생각보다' 많은 연금을 받는 친구들이 많아지고 있다. 정확한 금액을 1355(콜센터)로 전화하여 확인해두어야 한다.

KDI는 2050~2060년 성장률을 연평균 1.1%까지 하락할 것으로 예상했다. 저성장의 직격탄은 연금재정에 문제를 일으켜 공무원연금에 이어 사학연금 등 특수직역연금도 연금재원이 고갈되지 않도록 [중부담, 중혜택]으로 개정될 것이다. 보험료가 오르기 전, 제도개정 전에 많이 불입해두는 것이 유리하다.

**2025년 건강보험 고갈, 2028년 장기요양보험 고갈,
2027년 사학연금 적자, 2042년 사학연금 고갈,
2044년 국민연금 적자, 2060년 국민연금 고갈**

65세가 되면 대부분 소액의 국민연금만 보유하게 될 가능성이 높아 정부는 3층연금(국민연금, 퇴직연금, 개인연금)과 주택연금까지 권하고 있다. 재테크 수익률은 국가정책에 따를 때가 가장 높다. 이들의 공통점은 '종신형연금'이라는 것이다. 종신형연금이 절실한 이유는 노후파산위험이 높은 [80세~100세]구간 때문이다. 소액이라도 연금이 있는 곳에 파산은 없다. 연금보험의 지급조건은 단 하나, '생존'이다. 암에 걸려도, 장해가 있어도, 식물인간이 되어도 지급되어 보장범위가 가장 넓고 보험금 탈 확률 100%인, 가입금액을 높이지 못 해도 연금을 오래 받음으로 수익률을 높이게 되는 이상한(?) 투자다. 그런데 정부가 연금보험에 비과세 혜택을 주는 이유는 무엇일까? 지금은 생존에 배팅을 걸 때라는 것, 보험으로 준비하라는 것, 보험이 유리하다는 것, 결국 보험상품으로 '종신형연금'의 우물을 하나 더 확보하라는 것이다.

생.손보 협조 생명보험 약 938조원(국민연금 738조원, 2020년 2월), 손해보험 299조원(2019년) 등 총 약 1,237조 원의 자산을 운용하고 있다. 국내 투자만으론 부족하여 가입자를 대신하여 해외 곳곳에 투자하고 있다. 전국민이 생명보험을 통해 자산을 만들고 손해보험은 소액으로 큰 보장을 만드는 지렛대가 되고 있다. 국내총생산^{GDP}은 약 1,642조원(2019년)으로 보험 총자산(1,237조원)은 GDP대비 75%에 해당한다. 세계 3위의 국민연금보다 더 많은 국부가 보험을 통해 국내 주식시장을 떠받치고 있어 변액보험의 전망도 밝다고 봐야 한다. 생명보험 창고에 손해보험의 약 3배의 자산이 있는 이유는 성격이 다르기 때문이다.(49p참조)

이 거대한 '식량창고'(국민연금, 생손보, 각종 연기금, 퇴직연금 등)에 쌓인 자산을 창고에만 쌓아 두었을까? [현금, 주식, 채권, 대출, 부동산] 등에 지속적으로 투입되고 있다. 그것도 당국의 감독을 받으면서! 가령 1천조 원이 운영자산이라면 30%만 주식에 투자되어도 300조원이다. 이 돈들이 국내주식시장의 안정성을 주어 ①외국인 매도로 인한 주가폭락을 막아내고, ②2020년 상반기에 붐을 이룬 일명 '동학개미운동'을 가능하게 만든 것이다.
 이 돈들은 노인이 된 베이비부머에게 다시 돌아갈 '노후자금' 아닌가. 생명보험의 핵심은 '연금'을 담은 식량창고, 손해보험은 '창고지기'인 것이다.

2017년 말 국민연금 자산배분 안

구분	주식 30% 이상		채권 60% 미만		대체투자	계
	국내	해외	국내	해외		
투자금액	62.1조	19.7조	224.9조	14.6조	27.2조	348.5조
비중	20% 이상	10% 이상	60% 미만	10% 미만	10% 이상	100%

보건복지부

자녀와 함께 자조 만약 자녀에게 과외비와 대학자금, 결혼자금을 위해 부모의 연금을 해약해버렸다고 말했다면 자녀의 표정은 어떻게 변할까? 순간 일그러질 것이다. 자녀는 부모가 자신의 인생의 걸림돌이 되지 않기를 바라기 때문이다. 라이프사이클과 보험증권을 놓고, 자녀와 미래를 상의하여 자녀의 각성과 협조를 끌어내어 자녀가 노후준비의 걸림돌이 되지 않도록 해야 한다.(6장 참조)

보험인의 도움 상식적으로 보험에 잘 가입하려면 보험회사에 등록하면 된다. 등록시험을 보고, 변액보험 자격증을 취득하고 수많은 시간 동안 내공을 쌓아야 한다. 매일 출근해서 시시각각 변하는 트렌드와 신상품정보를 정리해야 한다. 그럴 수 없다면 돕는 친구를 두면 된다.

보험은 지출? 보험이 지출이면 줄여야 하고, 재테크이면 늘려야 한다. 보험이 80세 만기라면 보험료를 내고도 보험금에 당첨이 안 될 수 있으므로 지출이다. 그러나 100세 시대는 가입해둔 모든 보험의 보험금 지급확률은 거의 100%가 된다. 그래서 100세 시대 보험은 재테크다. 질병의 정의도 바뀐다. 암도 만성질환이 되고 치료 후 남은 진단비를 받아 여행까지 간다. 100세 시대 보험은 생존자산이므로 여력으로 준비하는 것이 아닌 재軍를 만들기 위한 것이다. 병원을 내 집처럼 들락거리게 되므로 반복적으로 보장받는 상품도 필요하다. 보험사가 급격히 보장을 축소하고 있는 이유는 파산 가능성 때문이다. 가령 위암 판정을 받고 20일을 병원에 입원했다면 [암진단비, 입원일당(암입

70세 부인 모임 : 에이, 우리젤 나만 남편 있잖아.

원, 질병입원), 수술비(암수술비, 질병수술비), 180일 후 후유장해 보험금]까지 받을 수 있어야 한다. 젊은 시절 가입해놓은 모든 보험 우물에서 돈이 터져야 한다. 모든 가입자가 보험계약을 100% 유지하면 보험사는 파산하게 될지 모른다. 그래서 지금 가입하는 모든 보험은 '덤핑'이다. 100세 시대 보험은 가입자는 100% 이익, 회사는 100% 손해인 게임인데도 보험사가 이 게임을 지속하는 이유는 유지율 때문이다. 10년간 생명보험의 평균유지율은 36.1%(2015년). 유지가 잘 되는 보험이 가장 좋은 보험이다. 보험사는 '유지율' 게임을, 소비자는 '생명표'라는 확률게임을 하는 것이다. 그래서 안전장치가 필요하다. 바로 납입면제와 유니버설(UL통장)기능이다.

보험종류별 유지율

경과년도	1년	2년	3년	4년	5년	6년	7년	8년	9년
암보험	78.9	68.4	62.2	57.9	54.7	52.2	50.1	48.3	46.6
종신보험	79.7	66.3	59.7	54.8	50.9	47.4	44.7	42.4	40.0
변액연금	86.9	70.1	53.9	43.8	36.0				
연동형연금	83.6	68.0	55.3	46.8	39.6	33.7	30.0	25.7	23.8
실손보험	90.5	78.7	68.6	58.6	48.5				

출처 : 보험연구원 2010.5

구분	연금저축	연금보험(생보)
10년	52.4%	49.7%
5년	72.4%	70.7%

인생 4계절 인생도 4계절로 구분한다. 20~50대까지 농사를 짓고, 50대·60대에는 자산을 '연금화'시키는 수확기다. 이 때 실기失期하면 안 된다. 학교 공부는 못 했어도 괜찮다. 노후준비 잘하면 된다. 무조건 일찍, 최소한 돈 버는

순간부터 시작해야 한다. 30대는 연금가입의 적기다. 40대는 20년간 보장성 보험을 차분히 준비해야 한다. 걱정의 대부분은 돈 문제이고, 돈 걱정의 가장 큰 것은 노후 걱정이며 노후문제의 대부분은 보험으로 해결할 수 있다.

30대 봄	40대 여름	50대 가을	60세 이후 겨울
돈 모으기 (집전)	돈 불리기 (용전)	통장이동 (수확기)	돈 지키기 (수전)

Tip. 65세 이상 12.7%(645만)가 전체 진료비의 38.7%를 차지하고 노인 1인당 월평균 진료비는 328,599원이다.

저성장 insight

저성장의 본질 체온이 1도만 떨어져도 이상이 생기고 28도로 떨어지면 심장기능이 정지된다. 저성장은 경제적 죽음으로 이어지는 병이고 그 치료제가 보험이다. 저성장으로 돈 벌기가, 저금리로 목돈을 만들기가 어려워진 지금, 수익률에 연연하지 말고 시간에 투자해야 한다. 안전성이 1번, 유동성이 2번, 마지막이 수익성이다. 아이 출생부터 자산축적이 시작돼야 한다. 목돈 만들 시간이 부족하니 힘을 모아 험난한 파도를 이겨내자는 것이 협동조합이고 보험이다. '低체온'이면 보험(내복)으로 체온을 올려야 한다. 출생 전 아기는 엄마의 자궁, 출생 후에는 아빠가 '보험 자궁'을 줘야한다. 저성장 시대의 의미는 이것이다.

1. 이제 대박 신화는 없으니 더 아껴 저축해라.
2. 노후빈곤율 49% 시대이니 70세까지 일해라.
3. 소득이 끊어지면 한 방에 훅 간다.

4. 대출금은 갚기 힘들고 돈 꿔 주면 못 받는다.
5. 65세 이후 화폐 신분 사회로 양극화가 심해진다.

고성장과 고금리, 저성장과 저금리는 한패다. 고성장은 청소년기, 저성장은 성인기다. 성인은 키가 크지 않는다. ①30년 불황을 각오해야 하는 상황에서 ②(화폐량 증가로) 화폐가치는 계속 떨어질 것이고 ③보험가입의 문은 닫히고 있다. 통계를 보자. 중위연령은 전체 인구를 일렬로 세워 2등분 했을 때 정중앙에 있는 연령으로 2000년 이전 30세를 넘지 않았지만, 65세 인구증가로 40세를 넘었고, 2035년엔 일본(46.5세)을 넘어 50세를 넘길 것이다.(미국 37.8세, 중국 36.8세) 그러나 0~14세(13%)를 빼면 이미 40대 중반 이상이다. 선거의 당락을 50대가 결정한다는 말이 일리 있는 이유다. 우리는 확실히 늙어가고 있는 것이다.

중위연령

연도	2017	2020	2025	2030	2035	2040
남	40.5	41.9	44.4	46.8	48.8	50.7
여	43.3	45.0	47.5	50.1	52.6	54.7
평균	41.9	43.4	45.9	48.5	50.8	52.6

통계청장래인구추이

연도	1985	1990	1995	2000	2005	2010
평균	24.4세	27.0세	29.5세	32.1세	35.0세	37.9세

지금 30~40대는 10~20년 후에도, 심지어 노인이 되어도 여전히 막내일 것이다. 가장 큰 고민은 노후준비를 위한 기존 보험의 효율적 재배치다. 돈이

교토삼굴(꾀 많은 토끼는 굴이 세 개 있어 죽음을 면한다)

보험으로 몰리고 있지만, 막상 보험사는 돈을 받아도 굴릴 데가 없고, 이미 팔아 놓은 고금리 보험상품도 부담스러워 오히려 가입자가 스스로 해약하기를 기도하고 있을지 모른다. 보험사 대차대조표에는 모든 보험계약은 다~'부채'이기 때문이다. 또 나이가 많아지면 질병 확률도 높아져 보험사는 돈(보험금) 나갈 일만 남게 되므로 보험금 지급이 많은 상품의 보장은 계속 줄여나갈 것이다.

35~45세는 베이비붐 세대의 끝자락에서 가장 비싼 가격의 주택을 대출을 끼고 산 세대다. 대학시절 IMF 사태로 부모의 실직을 경험했고 취업하기 어려웠다. 열망에 비해 성공과 실패가 혼재되어 주관과 고집이 세고 재테크에 관심이 많다. 대부분 맞벌이로 평균수입 450만 원이라면 3분의 1인 150만 원의 주택대출이자를 내는 경우가 많고, 노후대비는 15%에 불과하다. 4인 가족 기준 월 보험료 약 30만 원(연간 344만=생보 18만+손보 10만)을 지출하고 있고 맞벌이 중 한 사람이라도 실직 혹은 사고로 인해 소득상실 시 어려움에 처하게 된다. 당장 ①소득단절 대책과 ②파산방지를 위한 의료비 보장이 급하고 노후대비는 소액이라도 시작해야 한다.

고객의 마음 부자가 될 대박 환상이 깨졌고, 불확실한 미래로 고객의 마음은 불안하다. 불확실 시대에 확실한 건 생로병사이고 보험을 선택하는 이유는 '대체할 수 없는 불안' 때문이다. ①언제 소득이 끊어질지 ②언제 사고가 터질지도 모르는 상태에서 ③무슨 일이 생기면 도울 사람이 없다. ④걱정은 태산이나 행동은 하지 않아 재무상태는 현상유지하고 있다. 그러나 막상 어떻게 준비하는 것이 '현명한' 것인지 모르고, 믿고 물어볼 데도 마땅치 않아 갈 곳

몰라 방황하는 돈은 CMA나 예금 등에 모여 있다. 개인별 맞춤 설계가 시급한 이유다.

가성비란 보험료 줄이기와 같은 가격파괴가 아닌 프리미엄을 따지는 것이다. 보험도 실속형 소비를 하고 있다. 싸다·비싸다라는 판단은 '가치'라는 기준이 있어야 한다.

내 삶은 불안하다

20대	30대	40대
69.2%	67.8%	65.8%

엠브레인. 2016

고객은 이해할 수 있는 것만 구입한다. 명확한 구매 사유를 이해시키지 못하면 고액을 팔 수 없다. 핵심기능 설명에 집중해야 한다. 실속형 소비란 선택과 집중이다. 가치가 낮으면 무조건 싼 쪽으로, 꼭 필요한 것은 비싸도 과감히 지른다. 오래 쓰는 TV, 냉장고 등 가전제품 구입한다면 기능$_{가치}$에 대한 이해도를 높여야 한다.

구조조정기 약관대출을 과도하게 받아서 매월 '납입원금+대출이자+월보험료'를 부담하고 있는 경우가 많다. 약관대출까지 과도하게 받을 정도이고 원리금 상환도 어렵다면 과감하게 구조조정해야 한다. 또한, 5명 중 1명(27.1%.2015)이었던 1인 가구는 3명 중 1명$_{34.3\%(2035년)}$으로 늘어나 '종신보험=가족사랑'은 생존자산 확보와 개인의 홀로서기(경제독립), 즉 내 건강과 안전을 집중적으로 보장받는 니즈로 바뀌었다. 보험은 발생 가능한 위험으로부터 가장 소중한 '나'를 지키는 것이다. 고객 스스로 '나'에게 일어날 수 있는 질병, 사고, 치료 과정을 살펴보고 보험가입의 주체가 되어야 한다. '설계사만 믿었는데…'라는 말을 하면 안 된다.

지출 3원칙(암기) 지출의 원칙은 3가지다. ①동일 지출의 최대 효과. ②비싸도 필요하면 사고, 아무리 싸도 필요 없다면 사지 않는다. ③잘못된 지출은 바로 중단 후 지출 재조정(창조적 파괴). 이렇게 질문하자. "100세 시대, 잘 준비하고 있어요? 어떻게 준비하고 있나요? 물론 알아서 잘해 놓으셨지요? 최소한 보험에 관해서는 문제없으시죠?" 끊임없이 100세 노후준비를 자극시켜야 한다.

연령별 질문 연령별로 변하는 질문이다.
30대 '저축, 어떻게 하고 있는지' (저축의 방향)
40대 '노후준비 어떻게 하고 있는지' (노후준비의 방향)
50대 '노후준비 어떻게 되어 있는지' (노후준비의 정도)
60대 '얼마나 나오는지'

[연금보험]	[건강보험]	[사망보험]
• 계약자 (송금자) : 현재의 나	• 계약자 (송금자) : 건강한 나	• 계약자 (송금자) : 아빠
• 피보험자 : 나	• 피보험자 : 나	• 피보험자 : 사망한 나
• 수익자 (수령자) : 미래의 나	• 수익자 : 환자 된 나	• 수익자 (수령자) : 자녀

통장의 의미 통장에 의미를 부여하자. 자본주의는 한마디로 통장에 기록된 숫자다. 뜬구름 잡으면 안 되고 통장으로 말해야 한다. 지금은 내가 일해서 먹고

살지만, 미래는 통장에 든 자산 수익으로 살아야 하기에, 우리의 미래는 통장의 미래이고 노후준비는 곧 통장 준비다. 65세가 되면 '20년 납입, 10년 거치'의 기록이 담긴 연금통장을 내놔야 한다.

매달 내는 보험료는 미래로 송금하는 것이다. 수혜자가 누구인지, 이 보험증권으로 누가 이득을 보는가를 알아야 한다. 연금은 지금 내가 미래의 나에게 송금하는 것이고, 건강보험은 환자가 된 나에게 치료비와 생활비를 보내는 기부 천사가 되는 것이며, 사망보험은 죽은 아빠가 가장을 잃은 가족에게 생활비와 교육비를 송금하는 것이다.

경기불황에도 변하지 않는 것은 시간의 흐름이다. 백지 위에 한 줄을 그어보자. 그 시간의 흐름 중 연금개시시점, 대학자금시점, 결혼자금시점과 필연적으로 만난다. 개인과 가정의 역사는 통장에 기록된다. 국민연금, 퇴직연금, 개인연금, 각종 보장성보험... 이 통장들의 의미는 내 고민을 금융회사로 던진다는 것이고 던진 만큼 편안하게 미래를 즐길 수 있다. 금리 4% 시대와 3% 시대는 전혀 다른 시대다. 또 평균수명 80세와 100세는 다르고, 저성장·저금리 보험증권의 구성은 달라야 한다. 고객의 보장증권은 고성장·고금리 시절 세워진 기존 질서이므로 저성장·100세 시대에 맞게 재구성해야 한다.

불행의 영업 원칙 김정일은 6·25전쟁을 일으키기 전 호남지역의 쌀 수확량까지 측정해갔고, 임진왜란도 사전 염탐이 있었다. 불행은 이처럼 치밀하게 오므로 대비도 치밀해야 한다. 불행이란 놈은 보험통장이 없는 개인과 가정을 노린다. 불행의 영업 원칙은 1타 2피다. 가장 많이 타격을 줄 수 있는 시점을

보험은 돈을 미래로 송금하는 방법이다.

노린다. 보험을 빵빵하게 든 가정은 타격을 줄 수 없기에 '에잇, 재수 없다'고 피한다. 결과적으로 불행을 환영하고 끌어들이는 주술을 외고 있는 것이다.

시간문제만 남겨라 물리적 시간이 사라진 4차원에선 과거, 현재, 미래는 모두 하나가 된다. 시간이 사라지면 이순신 장군도, 세종대왕도, 미래의 나도 만날 수 있다. 이 상상력을 보험에 적용하면 '보험료 납입=보험금 수령'이 된다. 과거, 현재, 미래는 원인과 결과로 연결되어 있다.(인과율) 보험준비를 잘해둔 사람은 설레는 마음으로 보험금을 기다리게 된다. 즉 '시간문제'만 남게 되는 것이다. 인생이 이렇게 되어야 한다. 보험은 미래를 위해 돈으로 하는 전략적 투표이고, 돈을 미래로(연금), 암 환자에게(질병보험), 가장의 사망으로 절망한 자녀에게(사망보험) 송금하는 행동이다. 미래에 쓸 돈을 구분해두지 않는 것은 현재를 위해 횡령.도용.남용하는 것이다. 자 이제 보험통장의 암호를 풀자.

누가... (계약자),
누구에게 문제가 생기면... (피보험자),
어떤 상황에서... (보험 종목),
얼마를... (보험금),
언제까지... (보험기간),
누구에게 돈을 송금할 건가? (수익자)

생명보험, 본질을 꿰뚫다

국세청에서는 직업, 성별. 연령, 소득으로 보아 자력으로 재산을 취득하거나 부채를 상환했다고 보기 어려운 경우 '자금출처조사'라는 것을 한다. 앞으로 이 자금출처조사가 늘어날 것이다. 자녀들의 부富는 부모의 재산 상황에 따라 달라진다. 돈 많은 부모를 둔 것도 실력이란 말에 분노하지만 안타깝게도 이것은 현실이다. 지금은...

① 짧은 수입 기간으로 인해 충분한 자산을 만들지 못하는 시대.
② 부모가 돕지 않으면 개천에서 용이 나올 수 없는 시대.
③ 티끌 모아 티끌인 저성장 시대.

베이비붐 세대가 노인이 되어도 여전히 대부분의 부를 거머쥐고 있어 부모로부터 이전되는 돈의 영향력은 커질 것이다. 한마디로 부의 이전이냐 가난의 대물림이냐의 문제다. 저성장 시대가 되자 싼값에 주식과 부동산의 증여·상속이 늘어나고 있다. 이 연결고리를 당대에 끊어내지 못한다면 격차는 더 크게 벌어지게 된다. 이때 보험은 가장 효과적으로 부를 전달할 수단이 된다. 이제까진 보험금의 차이였지만 앞으론 보험료 상승이 더 문제다. 게다가 보험가입 거절이 늘어나는 상황에서 부자가 공격적으로 보험을 준비하면서 격차는 더 벌어진다. 서둘러 건강할 때 증여·상속자금의 '원인'을 만들어야 한다. 지금도 수많은 사람이 보험으로 돈의 흐름, 보험금의 출처를 만들고 있다. 100세 시대라면 언젠가 반드시 탈 때가 온다. 그래서 보험을 잘 다뤄야 한다. 보험을 잘 다루려면 본질을 알아야 하고 약관도 잘 들여다봐야 한다. 보험의 본질은 상법에 정확히 표현되어 있다. 그런데 하필이면 보험을 상법에서 다룰까? 상법은 유형재산, 즉 보이는 재산을 다루는 법이다. 아! '보험계약=재산거래'란 것을 말해주는 것이다. 어떤 재산이 거래되는가? 보험금이다. 보험은 보험료만 보면 보이지 않는다. 보험금을 봐야 보인다. 보험금이 본질이다.

보험의 주인 보험을 가입하는 이유는 ①보험금을 만들어 ②그 돈을 누군가 someone에게 주기 위해서다. 이 '누군가'를 알아야 한다. 누구를 위해 보험계약을 체결하는가? 보험금은 특정한 경우에 지급되는 현찰이고, 그 '누군가'는 이 현찰이 꼭 필요한 사람, 없으면 곤경에 처하게 될 사람이다. 이 사람이 보험증서의 주인이고 FP의 진짜 고객이다. 보험은 2종류로 나눈다. 계약자가 보험금을 자신에게 주면 자기를 위한 보험, 타인에게 주면 타인을 위한 보험이다. 보험금을 청구할 권리인 [보험금지급청구권]은 오직 수익자에게만 있고 계약자는 만기 혹은 보험사고 전까지 관리권을 가진다.

| 계약자 (관리권) | 수익자 (소유권) |

보험사고 발생 시점

　피보험자는 자신의 생명을 보험에 붙이는 것에 동의해줄 뿐이고 계약자는 보험금 지급 전까지 보험료를 내며 계약을 유지·관리하는 사람, 수익자를 대리하는 대리인이다. FP도 수익자를 대리한다. 계약자와 FP의 공통점은 '수익자'를 위해 일한다는 것, 보험금 전달프로젝트의 공동기획자로서 수익자의 이익을 위해 함께 고민하는 TF$^{Task\ force}$멤버인 것이다. 이 관계를 다시 설정하고 알려 줘야 한다. 가계부를 펼쳐 보자. 실제 가정에서 누가 돈의 주인인가? 돈을 가장 많이 쓰는 사람, 바로 자녀가 월급의 주인이다. 보험금의 주인도 자녀가 대부분이다. 겉으론 보험계약이 [계약자-회사] 간 거래지만, 실질적으론 [회사-수익자] 간 거래다. 증거가 있다. 보험금을 누가 청구하는가?

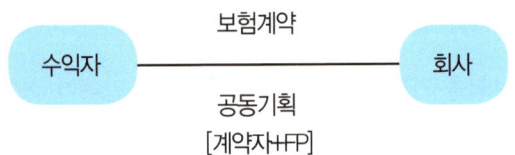

독특한 권리 한국인에게 있어 '사랑'의 개념은 '애틋한 마음'이다. 서양에선 맛있는 저녁, 선물, 옷, 잠자리 제공 등과 같은 '구체적 행동'으로 표현한다. 어떤 것이 진짜인가? 마음 안에 있는 사랑은 반쪽이다. 마음 안에 있는 사랑은 행위로서 완성된다. 생일을 맞아 톡으로 전송된 커피음료권만 받아도 기분이 좋다. 선물 중 가장 좋아 하는 것은 현찰이다. 억(億)을 선물 받으면 어떤 기분일까? 이와 같은 현금이 곳곳에서 만들어지고 만들어진 즉시 전달되고 있는 곳이 보험 현장이다. 소중한 '보험금지급청구권'은 체결과 동시에 '수익자 지정'으로 이전된다. 수익자는 어떠한 의무도 없이 '현금'을 무상으로 받는 것이다. 그래서 '선물'이고 '배려'이며 계약자는 산타클로스가 된다. 크리스마스는 사실 365일 가능한 것이다. 보험계약의 수익자 지정은 가장 극단적인 사랑의 표현이다.

　보험계약은 상법 중에서도 아주 독특한 계약이다. 민법은 제3자를 위한 계약에서 제3자가 수익의 의사표시를 함으로써 권리가 발생하는 반면, 타인을 위한 보험계약은 '수익자의 의사표시'(위임)가 없어도 권리가 발생한다. 법률로 이미 규정되어 있어 각서나 유서를 쓸 필요도 없다. 또 보험금은 사망 시 지급되므로 유증(유언에 의하여 재산을 타인에게 무상증여)의 대체수단이고 보험금은 수익자의 고유재산이므로 상속을 포기해도 받을 수 있다.(대법원 2004. 7. 9. 선고 2003다29463 판결) 보험을 재산으로 여기는 외국에서는 채권자를 수익자로 하는 경우가 많다. 이어지는 상법 조항을 밑줄 치며 읽자.

> **상법 제639조 (타인을 위한 보험)**
> ① 보험계약자는 위임을 받거나 위임을 받지 아니하고 특정 또는 불특정의 타인을 위하여 보험계약을 체결할 수 있다. (중략)

'타인'이란? 상법상 타인이란 가족을 포함하여 나를 제외한 모든 사람이고, 그중 특별한 이해관계에 있는 사람이다. 특별한 이해관계란 보상해야 할 채무관계로 부양의무, 가족 이익과 사랑의 감정까지 포함한다. 수입이 없다면 결혼도 출산도 이뤄지지 않았을 것이다. 수입원과 부양가족 사이에는 보이지 않는 '도덕적 채무관계'가 있다. 가족이 가장의 월급에만 의지하고 있는 상태에서 가장의 수입 상실은 가족 이익을 심각하게 침해하는 재산 손실이다. 죽음이란, 가장의 약속이 최종 부도처리되었단 통고이자 이는 출국금지나 인터폴로도 잡을 수 없는 영구 도주다. 부양의무를 저버리고 아무런 대책 없이 지옥으로 도주해버리면 찾을 길이 없다. 그 결과 장례식장은 더 서글픈 곡소리를 낸다. 너무도 비통하다. 이 채무를 보험에선 피보험이익(보험을 들어 얻을 이익)이라고 한다. 피보험이익을 가진 수익자에게, 피보험이익만큼 맞춰 주는 것이 보장설계의 기본이다.

생명보험은 이 채무를 해결하기 위해 계약자와 회사와 맺는 일종의 채권계약이다. 보험계약이란 회사 입장에선 부채, 계약자 입장에선 채권(어음 증서)이다. '부채'는 갚아야 할 빚이고, '채권'은 법률적 재산권이다. 당장 효용을 볼 수 없을지라도 10~20년간 장기간 비용을 지불하고라도 이 보험금지급청구권을 주어 가족에게 진 채무(피보험이익)를 상계 처리하는 것이다. 달리 표현하면 자녀의 경제독립을 위한 기금조성펀드 혹은 장학재단기금이고 보험료는 재단기금에 출연한 돈이다.

> **상법 제639조 (타인을 위한 보험)**
> ② 제1항의 경우에는 그 타인은 당연히 그 계약의 이익을 받는다.(중략)

수익자가 보험증서의 주인인 증거가 있다. 수익자는 만약 계약자가 보험료를 지체할 경우, 2차적 보험료지급의무가 있다는 것이다.(상법 639조3항) 회사는 수익자에게도 납입최고(독촉)를 한다.(보험약관) 납입최고 없이 계약을 해지할 수 없기 때문이다.(상법 제650조3항)

상법 제639조 (타인을 위한 보험)
③ 제1항의 경우에는 보험계약자는 보험자에 대하여 보험료를 지급할 의무가 있다. 그러나 보험계약자가 파산선고를 받거나 보험료의 지급을 지체한 때에는 그 타인이 그 권리를 포기하지 아니하는 한 그 타인도 보험료를 지급할 의무가 있다. 〈개정 1991.12.31〉

[보험료 납입이 연체되는 경우 납입최고(독촉)와 계약의 해지]
① 계약자가 제2회 이후의 보험료를 납입기일까지 납입하지 않아 보험료 납입이 연체 중인 경우에 회사는 14일(이상의 기간을 납입최고(독촉)기간으로 정하여 계약자에게 다음 각호의 내용을 서면(등기우편 등), 전화(음성녹음) 또는 전자문서 등으로 알려 드립니다.
1. 납입최고기간 내에 연체보험료를 납입하여야 한다는 내용
2. 납입최고기간이 끝나는 날까지 보험료를 납입하지 않을 경우 납입최고기간이 끝나는 날의 다음날에 계약이 해지된다는 내용 (이 경우 계약이 해지되는 때에는 즉시 해지환급금에서 보험계약대출원금과 이자가 차감된다는 내용을 포함합니다.)
납입최고(독촉) 약정된 기일까지 보험료가 납입되지 않을 경우 회사가 계약자에게 보험료납입을 재촉하는 일을 말합니다.

③ 보험수익자와 계약자가 다른 경우 보험수익자에게도 1항에 따른 내용을 알려 드립니다.

상법 제650조
③ 특정한 타인을 위한 보험의 경우에 보험계약자가 보험료의 지급을 지체한 때에는 보험자는 그 타인에게도 상당한 기간을 정하여 보험료의 지급을 최고한 후가 아니면 그 계약을 해제 또는 해지하지 못한다. 〈전문개정 1991.12.31〉

자녀를 수익자로 하는 생명보험계약에서, 계약자인 부모가 보험료를 내지

못하게 되면 자동으로 자녀에게도 납입최고가 날아간다. 수익자(자녀)는 보험증서의 주인으로 적극적으로 보험을 유지시켜 자신의 보험금지급청구권을 보호할 수 있도록 하기 위한 것이다. 보험증서는 계약자만의 몫이 아니라 [계약자-수익자]가 공동으로 만드는 세대와 세대간의 부의 이전이라는 것을 의미한다.

보험금의 크기 상법은 보험계약을 금전으로 산정할 수 있는 이익에 한하여 보험계약의 목적으로 할 수 있다"라고 규정한다.(상법 제668조) 돈으로 환산할 수 없는 정신적, 감정적 이익은 피보험이익으로 정할 수 없기 때문이다. 측정될 수 있는 이익과 손실만 보험의 대상이 되고, 감정보상보험. 정신보상보험 상품은 만들 수 없다. 피보험이익은 1806년 영국의 로렌스 판사가 "물건의 멸실로 손해를 입은 자는 그 사건에 대해 피보험이익을 가진다."라고 판시한 후 인정되고 있다. 우리나라의 경우, 피보험이익은 손해보험에서만 인정하고 생명보험에서는 인정하지 않는다. 생명보험은 손해보험과 달리 객관적 손해 정도를 측정하기 어렵기 때문이다. 자동차보험이라면 실손보상으로 자동차사고가 난 후 실제 손해금액을 산출하면 되지만 사람의 목숨값은 돈으로 환산할 수 없고 수입은 유동적이기 때문에 따로 정하기 어렵다. 더욱이 생명보험은 미리 정한 금액이 지급되는 정액보험이므로 각자 자신의 피보험이익을 따져보고 가입해야 한다. 바로 이 부분, 피보험이익을 진단해주는 FP의 역할이 중요하다.(6장)

생명보험에 있어 피보험이익이란, 최소한 현재 생활유지, 가장의 수입 보호, 수익자의 미래를 보험금으로 확정해버리는 것이며 나아가선 재산취득 '욕심'까지 포함할 수 있다. 어떤 욕심인가? 화폐 신분 상승이다. 특히 사회보장이 부족한 우리나라에선 한 가정에 최고 40여 개의 보험증권을 가진 경우도

생명보험이 아니라 '생명보물'이다.

있다. 보험계약은 장래의 우연한 사고에 따라 보험금이 지급되므로 일종의 사행射倖계약이다. 민법(103조)에서는 사행성이 지나쳐 공서양속에 반하면 그 자체가 무효다. 보험이 도박이라면 가치있는 도박이다. 사회질서에 반하지 않고 오히려 적극적으로 장려되는 재산취득 행위이므로 고액보험계약이 존재하는 것이다. 부자가 보험을 싫어할까? 그렇지 않다. 오히려 남보다 먼저 돈에 깨인 사람, 돈을 좋아하는 사람이다. 돈을 좋아하기에 부자가 된 것이다. 반면 가난한 자는 돈에 눈을 뜨지 못한 경우가 많다. 보험 가치에 눈을 떠야 한다. '생각의 하층민=돈의 하층민'이 된다. 선한 욕심으로 만든 보험금은 나라를 들어 올린다. 1721년 영국 의회는 생명보험을 유익하고 유용한 것으로, 1852년에는 보험가입자를 사회에서 최고이며 가장 존경받을 만한 계층이라고 묘사했다. 돈은 보험금이란 형태로 바뀌어 전달됐을 때 [보험금-보험료=보험금차익]이란 최고의 가치상승이 일어난다.

> **민법 제103조 (반사회질서의 법률행위)**
> 선량한 풍속 기타 사회질서에 위반한 사항을 내용으로 하는 법률행위는 무효로 한다.

계약자의 몽니? 계약자에게는 보험 만기와 사고 전까지 3가지 권리, 즉 환급금을 담보로 일종의 보험금융인 약관대출 이용권, 보험해지권, 보험수익자 지정·변경권이 있다. 그래서 수익자가 갖는 보험금지급청구권은 보험사고 후 확정되는 조건부권리가 된다. 미국의 생명보험은 보험수익자가 피보험이익을 갖지 않는 경우, 다시 말해서 특별관계가 아닌 사람이 수익자로 지정되면 보험계약이 무효가 되고, 피보험이익에 맞지 않은 사람으로 수익자를 변경할 수 없다. 아무나 수익자가 될 수 없고 바꿀 수도 없는 것이다. 이 대목이 중요하다. 우리 나라는 생명보험계약에 대하여 피보험이익을 인정하지 않아 수익자의 자격 제한이 없다. 그래서 개인은 물론 법인도 수익자가 될 수 있고 수익자 변경도 자유롭다. 회사는 최초 보험계약 시에는 수익자를 직계혈족만을 정하게 하지만 보험계약 승낙 이후에는 계약자 마음대로 수익자를 바꿀 수 있고 회사에는 통고만 하면 된다. 승낙이 필요 없는 것이다.

> **상법 제733조 (보험수익자의 지정 또는 변경의 권리)**
> ① 보험계약자는 보험수익자를 지정 또는 변경할 권리가 있다.

보험약관을 보면, 계약 내용의 변경은 대부분 회사의 승낙을 얻어야 한다. 그러나 수익자 변경은 사망 전 언제든 승낙없이도(피보험자 서면 동의를 받아) 회사에 통지만 해주면 가능하다. 수익자 입장에선 재산권이 언제든 바뀔 수 있다는 것이다. 가령 2억 종신보험의 수익자를 두 명의 자녀에게 각각 1억 원씩 배정해두었다가도, 수익자에게 보험금을 주기 싫으면 언제든 회수하여 사회봉사단체에 기부할 수도 있다. 이때 보험은 자녀의 효도를 유도하는 '효 보험'의 개념이 된다.

> **보험약관 [계약내용의 변경]**
> ① 계약자는 회사의 승낙을 얻어 다음의 사항을 변경할 수 있습니다.
>   1. 보험종목 2. 납입방법 3. 보험가입금액 4. 계약자 5. 기타계약의 내용
> ② **계약자는 보험수익자를 변경할 수 있으며 이 경우에는 회사의 승낙이 필요하지 않습니다.** 다만 변경된 보험수익자가 회사에 권리를 대항하기 위해서는 계약자가 보험수익자가 변경되었음을 회사에 통지하여야 합니다.
> ⑤ 계약자가 제2항에 따라 보험수익자를 변경하고자 할 경우에는 보험금의 지급 사유가 발생하기 전에 피보험자가 서면으로 동의하여야 합니다.

보험은 가족에게 기꺼이 기부천사가 되겠다는 것

보험, 대한민국 보물창고

보험의 본질은 보장이 아니다

보험을 보장으로 보면 우물 안 개구리가 된다. 보험의 본질은 '보장'이 아니라 '현금'을 만드는 것이다. 보험금도 현금, 연금도 현금, 모두 다 현금이다. 보험은 ①돈의 만.모.불.지! 즉 돈을 만들고, 모으고 불리고 지키는 것이고, ②생로병사 중 생(生)과 노(老), 희로애락 중 희(喜)와 락(樂)은 장기저축을 통하여 평생 쓸 현금을 만들고, 병(病)과 사(死)는 보장으로 처리하여 어떤 상황에서도 지갑에 돈이 떨어지지 않게 하려는 것이다. 재무설계 목적과 정확히 일치한다. 그래서 보험설계의 목적은 재무설계의 성공이고, 재무설계의 성공은 인생의 성공으로 연결된다. 보험의 최종목적은 고객의 성공이다.

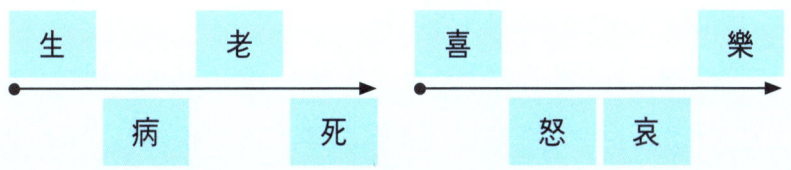

재무설계는 머니하우스를 짓는 것이고 보험상품은 재료가 된다. 손해보험 기초 위에 생명보험 건물을 올린다. 기초가 부실하면 건물은 사상누각이 된다. 또 생명보험이 건물의 골조라면 손해보험은 내부 인테리어다. 인테리어를 꾸미려면 건물이 있어야 하고, 인테리어가 안 된 건물은 흉물스럽다. 또 생명보험이 논농사라면 손해보험은 밭농사다. 밥은 생명보험이라는 논에서, 반찬은 손해보험이란 텃밭에서 기른 고추, 마늘, 파 등 온갖 먹거리로 맛있는 가족 밥상을 차리는 것이다.

생명보험은 가족을 싣고 목적지까지 데려다주는 배, 손해보험은 그 항구까지 데려다주는 자동차다. 생명보험은 든든한 가장, 손해보험은 세심하게 가족을 돌보는 엄마다. 엄마는 없는 듯 있는 사람, 만약 없으면 문제가 되는 사람이다. 손해보험은 실손보상일 경우, 중복보상이 안 되고 사고가 나면 손에 한 푼도 쥘 순 없다. 대신 현재 생활을 유지하여 더 이상 가난해지지 않게 한다. 이 손해보험의 토대 위에 생명보험은 중복가입이 가능한 정액보험이므로 세대 간 부의 이전으로 화폐 신분 상승을 기획할 수 있다.

생명보험회사는 보험회사가 아니다

생명보험은 단순한 보험회사로 보면 안 된다. 관점을 바꿔야 한다. 생명보험은 자산회사이고 손해보험은 순수한 보험회사다. 생명보험은 식량을 쌓는 창고, 손해보험은 그 식량창고를 갉아먹는 쥐를 잡는 쥐덫이다. 식량창고는 크게 지을수록 많이 쌓을 수 있고, 쥐덫은 쥐를 잡을 만큼 있어야 한다. 생명보험은 식량창고를 크게 만들고 싶은 욕심만큼, 손해보험은 자신의 피보험이익만큼 가입하게 된다. 최근까지 생명보험 상품을 일부 감액하고 저렴한 손해보험으로 갈아타는 '보험료 줄이기'가 대세였지만 생명보험 비율이 낮아지면서 가족의 양식도, 가족의 꿈도, 현금 유동성(약관대출 가능금액, 중도인출금, 연금전환 가능금액)도 동시에 줄어들고 있다. 생명보험의 비율을 높여 곳간을 채워야 할 때다.

보장 측면에서, 생명보험은 큰 그물을 사용하는 원양어선으로 3대 질병과 같은 큰 물고기(위험)를 잡고, 손해보험은 저인망 그물을 사용하는 연근해어선으로 생명보험에서 놓치기 쉬운 세밀한 물고기(생활위험)까지 잡는다. 그러나 질병, 상해, 간병보험 등 제3보험에선 생·손보의 구분이 없다.

보험시장은 3가지로 분류해보면 ①순수형 보장자산, ②만기환급형 보장자산, ③종합보장자산으로 나눌 수 있다. 왼쪽으로 갈수록 환급금이 적은 순수보장, 오른쪽에 가까울수록 환급금이 많은 저축에 가까워진다. 그래서 손해보험은 용도가 명확히 규정된 순수보장상품권, 생명보험은 여러 용도로 사용할 종합상품권이다. 요즘 아이들 생파(생일파티)는 1~2만 원의 문화상품권을 교환한다.

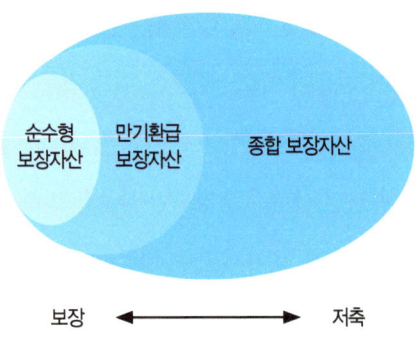

문화상품권은 영화를 보거나 온라인에서 게임아이템을 구입하고 쇼핑몰에서 물건도 구입할 수 있는 그야말로 현금이다. 현금이 좋은 이유는 교환할 수 있기 때문이다. 손해보험이라는 보장상품권은 꼭 필요한 특정 보장에 집중하고 생명보험이라는 문화상품권은 여러 형태로 변신 가능하다. 만약 1억 문화상품권을 선물받는다면 어떨까. 자녀에게 집 한 채를 사줄 것인지, 주식을 증여할 것인지, 생명보험상품권을 사줄 것인지의 선택이다. 생명보험이 아니라 생명보물, 생명복음, 손해보험이 아니라 손해보물, 손해복음이다.

월세 (정기보험)

내 집 마련 & 평수 넓히기
(종신보험)

주택연금 (종신연금)

생명보험과 손해보험

구분	생명보험	손해보험
원칙	· 정액(중복)보상 · 약관에 열거된 것만 보장 (열거주의)	· 실손(비례)보상 · 보상제외항목 빼고 다 보장 (포괄주의)
사망보장	· 일반사망보장 (생명표 사용) · 재해사망 (우연.외래)	· 질병사망 (연령별 위험률 사용) · 상해사망 (급격.우연.외래-직업별 위험률)
수술비	· 1~5종 수술분류표에 열거된 수술 · 고액치료비보장 (중대한 수술보장)	· 질병/상해 수술비/특정질병 수술비 중복보상 · 생활보장 (중대한 수술 및 생활수술)
통지의무	· 직업 변동 시 통지의무 없음	· 직업, 직무 변동 시 알려야 함
자살	·2년 이후 보상 (단, 2년 이내 : 심신상실 등 자유로운 의사결정을 할 수 없는 상태에서는 지급)	· 보상하지 않음 (단, 2010.4.1일 약관 개정 이후 : 심신상실 등 자유로운 의사결정을 할 수 없는 상태에서는 지급)
입원비	·120일 한도	· 180일 한도
보험금 지급 거절사유	1. 피보험자가 고의로 자산을 해침 2. 수익자가 고의로 피보험자를 해침 3. 계약자가 고의로 피보험자를 해침	1.2.3번 좌동 4. 임신,출산(제왕절개 포함), 산후기(회사가 보장하는 사유는 가능) 5. 전쟁, 외국 무력행사, 혁명, 내란, 사변, 폭동 6. 직업, 직무, 동호회 활동목적 *전문 등반, 글라이더조종. 스킨다이빙, 행글라이딩, 수상보트, 패러글라이딩 * 모터보트, 자동차(오토바이)경기, 시범, 흥행(연습), 시운전(공용도로 상시 운전은 가능) * 선박승무원, 어부, 사공 등 직무상 탑승

※ 용어 정의 : 1. 급격성 : 피할 수 없을 정도로 급박 상태.
       2. 우연성 : 발생이 예측 불가능.
       3. 외래성 : 사고 원인이 신체 외부

꼭 알아야 할 보험약관

생명보험, 질병 및 재해의 정의
① 한국표준질병 · 사인분류상 해당하는 질병 및 재해 A00~Y98
② 감염병의 예방 및 관리에 관한 법률 제2조 제2호에서 규정한 감염병 (콜레라, 장티푸스, 파라티푸스, 세균성이질, 장출혈성대장균감염증, A 형간염)

생명보험, 질병 및 재해 면책
①정신/행동장애F00~F99로 인한 질병 ②선천기형, 변형 및 염색체 이상 Q00~Q99으로 인한 질병 ③마약, 습관성 의약품 및 알코올중독 ④치과보철/미용상 처치 ⑤정상임신, 분만전후 간호/검사, 인공/불법유산 ⑥질병을 직접 원인으로 하지 않은 불임수술 또는 제왕절개수술 등으로 인한 경우 ⑦치료를 수반하지 않는 건강진단

생명보험, 재해분류표 제외되는 경우
1. 질병 또는 체질적 요인이 있는 자로서 경미한 외부 요인에 의하여 발병, 또는 증상악화
2. 사고의 원인이 다음과 같은 경우
    가. 과로, 반복적 운동, 식량, 수분 등의 결핍, 중독, 고의적 자해 등
    나. 법적개입 중 처형
3. 외과적 내과적 치료 중 환자의 재난 중 진료기관의 고의 또는 과실이 없는 사고
4. 자연의 힘에 노출 중 급격한 액체손실로 인한 탈수
5. 불의의 물에 빠짐, 기타 불의의 호흡위험, 눈 또는 인체의 개구부를 통하여 들어온 이물중 질병에 의한 호흡장해 및 삼킴 장해
6. U00~49, U80~89에 해당되는 질병

손해보험, 상해보험계약 후 알릴 의무
1. 계약자 또는 피보험자는 보험기간 중에 피보험자가 그 직업 또는 직무를 변경 (자가용 운전자가 영업용 운전자로 직업 또는 직무를 변경하는 등의 경우를 포함)하거나 이륜자동차 또는 원동기장치 자전거를 계속적으로 사용하게 된

경우에는 지체없이 회사에 알려야 한다.
2. 회사는 제1항에 따라 위험이 감소된 경우에는 그 차액보험료를 돌려 드리며, 계약자 또는 피보험자의 고의 또는 중과실로 위험이 증가된 경우에는 통지를 받은 날부터 1개월 이내에 보험료의 증액을 청구하거나 계약을 해지할 수 있다.
3. 제1항의 통지에 따라 보험료를 더 내야 할 경우 회사의 청구에 대해 계약자가 그 납입을 게을리했을 때, 회사는 직업 또는 직무가 변경되기 전에 적용된 보험료율의 직업 또는 직무가 변경된 후에 적용해야 할 보험료율에 대한 비율에 따라 보험금을 삭감하여 지급한다. 다만 변경된 직업 또는 직무와 관계없이 발생한 보험금 지급사유에 관해서는 그러하지 아니한다.

손해보험, 상해수술비 면책사항
1. 건강검진, 예방접종, 인공유산
2. 영양제, 비타민제, 호르몬투여, 보신용투약, 친자확인진단, 불임검사, 불임수술, 불임복원술, 보조생식술(체내, 체외 인공수정을 포함), 성장촉진
3. 외모개선 목적 치료를 위한 수술
   가. 쌍꺼풀수술(이중검수술), 코성형수술(융비술), 유방확대, 축소술, 지방흡입술, 주름살제거술 등
   나. 사시교정, 안와격리증의 교정 등 시력개선 목적 아닌 외모 개선 목적 수술
   다. 안경, 콘택트렌즈 등을 대체하기 위한 시력교정술
4. 외모개선 목적의 다리정맥류 수술, 위생관리 위한 성형수술 (사고 전 상태 회복 위한 수술 포함)
5. 선천적 기형 및 이에 근거한 병상

손해보험, 질병수술비 면책사항
1. 정신 및 행동장애 F04~F99, 다만, F04-F09, F20~F29, F30~F39, F40~F48, F90~F98 요양급여 보상)
2. 여성 생식기의 비염증성장애로 인한 습관성 유산, 불임 및 인공수정관련 합병증 N96~N98
3. 임신, 출산(제왕절개포함), 산후기 입원 O00~O99

4. 선천성 뇌질환 Q00~Q04

5. 비만 E66

6. 요실금 (N39.3, N39.4, R32)

7. 직장 또는 항문질환 중 요양급여에 해당하지 않는 부분 (I84, K60~K62, K64)

8. 치아우식증, 치아 및 치주질환(K00~K08)

9. 아래 목적

① 건강검진 (이상소견으로 추가의료비는 보상), 예방접종, 인공유산

② 영양제, 비타민제, 호르몬투여(요양급여해당 성소숙증치료 보상), 보신용투약, 친자 확인 위한 진단, 불임검사, 불임수술, 불임복원술, 보조생식, (체내, 체외 인공수정 포함), 성장촉진, 의약외품과 관련비용

③ 단순피로, 권태

④ 주근깨, 다모, 무모, 백모증, 딸기코주사비, 점, 모반 (태아가입 시 화염상모반 등 선천성 비신생물성모반Q82.5는 보상), 사마귀, 여드름, 노화연상으로 인한 탈모 등 피부질환

⑤ 발기부전, 불감증, 단순 코골음 (수면무호흡증G47.3은 보상), 단순포경, 요양급여기준에 관한 규칙 제9조1항 비급여대상에 의한 업무 또는 일상생활에 지장없는 검열반 등 안과질환

⑥ 외모개선 목적의 치료를 위한 수술

    가. 쌍꺼풀수술(이중검수술), 코성형수술(융비술), 유방확대, 축소술, 지방흡입술, 주름살제거술 등

    나. 사시교정, 안와격리증의 교정 등 시각계수술로써 시력개선 목적이 아닌 외모개선목적수술

    다. 안경, 콘택트렌즈 등을 대체하기 위한 시력교정술 (요양급여 대상 수술방법 또는 치료재료가 사용되지 않은 수술)

    라. 외모개선 목적의 다리정맥류수술

금감원 금융정보포털 '파인' 활용하기 (fine.fss.or.kr)

금융상품 한눈에	• 예·적금, 대출, 연금저축 등 여러 금융상품 비교
연금저축통합공시	• 연금저축신탁, 연금저축보험, 연금저축펀드의 상품별 장단점과 특징, 수익률 및 수수료 등을 비교
보험다모아	• 자동차보험, 실손보험, 여행자보험 등 보험료와 보장 비교
잠자는 내 돈 찾기	• 은행, 보험사, 증권사, 우체국 등 휴면계좌조회
상속인금융거래조회	• 금융회사에 남은 사망자(금치산자, 실종자 등)의 금융재산 및 채무 정보를 조회 신청
통합연금 포털	• 가입된 개인연금, 퇴직연금, 국민연금, 사학연금 정보를 조회
은행 계좌통합관리서비스	• 전 은행 계좌를 조회하고, 소액 비활동성 계좌를 잔고이전·해지
내 보험 다보여	• 가입상품의 세부 보장내역, 실손보험 중복가입 여부 확인
보험가입조회	• 본인이 계약자 또는 피보험자로 되어 있는 계약현황을 조회
금융 꿀팁 200선	• 일상생활에서 알아두어야 할 실용 금융정보 200가지
연금저축 어드바이저	• 노후부족 자금 계산하고 연금저축 상품 정보를 조회
금융거래 계산기	• 예적금 및 대출 이자, 연금의 현재가치, 주택담보대출 DTI 등을 계산.
금융소비자보호처	• 민원접수 및 상담, 금융 생활정보 등을 확인.
금융교육센터	• 금융감독원에서 실시하는 각종 금융교육 신청과 다양한 금융교육 자료와 정보를 확인.

6.25전쟁 때도 돈 버는 사람이 있었다.

02

100세 insight

- ◆ 미래 읽기
- ◆ 생존보장
- ◆ 보험으로 사는 시대
- ◆ 의사가 내 병명을 모른다?
- ◆ 20년 후, 우리의 미래
- ◆ 100세 indicator, 치주질환

> 1988년 영국 북해유전에서 화재가 발생했다.
> 시추선에 있던 168명 중 167명은 배에서 뛰어 내리지 않아
> 목숨을 잃었고, 물로 뛰어든 단 1명만 살아남았다.
> 그는 배에 남아 있는 것은 죽음을 기다리는 것이고,
> 기름이 흘러 불에 타는 바다 밑에는 물이 있단 사실을 믿었기에
> 바다로 용기 있게 뛰어들었다.
> 우리는 확실한 죽음(certain death)과 가능성 있는
> 죽음(possible death) 중 어떤 선택을 해야 할까?
> 지금 가진 보험증권으로 가만있으면 100세 준비가 될까? 정말 될까?

미래 읽기

10년 후 몇 살이 되는가?

10년 후 가장 잘한 일과 가장 후회할 일은?

10년 후 어떤 느낌일까?

지나온 10년 열심히 살았는데 알고 보니 사다리를 거꾸로 내려오고 있었다면 어떤 기분일까? 인생은 '열심히'가 아니라 '제.대.로'다. 열심히 하기 전 방향부터 잡아야 한다. 다음 4가지 과거기사를 보자.

> **[과거 신문기사]**
> **2011년 상호저축은행 영업정지 사건** 2011.2월 부산저축은행 등 여러 상호저축은행이 집단으로 영업이 정지된 사건. 예금자 보호를 받지 못한 상당수는 조금 더 높은 이자를 받기 위해 선택했던 저소득층이었다. 핵심은 노후자금 마련이었다. 자산관리의 핵심은 안전성이고 위험관리를 최우선에 두어야 한다는 것을 말해준다.

2014년 브라질 국채투자 손실 눈덩이… 증권사 '나 몰라라'
고금리를 강조하여 증권사들이 대대적 마케팅을 벌인 결과 헤알화 환율 급락으로 4년 새 50% 손실을 기록했다. 수익률만 보고 위험을 보지 못한 결과다. 또한 전문가 조언에도 불구하고 모든 책임은 자신에게 있다. _세계일보 2015.10.8.

2015년 ELS손실 '일부 증권사들은 종목형 ELS의 경우 고객들에게 보장된 수익률을 주지 않기 위해 시세 조정을 통해 고의적으로 녹인(knock-in) 시켜 자산손실을 줄이는 경우도 발생하고 있다. (중략) 코스피 200지수에 투자하는 상품이라고 상품설명서에는 명기한 후 자산의 70%가량을 해외 부동산에 투자하기도 했다. _매경. 2015.4.21.

2017~2018년 100만 가구 입주폭탄 '2000년 이후 2014년까지는 연평균 새 아파트가 약 27만 가구씩 공급됐다. 적정 주택 수요는 연간 37만 가구다. (중략) 공급된 물량이 2017~2018년 집중적으로 입주할 것으로 예상되면서 전세금과 집값 하락 부작용이 나타날 수 있다는 우려의 목소리가 커지고 있다.'
_ 조선일보, 2016.12.1.

집을 2~3채 가진 사람이 많다. 이들은 부동산만 많은 것이 아니라 부채도 많다. 주택보급률은 2013년 이미 103%가 넘었다. (국토교통부) 옥석 가리기가 진행되고 있는 상황에선 대도시, 역세권, 대형병원 주변, 학교 주변 등을 제외하면 가격변화가 예상된다.

과거를 바꿀 수만 있다면 누구나 성공적인 삶을 살 수 있을 것이다. 실제로 과거를 바꿀 방법이 있다. 시점이동을 하는 것이다. 삶을 바꿀 나이를 '현재'로 두고, 그 이전을 모두 과거로 바꿔 버려야 한다. 가령 45세라면 20년 후 노인, 55세가 되면 10년 후 노인이라고 생각한다. 이런 시각이라면 삶을 바꿀 수 없다. 65세를 현재로 놓고 거꾸로 바라보면 45세는 65세가 되기 20년 전,

55세는 10년 전이 된다. 그런 다음 이제 과거를 뜯어고치기 시작하는 것이다. 결과를 바꾸려면 원인을 바꿔야 한다. 미래의 내가 현재를 지배하는 패러다임이다. 좀 더 길게 보고 멀리 시점이동을 하자는 것이 보험이다. 그래서 보험이 인생을 바꾸고 운명을 결정하는 것이다.

그다음 실행계획은 지금 나이에 10년을 더하자. 45세라면 55세 시점을 기준으로 생각하면 된다.

바뀐 게임규칙 인생은 주식투자와 같다. 1,000만 원 투자로 50% 수익이면 1,500만 원, 이 1,500만 원이 50% 손실이면 750만 원, 이 750만 원이 다시 1,500만 원 되려면 이번엔 100% 투자수익이 필요하다. 수익을 내는 것이 중요한 것이 아니라 까먹지 않는 것이 중요하다. 축구경기에서 경기장 안 선수들은 무조건 골부터 넣으려 한다. 그러나 경기장 밖에 있는 감독은 최종적으로 경기에 승리할 방법을 고민한다. 경기장 안과 밖의 시각차이다. 축구경기에서 10골을 넣어도 11골을 먹으면 진다. 더욱이 마땅한 골잡이(금리)도 없이 연장전(100세 시대)까지 가는 경기라면 승부는 수비(위험관리)에서 결정난다. 양 팀 모두 실력이 똑같다면 수비력이 경기결과의 관건이 된다. 저성장·100세 시대가 바로 이와 같은 상황이다.

단기적으로 대박 나는 펀드도 길게 보면 평균 수익률에 수렴한다. 자산관리의 기본은 실패를 줄여 성공확률을 높이는 것이다. 이것이 어른의 생각이고 어른의 생각이 곧 보험이다. 저성장 시대는 실패는 성공의 어머니가 아니다. 한 번 실패는 영원한 실패다. 다음 그림을 보자. 누가 부자인가? 저금리 하에서는 보이는 부분에선 큰 차이가 나지 않는다. 반면 보이지 않는 위험관리에서 큰 차이를 만든다.

보험은 인생을 멀리 보고 길게 보자는 것

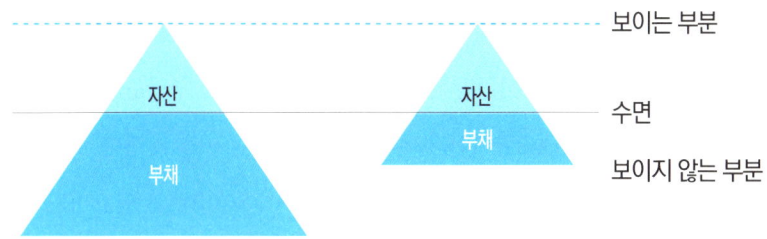

　미래 상품을 팔면서도 파산하지 않고 100년 이상 건재한 보험회사가 존재한다. 통계에 기초하기 때문이다. 보험사는 과거를 통해 미래를 예측하고 보험료에 반영한다. 가입자 중 누가 죽을지, 암에 걸릴지, 누가 오래 살지는 모르지만, 일부는 죽고, 일부는 질병에 걸리고, 또 일부는 오래 산다는 것은 알고 있다. 과거는 계속 반복될 것이므로 100년 후에도 200년 후에도 보험사는 건재할 것이다. 보험은 통계다. 내 인생도 통계다, 재무설계도 통계다. 통계는 우리의 미래운명이고 팔자다. 통계에서 자유로운 사람은 없다. 통계 앞에서 겸손해야 하고 통계를 통해 지혜를 발견해야 한다. '보험'은 지혜이고 '보험가입'은 지혜를 사는 일, 가입자는 지혜로운 엘리트 그룹이다. 보험 가입 과정을 통해 지혜를 얻어야 한다.

　평균수명이 올라가면서 보험료가 대폭 상승하고 있다. 이것이 꼭 나쁜 일일까? 아니다. 보험금 지급확률이 높아졌단 의미다. 보험료가 저렴해졌다면 그만큼 확률이 낮아졌기 때문이다. 오래 살수록 질병의 발병확률도 100%에 육박한다. 그러므로 100세 시대는 가입한 모든 보험에서 보험금을 받게 된다. 보장성 보험이 복권에서 재테크로 바뀌어 위험관리를 통해 부를 만들 수 있는 것이다. 발상의 전환이 필요하다. 이제 보험은 비용이 아니라 거액의 현금을 만들 기회, 위험에 대비를 넘어 적극적으로 피보험이익을 초과한 보험투자로 가족의 식량창고를 채울 기회가 열린 것이다. 한국의 100세 인구는 얼마나 될까? 서울에만 약 5,400여 명, 전체로는 17,500여 명이다. 평균수명은 10년 당 4.5년씩 증가하면서 2060년이면 8만여 명 이상으로 늘어날 것이다. 100세 이상자가 이름표를 붙이고 다니지 않는다. 100세 시대는 이미 와 있고 100세 패러다임이 이미 지배하고 있다.

연령별 인구(명)

구분	전국	남자	여자	비율
총인구수	51,687,682	25,824,429	25,863,253	1.0
0~9세	4,570,380	2,347,400	2,222,980	0.9
10~19세	5,501,612	2,862,878	2,638,734	0.9
20~29세	6,751,641	3,556,972	3,194,659	0.9
30~39세	7,557,813	3,862,980	3,594,833	1.0
40~49세	8,798,021	4,463,805	4,334,215	1.0
50~59세	8,412,800	4,252,289	4,150,511	1.0
60~69세	5,354,130	2,601,930	2,752,200	1.1
70~79세	3,234,272	1,404,276	1,829,996	1.3
80~89세	1,314,485	427,658	886,827	2.1
90~99세	175,051	40,120	134,931	3.4
100세 이상	17,477	4,120	13,357	3.2

2016년 12월 기준. 통계청

시도별 100세 인구(명)

서울시	5,444	강원도	649
부산시	1,574	충북	474
대구시	591	충남	733
인천시	750	전북	703
광주시	355	전남	756
대전시	312	경북	804
울산시	137	경남	631
세종시	49	제주	227
경기도	3,288		

2016년 12월 기준, 통계청

상식적으로 100세인들이 건강할까? 세상이 아무리 바뀌어도 노화를 멈출 수 없다. 이들이 연금보험과 10억 원의 종신보험 가입자라면 보험회사는 어떤 입장일까? 다행히도 당시에는 마땅한 보험상품이 없었다. 그러나 세상은 변했고, 앞으로 100세 노인은 적극적인 보험가입자일 가능성이 높다. 우리의 무의식은 통장 잔고를 수시로 점검하여 잔고가 남아 있다면 장수로, 잔고가 0ZERO라면 적당히 죽을 이유를 찾게 될 것이기 때문이다.

남녀 평균 기대수명은 82.4세(통계청,2015)다. 그러나 평균 기대여명은 영아사망, 청년 자살자까지 포함하므로 성인들이 보편적으로 삶을 누렸을 때의 수명이 아니다. 평균수명 이전 사망자를 빼고 실제 생존자만으로 통계를 내면 평균은 확~ 올라간다. 다음 도표는 국민연금연구소가 예측한 '60세에 도달 시 기대여명'이다. 2025년에 65세가 되는 65년생 여성의 기대수명은 90세가 넘는다. 기대수명은 갈수록 늘어나므로 지금 30~40대는 100세를 넘길 것으로 보인다. 이제 평균수명까지 살았다면 그야말로 요절^{夭折}일 것이다. 영국 런던 임페리얼 대학연구소는 2030년 한국여성의 기대수명이 90.82세로 세계 최초로 90세를 돌파할 것이라고 전망했다.

60세 기대여명

구분	2015년	2020년	2025년	2030년	2035년	2040년	2045년
60세도달	55년생	60년생	65년생	70년생	75년생	80년생	85년생
남자	82.65세	84.19세	85.61세	87.04세			
여자	87.62세	89.20세	90.59세	91.97세			

출처: 국민연금연구소

최빈사망연령 최빈사망연령이란 0~100세 중 한해 가장 많이 사망하는 연령으로, 유아 및 청년사망률에 의해 크게 달라지는 평균수명보다 더 정확한 고령화 사회 진단지표가 된다. 현재 한국인의 최빈사망연령은 평균수명보다 높은 86세이고 90세를 넘기면 100세 시대로 본다. 통계청은 고령자들의 주민등록이 부정확해서 91세 이상은 모두 90세에 포함해 하나로 집계하기 때문이다. 일본은 2000년에 최빈사망연령이 100세 시대에 들어갔고 2006년부터는 105세까지 집계하고 있다. 주목할 일은 국무총리실 산하 경제인문사회연구회는 '100세 시대'를, 현재 우리나라 통계 집계 방식상 90세 이상 사망자 연령은 '90세'로만 잡힌다는 점과 표준편차 등을 감안하여, 가장 많은 사람이 사망한 연령(최빈사망연령)이 90대가 되는 시점으로 정의했다. 이미 정부 차원에서 100세 시대가 정의된 것이다. 2008년 최빈사망연령은 85세(2015년 86세), 표준편차는 3.6세다. 85세에 가장 많은 이들이 죽지만 85세를 넘기면 88.6세까지 산다는 것이다. 90세를 넘기면 100세까지 무난히 살게 될거라는 예상이 가능하다.

기대여명과 건강수명(세)

구분	남성		여성	
연령	기대여명	건강수명	기대여명	건강수명
15	78.06	70.33	84.82	73.91
20	78.17	70.54	84.88	74.08
25	78.32	70.74	84.98	74.28
30	78.51	71.00	85.10	74.55
35	78.71	71.30	85.24	74.88
40	79.97	71.69	85.40	75.27
45	79.33	72.24	85.60	75.73
50	79.85	73.00	85.83	76.34
55	80.55	74.06	86.12	77.21
60	81.40	75.43	86.47	78.38
65	82.42	77.17	86.93	79.85
70	83.70	79.43	87.57	81.85
75	85.43	82.16	88.51	84.22
80	87.65	85.24	89.95	86.88
85	90.48	88.75	92.08	89.90

보건사회연구원.2011

동시에 진행된 설문조사 결과 100세 시대가 축복인지에 대한 질문에 40.1%가 '그렇지 않다'고 답했다. 100세 시대에 대한 국가적 대비 정도에 대해서도 '잘 돼 있다'는 7.5%, '안 됐다'는 63.6%에 달했다. 100세 시대에 가장 걱정되는 문제(중복응답)로는 건강(89.2%), 생활비(76.8%)순이었다. 우리는 결국 3가지의 결론을 얻을 수 있다.

1. 대부분은 거의 100세까지 생존한다
2. 노후의 상당 기간이 자녀 노후 기간과 겹친다
3. 이제 모든 재무준비를 100세로 재구성해야 한다.

당신이 프로야구 감독이라면 토너먼트 경기를 앞두고 어떤 선수를 출전시킬 것인가? 아마 공격수라면 타율을 볼 것이고, 수비수라면 실책이 적었던 선수를 선택할 것이다. 그렇다. 확률이 중요하다. 미래를 준비하기 위해 내 소중한 돈을 어떤 항목에 투자할지는 확률을 봐야 한다. 야구에서 타율 3할대면 중심타선, 5할대면 최고 스타가 된다. 2014년 텍사스와 7년 1억 3,000만 달러(약 1,457억)의 초대형 계약을 맺은 바 있는 추신수 선수의 타율은 2할 5푼 8리다. 다음의 통계를 확인해보자.

> [미래 예측기사]
> **인공지능시대** 가사 로봇, 간병 로봇, 무인 로봇, 로보어드바이저의 등장으로 다수의 직업이 사라지고 새로운 직업이 등장한다. 2020년이면 무인 전기차가 대세가 된다.
> **2030년 표적치료제와 암 백신개발** 교통사고만 안 나면 죽지 않는 시대
> **투자의 시대** 불황으로 화폐발행량 (화폐가치하락)이 늘어나 실질금리는 마이너스
> **빈부격차확대** 노인빈곤율 49%(1/2명)로 70%까지 증가할 전망이고, 노후준비가 잘 돼 있다고 응답한 8.8%를 제외한 91.2%는 가난예약이다.

- 현재 30~49세 남자(가장)는 하루 41명 (연간 1.5만 명, 2015년) 사망
- 65세 이상 인당 3.34개의 만성질환 보유 (보험사회연구원, 2011)
- 최빈사망연령 (다수사망연령) 86세 (2015년) ☞ 2020년 90세 이상
- 평균수명까지

    ☞ 교통사고로 3명 중 1명(35.2%)이 사망

    ☞ 3명 중 1명이 암 발병 (36.2%, 연간28만, 하루767명)

    ☞ 2명 중 1명이 3대질환 (암.심.뇌) 발병 (47.7%)

    ☞ 치매 확률 17%, 전체 치매 환자의 20%는 40~50대가 발병

- 2017년 생산가능인구 감소 시작 (일본은 1996년)
- 2025년 노인 인구 1천만 명 돌파, 치매 간병 인구 500만 명 시대
- 2030년 한국여성 기대수명 90.8세·세계최초 돌파 (영국 임페리얼대학연구소)
- 2035년 3가구 중 1가구가 1인 가구 (34.3%), 노인 비율도 3명 중 1명 (28.7%)
- 2040년 노인 6명을 10명이 부양 (노인부양비 57.2명)
- 30세 이상 성인 중 고혈압 혹은 당뇨 비율 49.1% (KDI보고서)

생존보장

100세 시대는 돈 없어도 생존, 암 완치 후 생존, 당뇨 실명 후에도 생존, 장해 후 생존, 치매 발병 후 장기간병상태로 생존한다. 수명연장의 의미는 3가지다. 수명연장으로 가난하게 살 기간도, 침대에 누워 있을 기간도 늘어났고 질병의 발병 시기도 늦춰졌다. 요즘은 50대 청년, 60대 중년, 70대 청년, 80대 장년, 90대 노년이다. 특히 70대는 청년이다. 조금만 몸이 이상해도 병원을 찾는다. 80세 청년 시대도 멀지 않았다. 자살로 죽지 않는다면 의학이 죽여주지 않는 시대로 빠르게 변하고 있다. 2030년 암이 정복될 예정이다. 암을 정복하면 암보험 고액가입자는 대박이다. 치료비가 아닌 노후생활비로 전용하게 된다. 최근 나노 로봇이 혈관을 청소하는 실험을 존스 홉킨스대학에서 성공했다. 구글의 웨어러블 컴퓨터로 건강관리를 하는 시대다.

> **노인 기준 70세로 높이는 日…한국 '발등의 불'**
> 일본 내각부는 조만간 열릴 경제재정자문회의에서 고령자의 경제적, 사회적 정의를 '70세 이상'으로 올리는 것을 제안할 방침이다. 정년이 늦춰지면 기초연금과 후생연금 등 연금 지급 시기도 뒤로 미룰 수 있다. (한경. 2016.12.21.)

노인 인구는 매년 35만 명씩 증가하고 있어 현재 43만 명(2015)에서 36만 명(2035년)으로 줄어드는 출생자 수와 같고, 노인 비중은 10명 중 1명(12.8%, 2015년)에서 10명 중 4명(40%, 2058년)으로, 85세 이상 노인도 51만 명(2015년)에서 505만 명(2065년)으로 10배 이상 늘어난다.

65세 이상 인구

연도	2015년	2025년	2049년	2065년
고령자(65세↑)	654만	1,000만	1,882만	1,862만

통계청 인구예상추이

3가지 절벽(낭떠러지)이 기다리고 있다.

첫째. 인구절벽 서울 집값은 세계에서 가장 비싸다. 자산이 대출을 낀 집 한 채가 전부인 상태에서 인구구성비 변화, 즉 2017년부터 주택, 주식을 사줄 생산가능인구가 줄어들어 [생산인구감소→고용축소→실업증가→부동산거품붕괴(필연) = 노후 천민]으로 이어지고 히든카드인 주택연금도 재원 부족으로 중단될 가능성이 크다.

둘째. 건강절벽 자동차 10년 타기도 쉬울까? 그런데 우리 몸은 100년 이상 사용한다. 노화자체가 '질병'이다. 자동차처럼 부품을 갈아 끼울 수도 없고 장해가 생기면 '일상생활장애'(ADL)로 100세까지 살아야 한다. 건강수명(남 69세, 여 73세,보건사회연구원,2011) 이후 평균수명까지 16~18년간의 유병기간이 기다리고 있다. 65세 이후는 생애의료비의 절반(남 1억, 여 1.2억)의 의료비를 만들어야 하고, 그중 사망 직전 30%를 소모한다.

- 남자 : 수명 79세-건강수명 69세=10년 유병기간 (100세까지 31년)
- 여자 : 수명 86세-건강수명 73세=13년 유병기간 (100세까지 27년)

셋째. 보장절벽 '발병 시점'도 연장되고 있다. 기말고사 출제범위가 시험을 일주일 앞두고 늘어난 것과 같은 것이다. 기존 보험상품은 70~80세 만기가 대부분이어서 80~100세 구간은 무보험 구간으로 암 치료받다가 보험기간이 끝나거나, 만기 후 암 재발 혹은 장기간병상태에 놓이게 된다. 1~2가지 중대질병이 동시에 발병하거나 합병증으로 [수술+장기입원]하게 되는 재난 의료상황이 되면 '메디컬 푸어^{의료파산}'가 된다. 연간 70만 명이 의료비 마련을 위해 주택 매각과 심지어 사채를 끌어 쓰고 있다. 인생의 결론은 80세 이후다. 노인건강은 언제 어떻게 될지 모른다. 80세까지 건강하다가 81세에 갑자기 보험이 없는 상태에서 발병하면 어떨까? '무보험 생존, 무보험 발병'은 살아서 겪는 지옥이다. 노인빈곤율은 10명 중 7명, 노인자살률은 OECD 최고, 치매 증가율은 세계 1위다. 보험 만기를 연장하고 노후보장 중심으로 구조개편과 화폐가치 하락에 따른 보장업그레이드가 필요하다.

① 치매 (80~100세 : 18.0%. 특히 85세 이후 집중 발병)
② 심부전 (80대 10% 이상 증가. 환자 절반[55.4%]이 1년 이내 재입원)
③ 협심증 (80대 환자 연평균 5.5% 증가)

④ 암 (50세 이후 급격 증가, 80~84세에도 집중발병)

⑤ 폐렴 (80세 이후 흡연과 미세먼지로 주로 발병)

⑥ 고관절골절

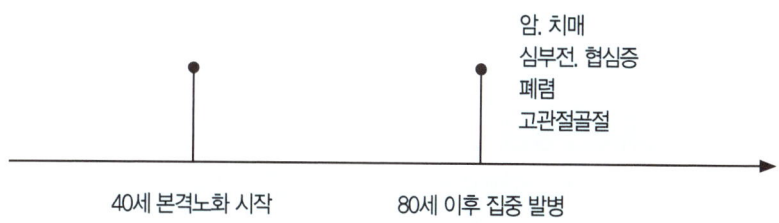

100세 장수 시대가 코앞으로 다가오면서, 길어야 80세까지 의료비, 치매간병비 등을 보장하던 보험상품들이 100세 보장으로 속속 전환하고 있다. 집계결과, 현재 판매되고 있는 장기보험상품 중에 주계약 만기가 100세 이상인 것이 약 3분의 1에 달하는 것으로 나타났다. - 조선비즈, 2016.10.

가족력=보험금확률 나이가 들수록 본능은 강해지고, 젊을 때의 생활습관, 유전 질환은 좀 더 뚜렷해진다. 수명연장의 결과 가족력도 구체화된다. 가족력은 70%가 공감하는 이슈다. 유전은 총알 장전과 같고, 생활습관은 방아쇠와 같다. 가족력은 확실한 보험금 확률이고 질병 예보다. 가족력 관련 질병은 암 38.2%, 혈압 23.2%, 당뇨병 19.5%, 뇌졸중 19.5% 순이다. 가족력이란 '가족, 친척의 의학적 내력, 즉 '가문의 내력'으로 3대에 걸친 직계가족 중 2명 이상, 65세 이상 부모, 형제자매 중 고혈압, 당뇨, 암, 심장질환, 뇌혈관질환, 간질환이 있다면 보험금 탈 확률_{피보험이익}이 있다. 암 환자의 4분의 1이 유전자와 관련이 있고, 최근 항암제도 대부분 유전자를 대상으로 하기에 20~30년 내 유방암은 당뇨처럼 만성질환이 될 전망이다. (매경.2011.2.8.김종원 삼성병원 교수) 게다가 후쿠시마 원전사고와 같은 유전자 파괴요인이 증가하면 암은 폭발적으로 증가할 것이다. 영화배우 안젤리나 졸리는 왜 굳이 유방절제 수술을 선택했을까?

"난 어머니의 유전자 중 암을 유발하는 BRCA1를 물려받았다. 그래서 의사는 내게 유방암 위험이 87%, 난소암 위험이 50%라고 전했다. 결국, 난 유방암 예방을 위해 양쪽 유방을 절제하는 수술을 결심했다. 유방암이 난소암보다 발병 위험이 더 높은 상태였기 때문이다."_안젤리나 졸리

김일성, 82세에 심근경색 사망, 아들 김정일, 69세에 심근경색 사망. 손주 김정은도 심근경색 사망일 가능성이 높다. 故 이병철 삼성그룹 회장, 77세에 폐암 사망. 아들 이맹희 84세에 폐암 사망. 이건희 회장도 폐암이 발병했다.

개선 불가	개선 가능
가족력 남성 연령	흡연 고혈압, 고지혈증, 당뇨병 운동부족과 비만, 스트레스

노후문제=여성 노인문제 55세 이후 여자 인구비율이 급격히 늘어나는 역전현상이 일어나 '노후문제=여자문제'가 된다. 수명연장의 최대 수혜자이자 피해자는 여성1인 가구다. 100세 이상 대부분은 여성(86%), 여성의 절반 이상이 80세를 넘어 사망하며 혼자 살 확률은 30%다. 2035년이 되면, 60세 이상 여성 노인의 절반56.5%, 전체의 38%, 20~30대 51%이 1인 가구로 원룸. 오피스텔 등에서 이들을 마주치게 된다. 65세 이상 의료비는 월 33만 원으로 노후연금을 파먹는다.

연령별 사망자수 구성비(통계청. 2015)

	0~39세	40~59세	60~79세	80세 이상
남자	4.5%	20.8%	47.0%	27.8%
여자	5.6%	9.3%	31.1%	56.5%

　2012년부터 여성 10대 사인 중 비용이 가장 큰 질병인 알츠하이머 치매가 들어가기 시작했다. 80세 이상자가 늘었기 때문이다. 만약 전 배우자가 공무원, 교사라면 이혼 시 분할연금을 인정하지 않는다. (민사소송 필요) 자녀 양육과 가사노동의 가치를 인정한다면 '주부 퇴직금'이 필요하다. 아래를 소리내어 읽어보자.

- 복지혜택이 늘어난다는 것은... '여성 노인'의 복지가 좋아진다.
- 농촌 문제는... 농촌의 '여성 노인' 문제.
- 장애인 문제는... '여성 노인' 장애인 문제.
- 노인 빈곤 문제는... '여성 노인' 빈곤 문제.
- 노인 빈곤율이 최고다... '여성노인'이 빈곤하다는 것
- 폐지 줍는 노인이 늘어난다는 것은... 폐지 줍는 '여성 노인'이 많다는 것
- 기초연금액을 올리면... '여성 노인' 지갑이 채워진다는 것.
- 남편이 간병보험을 가입했다는 것은... 노노老老간병하는 '여성 노인'을 돕는 것.
- 요양원이 늘어나면... '여성 노인'을 위한 수용시설이 늘어난다는 것.

경제자립 이제 재무설계 목적은 개인별 경제독립홀로서기이다. 경제독립이란 '누구에게도 의존하지 않는 상태!' 65세 이후는 그간 돈을 벌었던 몸이, 돈 먹는

하마로 돌변하여 돈 들어갈 일만 남는다. 늙고 병든 몸도 마지막 순간까지 돈을 만들어 내는 방법이 보험이다. 보험은 내 부담을 회사로 떠넘기는 것이다. 현재 보험사 이익이 몇천억이란 보도가 나오지만 이제 손실보도가 멀지 않았다. 보험사 파산에 대한 대비로 회사별 분산가입도 고려해야 한다.

70세 시점에, '2천만 원 예금통장'과 3대 진단비를 각각 3천만 원을 보장하는 납입 완료된 보험증서 중 어떤 통장이 가치 있을까? 당연히 후자다. 아르키메데스는 "내게 충분히 긴 지렛대를 달라. 지구라도 들어 보이겠다"고 했다. 성공자의 공통점은 지렛대를 효과적으로 이용했다는 것! 특히 보장성 보험은 소액으로 큰돈을 만들어 내어 지렛대효과가 크다. 중복가입으로 치료 후 남는 보험금은 연금으로 쓰면 된다. 질병사망통계를 펼쳐 놓고 100세까지 가져갈 '보장 쇼핑'을 하는 보험의 노마드[nomad, 유목민]이 되어야 하고 보험료를 줄이는 '구조조정'이 아니라 핵심보장을 강화하는 '구조개편'으로 시대에 따라 전자제품을 바꾸듯 보험도 생존보장 중심으로 연금시스템, 보장시스템을 만들어야 한다. 매년 상승하는 실손보험료 부담으로 70~80세 미유지 상황과 10년에 5~7배 인상되는 의료비에 대비하여 별도 정액 보험을 준비해야 한다. 그러나 정액보험은 물가상승을 반영하지 못하므로 끊임없는 업그레이드가 필요하다. 보험은 또 가입하고, 고쳐 가입하는 것이다.

보험은 늙고 병든 몸도 돈을 만들게 한다.

보험으로 사는 시대

질문하라!
돈이 절실한 시기가 온다. 언제일까?
100세까지 꼭 붙들고 갈 보험인가?
암 완치 후 재발 시 대책은?
인구절벽으로 주택연금이 사라지면 생활비는?
의료비 집중기에 대한 준비는 어떻게 하고 있는가?
매년 상승하는 실손보험의 유지대책은? 특히 간병, 투병 이후 준비는?
문제가 생기면 기존 보험만으로 해결해야 하는데 대책은?

5585구간의 비밀 보험은 '때'가 중요하다. ①가입 집중기와 ②집중 청구기로 나눈다. 지금 보험사들은 이익을 남기지만, 이제 돈 나갈 일만 남게 되고, 가입자는 지금은 '지출'이지만, 이제 '돈 받을 일'만 남게 된다. 중요한 것은 미리

보험이란 당신 자신이 '선물'이 되는 것

보험에 가입해야 한다는 것이다. 보험은 언제 쓰려고 가입하는 것인가? 바로 5585구간이다. '3대 절벽(낭떠러지)'이란 표현이 얼마나 무서운 말인가를 생각해야 한다. 인생을 30세, 60세, 90세로 나누어 보자. 돈이 절실한 시점은 언제인가? '자기책임기'다.

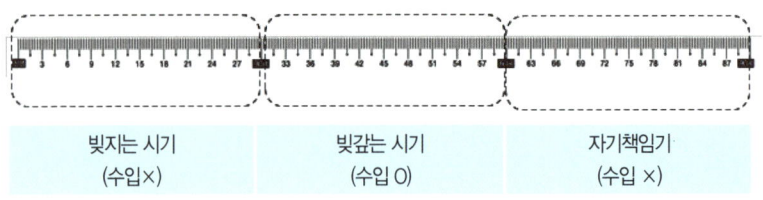

| 빚지는 시기 | 빚갚는 시기 | 자기책임기 |
| (수입 ×) | (수입 O) | (수입 ×) |

내 인생의 사하라사막에 스팟라이트를 비추고 우물을 여러 개 파 놓아야 한다. 보통 재무설계사들은 55세를 넘긴 지인이 보험상담을 요청하면 부담스러워 한다. 고혈압이 없는 자가 없고 대부분 질병이 있거나 발병 가능성이 높아져 가입거절, 보험료 할증, 보험금 삭감이 많아 상담 후 관계가 틀어지거나 시간을 낭비하게 되기 때문이다. 유병자보험이 있지만 가입 한도는 낮고 보험료는 높고 실속보장은 빠진다. 55세 이후는 '여력'의 문제가 아니라 '자격'의 문제다. 보험 집중가입기가 끝나면 보험 집중수령기가 온다. 바로 55~85세 구간이다.(이하 5585구간) 우리는 55세까지 준비한 보험으로 5585구간을 살게 된다. 55세까지 보험가입을 끝내고 55세부터는 준비한 각종 보험에서 돈이 터져야 한다. 재무설계는 돈 나올 우물을 만들고, 돈 나갈 구멍을 막는 것이다. 생활비는 [국민연금+개인연금]으로, 의료비는 [건강보험+실손보험]으로 처리한다. 국민연금과 건강보험도 국가에서 운영하는 보험이다. 국가도 보험을 활용하는 것이다. 노후에는 보험으로 먹고 살아야 한다. 5585구간에서

5585구간에 나오는 모든 돈은 연금이다.

는 통장으로 귀족과 천민이 갈린다. 최후 보루는 실손보험이나, 우열은 정액 보험으로 갈린다. 연령별 포인트를 보자.

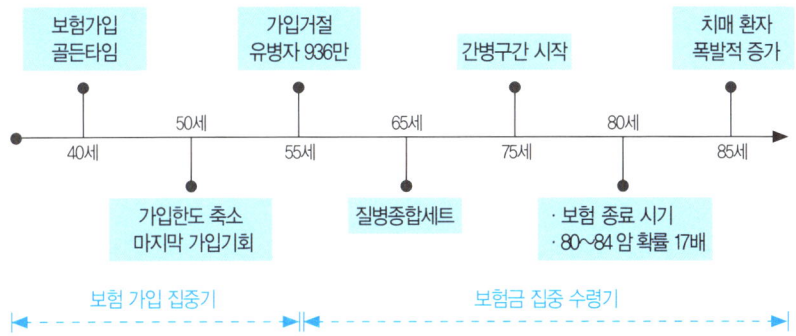

30대 질병 위험도는 낮지만, 막상 발병 시에는 진도가 빠르다. 30대에 고혈압, 고지혈증이 있다면 40대 당뇨로 연결, 탁해진 혈액이 각종 장기(간, 신장, 심장, 뇌)를 망가뜨린다. 통상 40세까지가 가입의 최적의 골든 타임이다. 좋은 보험을 사지 않으면 나쁜 보험을 사게 된다. (여성-30대부터 유방암 검사 필수)

35세 군 입대 제한연령은 35세로 35세 이상을 '고령자'로 분류한다. 35세까지는 병무청의 입영신체검사를, 35세 이후는 병원의 건강진단을 받게 된다. 여성도 35세 이상은 고령 임신이다.

40대 1차 생애 전환기 건강검진 시기. 본격적인 노화로 암, 뇌혈관 질환 등 만성 질병에 대비한 맞춤형 관리가 시작되어야 한다. (매년 검진, 5년마다 대장암 검사, 2년마다 위암 검사)

50세 50대는 보험의 가입 한도가 축소되고 가입이 까다로워진다. 실손보험

55세 이후는 자격이 문제

과다청구자의 지급정보는 회사 간 공유된다.

55세 <u>55세가 넘으면 보험가입이 어렵다. 고혈압이 없는 사람을 찾아보기 힘들고, 가입이 된다 해도 이젠 몸이 안 된다.</u> 또한, 2개의 폭탄(대학 자금, 결혼자금)이 터지면서 기존 연금. 보장성 보험을 해약하는 시기. 10년간 보험가입이 거절된 수가 936만(40~75세)이었다. 유병자 보험과 같이 가입의 문이 열릴 때를 잡아야 한다.(대장암 검사 매년)

65세 <u>2차 생애 전환기 검사 시기(66세).</u> 65세 이상 노인 4명 중 1명은 가벼운 치매(경도인지장애)가 있고 66세 이후 노인성 질환 위험(낙상. 인지기능 장애)이 증가한다. 65세 이후 만성질환은 1인당 평균 3.34개(보건사회연구원.2011), 2개 이상 72.2%로 '질병종합세트'가 된다. 65세 이상 12.4%(629만)가 총진료비의 37.8%를 차지한다. 1인당 월평균 진료비 302,904원이다.(70세 이상 191만. 전체 3.3배) 국민연금의 소중함과 더불어 납입 완료된 보험통장을 가진 자들이 부러운 시기

75세 <u>장기간병 돌입시기. 치매 확률 10%, 암 37%다.</u> 특히 70대 이후 3대 질병 확률이 급격히 증가한다. 주변 친구들이 대부분 암으로 미리 가입 안 한 것을 후회한다.

80세 <u>무보험 생존 시기. 현 40세가 80~84세 구간에 들어가면 암 발병률은 17배 증가한다.</u> 암세포도 늙기 때문에 암보다 치매가 더 걱정인 시기. 85세 이후는 절반이 치매라고 봐야 한다. 요양병원에서 밴드 모임을 하는 시기

- 불임, 난임에 주의
- 유방암 (2년 마다)
- 자궁경부암 (성 경험 시 매년)
- 풍진, 염색체 (다운증후군)
- B형 간염, 파상풍, 풍진 예방 접종

- 본격 노화로 암,심혈관질환 증가
- 고혈압, 당뇨, 비만 주의

- (근력, 평형감각저하)낙상/골절증가
- 치아/각종 장기 이상
- 뇌졸중,치매 증가

20세 — 30세 — 40세 — 50세 — 60대 이상

- 본격 건강진단 시작
- 위내시경 (매년)
- 간기능 검사 (매년)
- 대장내시경 (2년 마다)

- 뇌졸중, 심장병 위험 급상승
- 돌연사 가능성
- 가족력 발현 시기
- 전립선검사 (초음파)
- 골밀도검사 (폐경)

위험전가 보험은 부채와 투자 고민이라는 2가지 리스크를 회사에 떠넘긴다. **첫째. 부채를 안긴다.** 보험사는 보험료를 받으면 부채를 떠안은 것이다. 회사는 수익 이전에 생존이므로 보험료 책정에 민감하다. 리스크는 보험료에 반영된다. 일반적으로 부동산은 떨어질 때가 아니라 오르는 추세일 때 구입한다. 보험도 보험료상승이 예상될 때 선투자하는 것이다. 보험계약에 있어 승자는 가입자. 보험사는 개개인의 가족력과 생활습관까지 알 수 없고 오로지 고지사항만으로 판단한다. 최근 손해율이 증가하는 이유는 요즘 고객은 보험금분쟁이 생기면 손해사정사를 찾아 끝까지 받아 내기 때문이다. 그러자 보험사는 ①보험료 인상, ②가입 제한, ③보장 축소 혹은 삭제하고 있다. 보험료는 과거 통계로 계산하는데 80세 이후 통계는 없다. 그래서 100세 보험은 주먹구구이고, 그랜드 바겐세일인 것이다. 보험료가 적정했는지는 나중에 알 수 있다. 그렇다고 보험료를 무작정 올릴 수도 없다. 그래서 '영업보험료'라고 한다. 망하지 않을 만큼 보험료를 받는 것이다. '수입보험료 세계 6위=부채 덩어리 6위'이다. 보험료가 올랐다고 하지만 지금도 무척 저렴한 것이다. 5585구간을 통

75세 이후 남아있는 모든 보험은 간병보험!

과하면서 보험사가 파산할 수 있다는 사실, 이것이 갱신보험료가 매년 바뀌는 이유다.

> **노인 4명 중 1명이 치매 의심**
> 지난해 전국 65세 이상 노인 1만 665명의 인지기능을 검사한 결과 응답자 88,851명 가운데 28.5%가 인지기능 저하 판정을 받았다. 노인 1/4명이 치매가 의심된다는 이야기다. 수발이 필요한 노인의 72.1%는 가족이 돌보고 있으며 이 중 배우자 비중이 53.0%로 가장 많았다. – 국민일보. 2012.11.4.

둘째. 투자 고민을 떠넘긴다. 보험사는 보험료를 받으면 보험금을 주기 위해 별도 준비금을 쌓아야 한다. 이것을 책임준비금이라 하고, 이 책임준비금에 붙는 금리가 예정이율이다. 이 예정이율로 보험료를 계산한다. 보험료가 일정해야 하므로 예정이율은 고정금리다. 보험료를 산출하기 위한 고정금리를 최저금리로 하고, 시중금리가 오르면 환급금에 반영해준다. 보험사는 이 최저금리를 확보하기 위해 가입자 대신 어딘가에 투자하고 있다. 국내에 마땅한 투자처가 없으면 보험료에 들어 있는 사업비를 써서 국내외 우수인재를 채용하여 해외 곳곳에 투자하는 것이다. 보험 자산운영원칙은 '안전성, 수익성, 유동성, 공공성'이다. 특히 보험은 엄격한 금융당국의 통제를 받는다. [5585구간]은 지급창구도 바빠진다. 할머니가 5만 원 지폐를 장롱이든 장판이든 곳곳에 숨겨 두는 것처럼 보험증권을 곳곳에 숨겨 두자. 부지불식간에 튀어나오도록! 가입은 40대 이전에, 보험료 납입은 은퇴 전에 완료하자. 통상 보험료 납입기간을 20년을 고려할 때 30~35세부터는 시작해야 한다. 부모가 자

왜 살아야 하는지 아는 사람은 어떤 어려움도 견딜 수 있다.

녀를 도우면 훨씬 수월하다. IMF때는 금 모으기를 했다. 이제 개인 가정으로 IMF가 온다. 한국인의 절반은 3대 질병(암,뇌졸중,심근경색)으로 사망한다. 질병으로 사망하는 것이다. '질병사망'의 의미는 '질병……………사망'이다. '……………'에다 '유병기간'이라고 써보자. 이 기간에 쓸 현찰을 만들어야 한다. 그래서 '보장연합군', 즉 보험을 엮어 군대를 만드는 것이다.

현금이 필요할 때는 3가지다. ①대출이자 ②생활비 ③의료비다. 이 3가지가 한꺼번에 쓰나미처럼 몰려오는 시기가 5585구간이다. 가장 걱정되는 것은 40~50대도 20% 걸리는 치매다. 치매는 1타 5피로 환자는 물론 가족 모두의 질병이다.

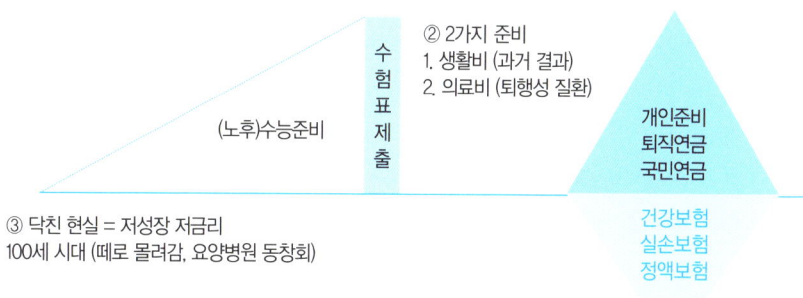

연금 개념 노후에 나오는 모든 돈은 연금이다. 장해연금, 간병연금, 암간병연금… 치료 후 남는 보험금을 연금으로 전용, 오용, 남용, 횡령하는 것이 연금을 치료비로 전용하는 것보다 가성비가 뛰어나다. 그래서 보장성 보험도 연금이다. [보장연금]인 것이다. 연금보험은 연금개시시점에 돈이 나오지만, 보장성 보험은 언제든 '사고 시점'에 나온다. 의료비를 별도로 준비하지 않으면 80세~100세 구간에 나오는 연금은 의료비로 전용될 것이다.

상법 제735조 2항 (연금보험)
생명보험계약의 보험자는 피보험자의 <u>생명에 관한 보험사고가 생긴 때에 약정에 따라 보험금액을 연금으로 분할해 지급할 수 있다.</u>

100세 insight (매일 읽기)
1. 적은 돈으로 큰돈을 만든다.
2. 보험은 단순한 지출이 아니라 군대를 만드는 일이다.
3. 혼자선 안 된다. 뭉치면 가능하다. 보험은 협동조합이다.
4. 20~30년 후 보험으로 귀족과 천민이 갈린다.
5. 노후는 지금 가진 통장이 결정한다.
6. 5585구간에 곳곳에서 돈 우물이 터지게 하자.
7. 각각의 보험이 내 질병을 치료한다.
8. 건강검진의 전제조건은 완벽한 보험증권이다.
9. 완벽한 보험증권이 장수로 이끈다.
10. '여력'이 아니라 '자격'의 문제다.
11. 보험 준비의 실패는 자기관리의 실패이고 치욕을 안긴다.
12. 오늘 시작하면 납입기간은 10년이 아니다. 첫 달은 9년 11개월...
13. 매일 700명 사망 중 30~50대 27명. 이 사망통계를 내 것으로 인정하라.
14. 매일 206명이 암으로 사망, 614명이 암 진단받는다.
15. 까다로운 보험이 좋은 보험이다.

교회에 다니면서 성경을 모르는 거나, 보험 들면서 약관을 모르는 거나

의사가 내 병명을 모른다?

밥상 위의 옥시

최근 원인을 알 수 없는 통증이나, 희귀한 질병들이 발생하는 경우가 많아졌고 병원을 찾으면 의사에게 들을 수 있는 말은 일반적인 의학상식인 경우가 많다. 의사도 내 병명을 모르는 시대로 어떤 질병이 나타날지 알 수 없고 아이들의 덩치는 커졌는데, 뭔가 튼튼하지 않은 원인은 무엇일까? 환경호르몬, 미세먼지, 공해. 스트레스가 원인이라면 외국통계와 비슷해야 한다. 그러나, 최근 20년간 한국의 질병통계를 보면 세계 최고의 통계들이 즐비하다.

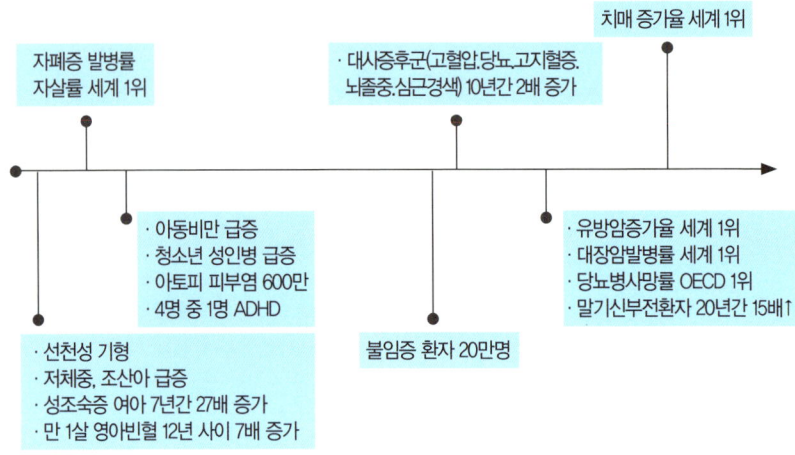

한국이 가진 세계기록들이다. 이상하지 않나? 의료기술이 발달하고, 삶의 질은 나아졌고, 다들 100세 시대를 위해 건강관리에 힘쓰며, 주5일제 근무를 한지도 오래되었다. 마트에 가보면 유통기한과 성분을 꼼꼼히 살피는 모습을 쉽게 볼 수 있는데, 왜 우리에게 발생하는 질병들은 세계 1위일까? 그것도 노후만이 아니다. 모든 나이대에 걸쳐 발생하고 있다. 몇 가지 원인을 따져보자. You are what you eat! 먹는 것이 곧 나다. 혹시 매일 먹는 음식문제가 아닐까? 미국인의 사망 원인 1위는 심근경색이다. 한국인도 심근경색이 2위로 올라섰고 1위가 되는 것은 시간문제다. 미국인과 한국인의 먹는 것이 같아짐에 따라 질병도 같아지고 있다.

농림부 장관을 지낸 김성훈, 중앙대 명예교수는 1996년부터 수입된 GMO

유전자변형식품을 원인으로 지목한다. GMO$^{Genetically\ Manipulated\ Organism}$란 서로 다른 종의 유전자를 인위적으로 조합한 유전자조작생물체다. 인체에 어떤 부작용을 불러 올지 모른다. 또한 '한국의 GMO재앙을 보고 통곡하다'의 저자 오로지 돌세네$^{Orogee\ Dolsenhe}$씨는 한국에서 조용한 홀로코스트, 옥시, 세월호 같은 참사가 매일 일어나고 있다고 경고한다. GMO농산물 수입 세계 1위인 한국이 GMO를 먹기 시작한 90년도 중반부터 지난 20년간 각종 질병이 급격하게 많아졌고, 특히 어린아이들이 가장 큰 피해를 보고 있으며, 한국의 GMO 수입이 세계 1위인 점과 질병 증가율이 세계에서 가장 높은 점은 우연의 일치가 아니라고 강조했다. 그는 한국이 세계 자살률 1위라는 불명예를 얻게 된 원인에는 GMO 작물에 사용되는 제초제 글리포세이트^{Glyphosate}가 작물 체내에 잔존하며 암과 대사장애, 우울증을 유발한다는 것이다. 이 글리포세이트 때문에 국민이 병들고 있다. 특히 불임 문제는 심각하여 임진왜란과 구한말처럼 시민은 의병처럼 일어나야 한다고 말한다. GMO문제는 2가지다. ①제초제 성분인 글리포세이트의 체내 잔류문제와 ②GMO(자체변형유전자)가 암이나 각종 질병의 원인이란 점이다.

1. 글리포세이트 GMO 작물에 듬뿍 들어 있다. 2015년 WHO(세계보건기구)가 두 번째로 위험한 2A 등급으로 지정한 발암물질이자 항생제다. 농작물 세포까지 침투되어 물에 씻겨지지 않고, 냄새도 맛도 없다. DNA성분이 남아 있지 않은 가공식품에도 남아 있어 음식과 함께 섭취하면 중금속처럼 서서히 질병을 불러 일으킨다. 구체적으로 장에서 몸속의 독소 제거, 면역 시스템 강화, 뇌 신경전달물질인 세로토닌 생성에 도움을 주는 세균들$^{microbiota,\ 미생물총}$을 초토화시켜 장내 효소들이 만들어 내는 행복 호르몬인 세로토닌의 감소로 우울증

과 자살률 증가로 이어진다. 장은 전체 면역력의 70~80%를 담당한다. 40여 종의 신경전달물질 생성에 관여하고 세로토닌의 95%를 생성한다. ADHD 등 각종 정신질환이 장 건강과 관련이 있다. 골수에 축적되면 ①면역력을 떨어뜨려 백혈병, 다발성 골수종, 비호지킨 림프종(암) 등이 발병하고 ②뇌하수체, 흉선, 갑상선, 신장, 젖샘, 고환, 간, 폐, 췌장 등을 손상시킨다. 제초제에 내성이 생긴 '슈퍼잡초' 때문에 GMO작물의 제초제 사용량과 횟수가 늘어나고 있다. 또 밀 수확 시 건조제로 대량 살포되어 하루 한 끼 밀가루를 먹는 한국인은 고농축 글리포세이트 독초를 먹게 된다. 국내 쌀의 허용치는 0.05ppm이나 수입 GMO옥수수 5ppm(100배), GMO콩은 20ppm(400배)다. 글리포세이트는 아주 미량에도 치명적이어서 과자 한 봉지라도 안전하지 않다. 삼시 세끼를 밖에서 먹는 사람은 더 하다. 빵을 며칠씩 놔둬도 부패하지 않는 이유를 생각하면 간단하다.

2. 자체유전자변이 GMO씨앗은 제초제에 살아남은 박테리아를 유전자에 삽입했기 때문에 처음부터 독을 품었다. 유전자를 강제 주입하면서 상처받은 유전자가 자기방어를 하게 되는데 자기방어 물질들이 GMO를 먹은 동물과 인간을 공격하고 사람의 유전자까지 영구적으로 변형시켜 자녀, 손자까지 이어진다. 우리 몸은 어떤 이물질이 들어오게 되면 방어하려는 면역시스템들이 작동하는데 이겨내면 정상, 지면 암이 되는 것이다.

"유전자 총 등으로 작물의 세포에 이질적인 유전자를 강제로 집어넣으면, 작물 세포 속의 수많은 유전자에 일대 혼란이 발생합니다. 이 과정에서 반드시 의도한 단백질만 만들어지는 것이 아니라, 우리가 모르는 단백질이 만들어질 수 있어요. 결과적으로 의도하지 않았던 알레르기 유발물질이 생성되고 이것이 돌연변이를 일으키면 암세포가 될 수도 있는 겁니다."_임영석 강원대 교수

2가지 실험 첫째, 스코틀랜드 로엣연구소와 두햄생물학 대학이 3년간 'GMO가 생체에 미치는 영향'이란 동물실험결과를 세계최초로 발표했다. GMO감자를 쥐들에게 계속 먹인 결과는 충격적이다. 면역체계 손상 혹은 내장기관 중 흉선 가슴샘과 비장 파괴로 면역력이 현저히 저하되었고, 백혈구 둔화로 각종 질병에 쉽게 감염되었다. 게다가 두뇌발달이 더디고, 심장, 간, 고환, 췌장 등이 작아지는 위축증과 퇴화증세가 나타났고, 특히 세포조직의 분화와 체형 구조변화로 암 발생 가능성이 현저히 증대되었다. 이같은 증상들은 GMO 감자를 먹이기 시작한 10~110일간 발생하였고, 사람에게 적용하면 GMO 복용 10년 전후, 즉 청소년기에 해당한다. 청소년은 성인보다 체중이 적은데 비해 GMO식품을 상대적으로 더 많이 섭취하여 성조숙증, 불임이 심화된다. 불임 20만 명이 1명씩 자녀를 낳는다면, 한 해 출생자 44만 명이므로 64만 명이 된다. 자살과 암과 치매 등의 발병 시기는 노후가 아니다. 태어나기 전 엄마 뱃속에서부터 GMO로 공격받고 있어 70대 부모가 40대 자녀를 간호하는 가정을 많이 볼 수 있을 것이다.

둘째, 2004년 중국질병본부와 몬산토사 주재로 GMO옥수수를 90일간 쥐에게 먹인 실험에서 안전하다는 결과는 위조, 왜곡된 것으로 밝혀진 다음,

2012년~2014년에 걸쳐 프랑스 파리대학의 셀라리니 교수팀은 민간자본으로 쥐 2천 마리를 대상으로 이번에는 2년으로 기간을 늘린 결과 ①유방암, 뇌종양 등 각종 암이 발생하였고, ②간, 신장의 심각한 손상과 호르몬 교란이 일어났으며, ③조기 사망으로 연결되었고, 특이한 점은 죽은 쥐의 70%가 암컷이었다는 것이다. 사람으로 치면 여성이 취약하다. GMO옥수수는 정신도 파괴한다. 대부분 쥐들이 방구석에만 틀어박혀서 손발을 떨고 소리도 더듬었다. 사람이라면 자폐증, 파킨슨병, 치매라고 볼 수 있다. 더욱이 실험 쥐 대부분 불임과 1~2마리의 기형이 나타났다.

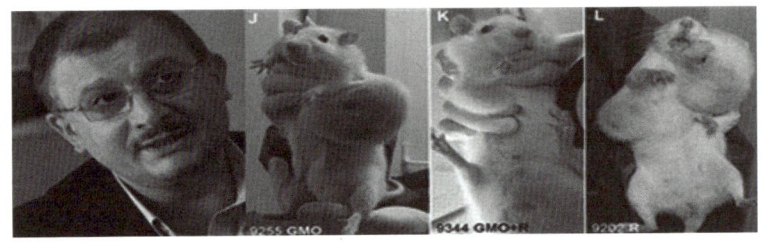

그 외에도 적지 않은 GMO 피해사례가 있다.

> **90년대** GMO콩과 글리포세이트가 뿌려진 아르헨티나 차코 주(州)에서는 20년이 지난 지금 신생아 30%가 기형아, 주민은 뇌성마비, 암으로 고통(MBC 신비한TV서프라이즈)
> **2010년** 러시아, 쥐들에게 GMO콩을 먹인 결과 3대 째 절종絶種
> **2006년** 러시아과학원, 갓 태어난 쥐 실험결과 평균 2주 만에 사망
> **2007년** 오스트리아, 프랑스 공동으로 GMO옥수수 인체실험, 간, 신장 등에 독성 검출

결론적으로 GMO식품은 ①암 유발 ②장기 파괴 및 호르몬 교란 ③알레르기 ④생식능력 감퇴 및 불임으로 출산율을 저하시킨다. GMO규제국은 64개국, 수입금지국도 있지만 한국 식약처는 Non-GMO원재료를 사용한 '해당 식품에서 GMO단백질이 전혀 검출되지 않아야 하고, 원재료 함량이 50%이상이거나 원재료 함량이 1순위에 포함되어야만 Non-GMO표시를 할 수 있도록 하고 있어 소비자는 가려낼 방법이 없다.

대만 – 2016년 학교급식에 GMO금지법을 제정했다.
일본 – 가축 사료에만 사용한다.
캐나다 – Non-GMO 표시 시민운동이 일어났다.
미국 – 20여 개 이상 주에서 의무표시제 도입 진행 중이다.
유럽 – GMO재배금지, 식용제한, 생산·가공·수입억제, 가축 사료까지 완전표시제
터키 – 한국산 라면에 GMO 성분 검출로 통관을 거부당했다.
러시아 – 생산·수입·판매 시 테러범에 준하는 범죄로 GMO추방정책
중국 – GMO옥수수를 수입하다 중단. 2010년 과학자들의 GMO위해성 선언
짐바브웨 – 식량난에도 GMO옥수수 원조를 거부했다.
한국 – 변형식품에 미기재로 GMO 천국이다.

우리 밥상의 77%는 수입산이다. 자급률 23.6% 수입 콩의 80%, 수입 옥수수의 92%가 GMO다. GMO로 만드는 것은 콩기름과 옥수수기름, 카놀라유와 같은 기름과 과자, 콜라 등에 단맛을 내는 액상과당이다. 파파야, 수입산 알파파, 양식 연어, 변색되지 않은 사과나 시중에 파는 두부와 콩나물은 거의 GMO이고 콩, 옥수수를 원재료로 하는 아스파탐과 올리고당도 안전하지 않다. 특히 통조림 참치는 GMO 덩어리다. 아르헨티나 국민은 GMO를 키우지만 먹지는

않는다. 몬산토 직원도 먹지 않는다. 그러나 한국은 1인당 연간소비량 42kg 로 미국인 다음으로 많이 먹고 있고 GMO농산물 수입량은 해마다 늘면서 불임 등 온갖 불치병도 동시에 증가하고 있다.

나도 모르게 매일 먹는 GMO식품

콩	옥수수
· 수입된 식용 GMO콩 99%는 콩기름 · 남은 콩깻묵은 간장, 된장 등 장류 · 콩깻묵에서 단백질과 탄수화물 걸러낸 분리 대두 단백은 라면스프 등 가공식품 · 핫도그, 튀김, 치킨, 돈까스, 두부, 콩나물, 두유	· 옥수수통조림, 옥수수유, 팝콘, 시리얼 · 물엿, 올리고당, 시럽 등 단맛나는 액체시럽 · 과자, 아이스크림, 탄산음료, 쥬스, 맥주, 빵 등 · 액상과당. 소주, 막걸리 등 인공감미료 아스파탐 · 합성비타민에 들어가는 포도당
유채	면화, 감자, 토마토, 육류
· 카놀라유의 80%로 샐러드 드레싱, 과자, 마가린, 마요네즈, 참치통조림 기름	· 면실유는 참치통조림기름, 샐러드드레싱, 마가린, 마요네즈, 땅콩버터, 감자튀김, 녹말가루, 당면, 토마토케첩, 스파케티소스 · 배합사료원료 대부분이 GMO이므로 육류에도 GMO 성분이 남아 있을 가능성

옥시 사태와 닮은 점

2006년 봄, 서울 아산병원 홍수종 교수에게 12명의 한두 살 아기 환자가 몰려 왔다. 모두 정체불명의 폐질환 환자로 항생제를 비롯해 어떤 치료법도 듣지 않았다. 아무리 중증 폐 질환이라도 인공호흡기를 붙여 치료하면 사망률이 25% 정도 되지만 70~80%가 사망했다. 증상은 폐에 구멍이 생기고 가스가 새는 기흉이었고 인공호흡기를 꽂았지만, 폐에 압력이 높아져 공기가 들어가지 않다가 결국 폐가 찢어졌다. 폐의 섬유화, 즉 폐가 딱딱하게 굳어졌기 때문이다. 2011년 봄이 되자 상황은 심각해져 아이들뿐만 아니라 같은 공간을 쓰던 아기. 엄마. 아빠까지 모두 같은 증상이 나타나자 질병관리본부는 역학조사를 실시하였다. 어느 위험인지를 알기 위해 환경, 생활습관, 주변 물질 등 수십 가지 원인을 조사해본 결과 원인 미상 폐질환의 원인이 바이러스나 병원체가 아닌 가습기 살균제라는 결론을 얻었다. 아이를 위한 제품이 담배보다 더 직접적인 폐질환의 원인이 된 것이다. 증상과 피해 정도는 건강상태에 따라 달랐다. 6세 이하 영유아와 노인의 폐섬유화 여부, 원래 유전력, 가족력이 있었다면 불을 댕기는 것이다. 가습기 살균제가 퇴출된 2011년 이후 현재까지 전국에서 단 한 건도 발생하지 않고 있다. 이것이 239명의 사망자, 1,500여 명의 피해자를 낸 옥시 사건의 본질이다. 만약 원인을 모른 채 방치했다면 몇 천몇만의 피해자가 있었을 것이다. 2006년 전국에서 원인불명의 폐 질환으로 아기들이 죽어갔고 서울아산병원이 가습기 살균제의 심각성을 알렸고 2007년에는 4개 대학병원 의료진이 관심을 촉구했지만, 질병관리본부는 '감염병이 아닌 것 같다'며 방관했다. 만약 아기 환자가 쏟아져 나왔던 2008년에 역학조사를 했더라면 참사를 막을 수 있었다. 가습기 살균제는 97년부터 판매중단된 2011년까지 14년간 전국가정에서 840만 개가 사용되었다.

 2011년 보건복지부 발표 이후 옥시는 안전성을 증명하기 위해 서울대 C교수와 한국건설생활환경시험연구원$_{KCL}$에 검사를 의뢰한다. 결과는 충격적이었다. 15마리의 임신한 쥐들에게 가습기를 틀어 주자, 그중 13마리 쥐들의 뱃속 새끼들이 죽은 것이다. 그러자 옥시는 재실험을 요청하여 독성 부분은 보고서에서 뺐다. 또한, 살균제가 해롭다고 발표한 KCL 보고서는 받지도 않고 연구비 잔금도 지급하지 않았다. 옥시는 '봄철 황사와 레지오넬라균 등이 폐질환을 일으켰을 수도 있다'고 주장했다. 2003년 PHMG가 인체사용이 금지된 농약에 쓰이는 성분으로 호주에서 흡입용 금지처분을 받았으나, 당시 국내에서는 이에 따른 조치가 아무것도 이루어지지 않았다. 살균제, 부패방지제, 수영장 물때방지제, 물티슈에 사용되는 화약성분으로 저렴한 편이다. 위험성은 알았지만, 독성이 폐에 들어가면 호흡기에 어떤 영향을 미치는지 연구되지 않았기 때문에 피해자가 나와도 원인을 알 수 없었던 것이다.

시사점 우려와 괴담이 현실이 된 사례는 얼마든지 있다. 부자는 유기농 식품을 먹으면 되지만, 가난한 이는 저렴한 GMO에 더욱 노출될 수밖에 없어 시간이 지나면 각종 질병에 시달리다 의료파산과 간병상태로 생을 마감하는 '눈물겨운 드라마'가 수없이 나올 것이다. 이제 질병은 노후에 나타나는 것이 아니라 태아 기형부터 노후 치매까지 전 생애 문제가 되었다. 그렇다고 한국을 떠날 길도 없다. 피할 길은 없고 대비하는 길만 남은 것이다.

한국인에게 폭발적으로 증가하는 질병

아동 청소년기

저체중아. 조산아. 소아. 청소년 비만 성인비만, 당뇨, 고혈압, 동맥경화증 등으로 연결. 성조숙증 여아 27배 증가.
천식 어린이의 13%가 앓고 있는 만성질환이다.
중증장애아동 중증 장애가 경증보다 훨씬 많다. 장애인 60%가 4~6급 경증이나, 아동은 87.8%가 3급 이상 중증. (90% 이상의 장애아동 후천성)
소아암 소아암 중 백혈병이 22.1%, 뇌 및 중추신경계가 11%, 비호지킨 림프종이 10%
자살 2013년 하루 평균 자살자 43명. (33분마다 1명)
크론병 가수 윤종신 씨가 소장을 60cm 잘라낼 정도로 고통이 심한 염증성 장질환. 대장에만 생기는 궤양성 대장염과 달리 소장·대장 모두 생길 수 있고 염증이 깊은 부분까지 침투하여 장이 뚫릴 수 있다. 최근 급증하는 추세로 20대에 많이 일어난다.

성인기

암 유방암. 전립선암. 췌장암. 피부암

유방암 일본보다 높고 15~44세의 젊은 여성 발병률은 미국을 추월한다.

갑상선암 10년간 한국의 19세 미만 약 2.3배 증가. 환경적 화학성분과의 연관.

원인불명 간암 간염 바이러스 감염이나 알콜 원인이 아닌데도 7년 새 2배 이상 증가.

대장암 발병률 세계 1위. 선종성 용종의 약 10%는 서서히 대장암으로 진행된다.

다발골수종 주로 65세 넘는 노인에 많이 나타나는 희귀질환. 20년간 한국의 환자 수가 10배 증가. 면역 장애, 조혈 장애, 신장 장애를 일으키는 병.

대사 증후군 3가지 이상 성인병(고혈압,당뇨,뇌졸중,심근경색,고지혈증) 동시 발병. 환자 80%가 50대

당뇨 실명. 족부궤양. 만성신부전. 뇌. 심혈관질환 등 합병증으로 연결. 당뇨 환자는 500만 명으로 30년간 7배 증가. 미국의 2배 사망률은 OECD 국가 중 제일 높다. 미국이나 다른 선진국은 당뇨사망률이 정체, 감소된 반면 우리나라는 증가 중.

뇌졸중 2001년에 비해 2009년 무려 71% 증가. 단일 질병으로는 뇌졸중 사망률이 1위. 갑자기 눈이 잘 안보이거나 말이 어눌해지고 손놀림이 익숙하지 않은 증상 후 본격적인 뇌졸중이 올 가능성이 있다. 빠른 혈전 치료가 필요하다.

말기신부전 혈액투석 혹은 신장이식 수술 필요. 20년간 15배 증가 (세계 4위).

골다공증 손목과 척추, 고관절에서 골절 발생. 전 연령에서 두개골, 안면골 골절 높음. 70대 이상 늑골·흉골·흉추 골절. 10대는 손목/손 부위골절 환자 많음. 특히 고연령 여성 주의.

치매. 파킨슨병 치매는 전 세계에서 가장 빠른 증가세로 40대~50대 환자 수가 1.8~2.93배 증가. 파킨슨병은 2.4배나 증가로 노인 증가율보다 훨씬 높다.

20년 후, 우리의 미래

일본방사능

후쿠시마 원전사고(2011)로 일본은 매일 300톤의 오염수를 태평양으로 흘려보낸다. 전 국토의 70%가 오염된 일본, 후쿠시마와 200킬로 떨어진 도쿄에서도 방사능 검출로 10년 이내 암, 백혈병이 급격히 증가할 것이다. 고이데 히로아키 교토대 교수는 방사능 물질은 한국에도 날아왔을 것이고 일부 지역을 제외한 일본여행 자제를 당부한다. 일본에 안 살아도 똑같은 효과를 내려면 일본산 수산물과 농산물 가공품을 먹으면 된다. 2006년 우크라이나 정부는 음식을 통한 '내부피폭'이 80~90%라고 발표했다. 문제는 냉장 명태, 냉동고등어, 활돌돔. 활방어. 냉장 대구 등 활어를 비롯한 일본산 수산물이 거의 그대로 수입, 유통되고 있다는 사실이다. 2015년 7월에는 일본산 수산물의 수입량은 최대치를 갱신했다. 일본산 어류는 잡히는 곳과 출하된 곳이 달라 8개 현 이외 수산물이라도 먹으면 안 된다. 더욱이 어묵은 원산지 확인이 필요하다.

일본산 산가리비, 관자, 새우, 킹크랩 등 수산물이 거의 그대로 수입되고 있다. 국내에서 잘 잡히지 않는 생태·대구·고등어 등이 많이 수입되고 주로 섭취하는 수산물 10개 중 최대 2개꼴로 방사능이 검출된다. 회유성 어종인 명태는 후쿠시마 원전의 영향을 받는 해역에서 어획되고 고등어는 후쿠시마 해역과 한국 연근해를 회유한다. 생태의 90%는 일본산이다. 즉 생태, 동태, 북어, 코다리, 노가리, 망태, 가다랑어포 등을 먹을 경우 그대로 내부피폭된다는 이야기다. 국내산 갈치, 조기는 0^{zero}, 그러나 일본산 수산물은 측정할 때마다 방사능이 나온다. 또한, 동북지역 8개현 농산물. 가공식품은 몇 종류를 제외하면 수입이 가능하다. 원산지를 속여 유통된 수산물가공품과 두 가지 이상의 식품첨가물이 섞여 있는 혼합제제, 캔디류, 기타 식품첨가물 등도 수입된다. 가령 후쿠시마산 쌀은 수입금지, 쌀로 빚은 술은 수입, 지바산 차는 금지, 차로 만든 티백과 음료는 가능하다. 그 외에도 꿀, 가루차, 장어가공품 등은 수입이 가능하다.

피할 수 없는 사각지대는 의무화된 학교급식이다. 성장기 학생들은 더욱 위험한데 고등학교까지 12년간 체내에 축적된다. 국내산 숭어에도 방사능이 검출되었고, 국내산 표고버섯에서도 세슘이 검출되었다. 표고버섯은 세슘을 흡수하는 성질이 있다. 또한, 남해안 굴 양식업자의 절반이 산업폐기물인 일본산 방사능 가리비껍질을 수입해서 사용하고 있어 1차로 작업 어민, 2차로 굴을 먹는 소비자가 피폭될 수 있다.

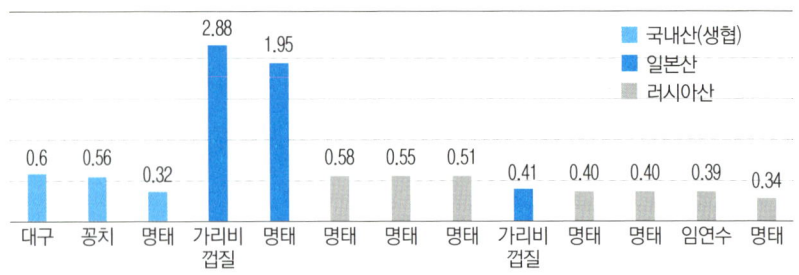

방사능에 피폭되면 모든 세포가 손상되므로 모든 질병이 가능하다. 미국 국립과학아카데미 등에서 피폭량과 암 발생률은 정비례한다는 연구결과가 나왔다. 아무리 극미량이라도 인체에 무해하다고 볼 수 없다는 것이다. 방사능의 안전치는 '0'일 때다. 미량이라도 몸안에 축적된 양에 따라 암, 백혈병 확률도 상승한다. 자주 발생하는 질병은 암, 유전병, 심장병이다. 주목할 것은 체르노빌 원전사고로 갑상선암이 급격히 증가한 것이다. 방사능으로 인한 질병을 보면,

① 암 : 갑상선암, 유방암, 대장암, 백혈병, 역학조사 결과 남성은 위암 30%, 간암 40%, 여성은 유방암 50%, 갑상선암 150%가 더 발생한다. (대한직업환경의학회)
② 유전관련질환 : 선천성 기형, 사산, 유산, 지능 저하, 불임
③ 심혈관질환 : 심근경색, 뇌졸중
④ 신장염, 폐렴, 중추신경계질환, 백내장, 탈모 등

내부피폭은 여자, 태아를 비롯한 어린이를 집중 공격하고, 방사선으로 면

역력이 떨어진 아이는 감기에도 취약하고 특히 후대 생식능력에 문제가 생긴다. 심장질환이 증가하는 이유는 세슘이 가장 많이 축적되기 때문이다. 노원구 월계동 아스팔트에서 기준치의 10배에 달하는 세슘이 측정되었다는 보도가 있었다. 매일 등·하교 시 아이들과 길 위에서 오랫동안 장사하거나, 주변 거주자라면 조심해야 한다. 한국은 일본 방사성폐기물의 97%를 수입하여 시멘트를 만들고, 매일 100톤씩 후쿠시마 고철이 수입되어 일본 방사능으로부터 안전하지 않으며 병원 피폭량은 세계 1위다. 새 집이라고 좋아할 일은 아니다. 만약 부모님께 효도로 전신 CT를 자주 찍어 드린다면 돈 들여 불효하게 된다. 하루 1.5갑을 피우는 사람의 폐 조직검사에서 방사선이 연간 300회 가슴 엑스선검사와 같은 수준으로 발견되었다. 박재갑 국립중앙의료원장은 '방사성물질의 함유량을 따질 게 아니라 미량이라도 유해할 수 있는 만큼 담배를 끊어야 한다. 담배가 암의 25~30%의 원인이고 주로 폐암을 일으키는 이유는 폐에 직접 작용하기 때문이며, 암 환자의 항암 방사선 치료로 인한 피폭도 문제가 된다.

미국산 소고기 최근 울산에서 인간광우병 의심환자가 3명 발생했고 질병관리본부는 '인간광우병은 아니다'로 결론을 내렸지만, 광우병 유사질병 의심환자는 40%가 늘었다. 확진을 받은 환자는 없으나 정확한 확진 판정은 어렵다. 환자 사망 후 부검을 통해 뇌 조직을 검사해야 하는데 유가족이 환자 병력이 알려지는 것을 꺼리기 때문이다. EU는 소 내장의 일부와 아래턱 위쪽 머리뼈, 눈, 뇌, 편도, 척수 등 소머릿살과 맞닿은 머리 부위를 광우병 위험물질[SRM]로 규정해 수입을 금지하고 있지만, 한국은 명확한 과학적 근거를 제시하기 전까지 미국산 소 내장, 머리 고기 수입을 지속하고 있다. 미국산 소로 인한 인간광우병 잠복 기간은 최장 30년이다. 30개월 미만 소를 수입하고 있으나, 30개월 미만 소도 광우병이 생겼고 30개월 판정도 100% 신뢰할 수 없다. 또한, 곡물 혹은 동물성 사료를 먹인 소고기를 섭취할 경우 LDL콜레스테롤 비율이 늘어나 심장병이 늘어날 것이다. 먹는 것이 같으면 질병도 같다.

전자파 리스크 2011.5월 WHO 산하 국제암연구소는 휴대폰 자기장을 뇌종양, 신경종양을 발병시키는 2B(인체발암 가능물질)로 분류했다. 다수의 연구결과 휴대폰은 뇌종양 발병과 관련이 있고 오래 사용할수록 발병확률이 높은 것으로 전해진다. 스마트폰이 나온 지 얼마 되지 않아 데이터가 확보되지 않았을 뿐이다. 최근 안마의자. 비데 등 신체밀착기기 사용으로 전자파 노출이 심해짐에 따라 알레르기성 천식이 증가하고 있다. 전자파는 백내장, 뇌종양. 심장병. 유산. 신경통, 소아백혈병. 자폐증의 원인이 되고, 초고압 송전탑 100미터 주민 35%가 20년 만에 암, 자폐증세가 증가했다. 어른은 전자파로 인해 80세 치매가 75세로 당겨질 수 있고, 자녀들에게 사랑의 표현으로 사준 스마트기기로 40대에 치매가 올 수도 있다. 18년 동안 삼성전자 서비스센터에서 일했던 이 모 씨, 평소 감기 한 번 걸리지 않은 건강체질이었다는 그에게 어느 날 찾아온 루게릭병근위축성측삭경화증,ALS으로 손발의 힘이 빠지기 시작하여 바로 목발과 휠체어 타고 2~3일 내로 호흡기 부착하게 되었다. 담당 의사는 가족력이 없고, 직업적 노출에 의해 전자파, 다량의 납성분, 유기용체 노출 가능성, 전자회로를 만지거나 전원을 켜고 수리하면서 발생한 것으로 진단했다. 문제는 산재처리가 불투명하다는 데 있다.

장수의 역설, 미세먼지

아침에 일어나면 제일 먼저 스마트폰 앱에서 미세먼지 농도부터 살펴보게 된다. 수돗물은 끓여 먹으면 다행이나, 공기는 피할 방법이 없다. 학교에서 야유회와 운동회가 사라져 버렸다. 도심을 조금만 벗어나면 맑은 공기를 쉽게 접했지만 이젠 어딜 가도 피할 수 없다. 미세먼지는 실외보다 실내가 더 무섭다. 미세먼지가 '나쁨'이라도 실내오염이 폐로 들어갈 확률이 1,000배 높으므로 실내 환기를 하는 것이 좋다.(오전 10~19시) 한국인은 하루 중 약 88%는 실내에서, 5%는 실외에서, 나머지 7%는 자동차, 지하철 등 교통 차량에서 보낸다. 실내는 공기청정기, 실외는 분진 마스크는 필수다. 런던 스모그에 노출된 사람들이 즉사한 것은 아니다. 수천 명이 추후 관련 질병으로 사망을 한 것을 오랜 기간 통계를 낸 것이다. 미세먼지도 그 후유증으로 대한민국 곳곳에서 각종 질병으로 고통받는 신음이 넘칠 것이다. 먹는 각종 농산물에도 중금속물질이 쌓이고 있다.

몽골 아가씨 이야기

몽골 여인은 한국남자와 결혼해도 좋다. 그러나 한국 여인이 몽골 남자와 결혼한다면 큰일 난다. 곧 과부가 되거나, 병치레로 고생할 가능성이 크기 때문이다. 이유는 단 하나, 몽골 남자들이 너무 일찍 죽고 건강수명도 아주 짧기 때문이다. 몽골의 평균수명은 2015년 세계보건기구(WHO) 기준 64.7세. 여자는 73.2세, 평균은 68.8세로 세계 122위다. 우리나라가 평균 82.3세이니 9.1세 차이가 난다. 건강기대수명은 한국 73.2세, 몽골 62.0세로 13.2세 차이다. 무엇 때문일까? 바로 미세먼지, 육식, 음주 때문이다. 온갖 유해물질 속에서도 장수할 수 있는 이유는 간, 신장, 심장, 폐, 기관지 등이 걸러 내주기 때문인데 이것들이 망가지면 방법이 없다. 보험도 결정적인 거절 사유가 된다. 이런 위기가 우리에게 환경적으로 찾아온 것이다.

한국의 초미세먼지는 세계적이다. 런던, 뉴욕 등 OECD 국가 평균의 2배 이상, OECD 중 터키 다음으로 2위, 증가폭은 1위, WHO 기준보다 3배가 높고 대기 품질은 180개 국가 중 최하위 수준인 173위로 2060년이면 OECD 국가 중 대기오염으로 사망자가 가장 많을 것으로 예상된다. 몽골처럼 미세먼지가 한국의 기대수명에까지 영향을 줄 수 있다. WHO보고서는 사망자 8명 중 1명은 대기오염 때문이라고 했다. 2015년 우리나라 호흡기질환 사망률은 무려 54.6%다. WHO 산하 국제암연구소^{IARC}는 2013년 미세먼지를 1등급 발암물질로 규정하면서 "미세먼지는 대기오염 물질 중에서 건강피해가 가장 큰 물질"이라고 밝혔다. 미세먼지는 담배보다 사망률과 건강피해 규모가 커서 향후 20년간 미세먼지로 인한 질병으로 고통받을 가능성이 크다. 미세먼지 원인의 50%는 중국으로 오염이 심한 날들은 70%까지 올라간다.(환경정책평가원.2016) 중국의 미세먼지 배출량이 2022년까지, 최악의 경우에는 2050년까지 증가할 전망이다.(기후변화당사국총회.2013)

국제암연구소(IARC) 발암물질 분류

구분	주요 내용	예시
1군(Group1)	인간에서 발암성이 있는 것으로 확인된 물질	석면, 벤젠, 미세먼지 (방사능/미세먼지)
2A군(Group2A)	인간에서 발암성이 있을 가능성이 높은 물질	DDT, 무기납화합물 (글리포세이트)
2B군(Group2B)	인간에서 발암성이 있을 가능성이 있는 물질	가솔린, 코발트 (휴대폰 자기장)
3군(Group3)	발암성이 불확실하여 인간에서 발암성이 있는지 분류하는 것이 가능하지 않은 물질	페놀, 톨루엔
4군(Group4)	인간에서 발암성이 없을 가능성이 높은 물질	카프로락담

출처: 환경부

미세먼지란 악마가 질병유발키트(중금속, 발암물질, 세균, 환경호르몬)를 세상에서 가장 작은 크기(지름 10㎛)로 만들어 보낸 트로이목마라고 할까. 미세먼지는 크기가 작고, 면적이 넓어 다른 유해물질이 달라붙기 쉽고 한 번 몸 안에 들어가면 쉽게 배출되지 않기에 만병의 원인이라 할 만하다.(NEJM,2007) 일단 폐암을 비롯한 3대 질병(암, 심혈관질환, 뇌혈관질환)이 증가하게 된다. 장기간 노출되면 면역력이 급격히 저하되어 감기, 천식, 기관지염 등의 호흡기 질환을 시작으로 심혈관질환, 피부질환, 안(眼)질환 등이 생긴다. 특히 4분의 1 크기인 초미세먼지는 기관지 및 폐 깊숙한 곳까지 침투하여 혈관을 끈적하게 만들어 고혈압, 당뇨와 같은 '혈관질환'을 일으켜 심장을 비롯한 여러 장기에 문제를 만든다. 초미세먼지의 고농도 노출은 심장의 부정맥을 일으키고, 미세먼지로 심혈관질환 사망률이 76% 증가할 전망이다. 뇌로 가면 염증반응과 혈전이 생겨 뇌졸중, 뇌신경세포를 손상시켜 인지기능저하, 치매도 유발한다. 임산부가 노출되면 태아의 지능저하, 저체중아, 조산아 확률이 증가하고 어린이가 성인이 되면 폐 기능이 낮을 가능성이 4.9배 증가한다.(미국) 또한, 미국 서든 캘리포니아대학 조사결과, 미세먼지 농도가 높은 지역 거주 여성의 치매 발생률이 92%로 높았다. 또한, 큰길 주변에 살면 공기 오염, 소음공해로 치매 확률이 높아졌다.

거주지와 주요도로간 거리와 치매 위험률(캐나다)

도로 간 거리	50미터 미만	50~100m	101~200m	201~300m	300m 이상
치매 위험률	1.07	1.04	1.02	1.00	기준

(갈민재 정신건강의학과 전문의 건강칼럼 중)

미세먼지는 주로 자동차 배기가스, 산업시설의 매연, 연료가 탈 때, 단백질 식품이 탈 때, 담배 연기 등으로 인하여 생성된다. 국내 59기 중 29기의 석탄화력발전소가 위치한 충남지역, 울산·창원 등 공단지역, 자동차 배기가스와 난방 등을 많이 사용하는 대형 주거단지가 많은 서울·부산과 같은 도심. 산업시설의 매연이 나오는 조선소, 플랜트 건설공사장, 공단 인근 지역, 선박 지역 등이 위험하다. 주의해야 할 직업으로는 영업사원, 택배기사, 우편배달부 등 옥외작업을 주로 하는 자, 호흡기 면역체계가 약한 영유아 및 노약자, 임산부, 면역억제 치료를 받는 암 환자와 주방에서 일하는 조리사와 주부다.

미세먼지의 등급이 '매우 나쁨'일 때 야외활동 중 1시간 동안 흡입한 것은 ①8평 공간에서 담배 연기를 1시간 24분 흡입한 것, ②2천CC 디젤 승용차 엔진을 켠 채 3시간 40분 매연을 흡입한 것이 같다. 문제는 미세먼지 '나쁨' 예보에도 외출자제는 47%에 불과하고, 나머지 절반 이상(53%)은 외출하면서도 69%가 마스크를 착용하지 않는다는 것이다.(갤럽조사)

예보구간	좋은	보통	약간나쁨	나쁨	매우 나쁨	
예측농도 ($\mu\ell/m^2 \cdot$ 일)	0~30	31~80	81~120	121~200	201~300	301~

자료 : 한국환경공단

Tip. 미세먼지 배출 음식으로 〈물, 해조류(미역), 마늘, 생강, 브로콜리, 홍삼〉 등이고, 단, 돼지고기는 지방이 체내흡수율을 높여 금물이다. 일반 마스크는 20% 차단, 황사 마스크는 미세먼지를 거를 수 있는 필터가 장착되어 90% 이상 차단한다. 단, 황사 마스크를 빨아서 쓰면 기능이 저하되므로 새것을 사용해야 한다.

결론 이상과 같이 4가지 위험요인은 마치 곳곳에 숨긴 지뢰와 같고 신체에 복합적으로 작용하여 10~20년 내 3대 질병과 치매 확률을 높이고 있다. 적극적으로 위험은 줄이고, 대비는 늘려야 한다.

5가지 위험요인

구분	기형.사산 유산.자폐	불임	암.백혈병	뇌.심질환	신장	대사증후군. 우울증	신경계통	치매
GMO	○	○	○	○	○	○	○	○
방사능	○	○	○	○	○	○	○	○
전자파	○	○	○	○	○	○		○
미세먼지	○		○	○	○	○	○	○
잇몸병	○		○	○	○		○	○

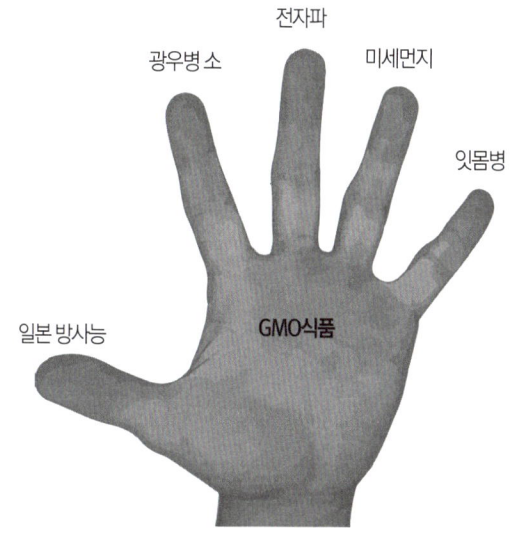

보험가입은 돈 문제가 아닌 철학의 문제

100세 indicator, 치주질환

흔히들 '치과는 잘 안 가는데... 치아보험이 필요할까? 다른 보험은 생각해 봤어도 치아보험은...'라고 생각한다. 은행 통장에 매월 2~3만 원씩 '치아보험'이라 적고 적금에 가입하면 되지 왜 굳이 보험을 들어서 보호해야 할까. 우리는 호미로 막을 것을 가래로 막는 경우가 많다. 치아보험은 적은 보험료로 재앙을 방지할 수 있으므로 결과적으로 가성비가 높다. 보험이란 예측 가능하지만 언제 올지 모르는 질병에 대한 대비이고 언제든 깰 수 있는 적금은 막상 실천이 안 된다. 치아보험의 가입 여부보다 더 중요한 것은 100세 시대를 관통하는 통찰insight을 얻는 것이다. 치아보험은 ①보장 사각지대를 커버한다. 치아보험에 가입했다는 것은 작은 틈새조차 없애고 '간병보장 카트'의 첫출발이며 100세 장수를 관리하겠다는 강력한 의지의 표현이다. 치아는 전신건강, 특히 이목구비 관련 질병과 치매와 연관되어 있다. ②치과 진료를 미루는 가입자를 경제적 부담 없이 병원에 가도록 등 떠미는 보험이다. 치과에 가지 않는 이유는 돈 문제와 우선순위에서 밀리기 때문이다.(44.5%, 직장학교20.4%, 건보공단,2009) 그러나 치아보험까지 가입해놓고 안 갈 사람은 없다. ③치아 관리에 관심을 두게 한다. 치과하면 2가지를 떠올린다. 눈 감고 들려 오는 엔진 소리와 병원비 부담이다. 몸의 주인은 자신이다. 100세까지 28개 치아를 멀쩡히 갖고 살 수 없기에 지금부터 치아보험 '공부'를 시작하자.

미국의 한 연구기관은 건강한 치아 하나의 경제적 가치를 약 3만 달러(약 3,400만)라고 발표했다. 명품가방 28개, 약 10억 원을 입속에 넣고 다니고 있는 것이다. 사자는 모르는 물건은 씹지 않는다. 치아가 상할 것을 겁내기 때문이다. 동물도 치아를 목숨처럼 생각한다. 영화 속에서도 노예의 상품 가치는 치아 상태로 판정한다. 즉 치아 상태로 노예가 얼마나 살 것인가를 측정하는 것이다. TV 힐링캠프에서 코미디언 송해 선생에게 장수 비결을 묻자 치과치료를 꼽았다. 20년이 넘게 꾸준하게 관리를 하고 있다는 그는 치아가 오복 중의 하나이고 치아가 건강해야 음식도 잘 먹고 발음도 정확하기 때문이라고 말한다. 1985년 일본 요미우리 신문은 백 세 이상 노인에게 설문조사를 했다. 가장 큰 즐거움은 무엇이냐란 질문에 [1위. 맛있는 요리를 먹는 것, 2위. 가족들과 대화, 3위. 푹 자는 것, 4위. 친구들과의 대화]였다. 즉 맛있는 음식을, 가족 혹은 친구들과 함께 먹는 것이다. 그럼에도 이들의 절반은 틀니를 하고 있었다. 덴마크의 연구결과, 치아가 건강하지 않은 노인일수록 빨리 늙는다고 한다.

65세 이상 치아상실 관련지표

구분	현존 자연치아 수	20개 이상 보유율	의치필요자율	무치악자율
전체	17.5개	54.7%	22.7%	9.2%
남자	17.3개	55.5%	25.7%	11.1%
여자	17.6개	54.2%	20.4%	7.8%

출처 : 치과의료정책연구소,2015

치아는 건강의 결과(indicator)이면서도 원인이다. 치아는 ①삶의 질, ②영양수준, ③100세 장수 ④각종 질병과 관련이 깊다. 치아가 건강해야 오래 산다. 100세 준비의 첫출발은 치아보호다. 치아가 안 좋으면 죽 같은 것들을 찾게 되고 영양섭취 불균형으로 오래 살기 쉽지 않다. 나이를 먹으면 치아손상이나 상실로 치아수가 줄어든다. 씹는 능력저하는 뇌 혈류 감소로 기억력과 치매가능성을 높인다. 치아수가 많을수록 뇌기능이 좋고 치매가능성도 낮추는 것이다. 100세까지 살아가는 과정은 '무치악', 즉 자연치아를 모두 발거 후 현존 치아가 0개인 상태로 가는 과정이다. 80세에 자연 치아가 20개 이상 남아 있어야 음식을 잘 씹을 수 있고, 잘 씹어야 기억학습을 담당하는 해마부위에 영향을 주어 치매확률도 2배 가량 낮춘다. 매년 65세 이상 노인의 치아상태가 좋아지고 있다. 대부분 관리를 많이 한단 의미다. 씹기가 불편한 노인은 43.3%, 발음까지 불편한 노인은 46.1%로 삶의 질이 떨어지고 있다.(국민건강통계,2015) 약 700만 명이 넘는 65세 이상 노인 중 치과환자는 204만 명(2016)이고 고혈압 다음으로 외래진료가 많다.

65세 이상 다빈도 상병

순위	입원	진료인원(명)	증감(%)	순위	외래	진료인원(명)	증감(%)
1	노년백내장	199,039	4.5	1	본태성(원발성) 고혈압	2,501,963	5.2
2	알츠하이머병에서의 치매(G30.-+)	93,414	22.5	2	치은염 및 치주질환	2,147,596	14.3
3	상세불명 병원체의 폐렴	87,300	12.7	3	급성 기관지염	1,817,590	5.9
4	뇌경색증	74,815	16.2	4	등통증	1,446,053	8.1
5	무릎관절증	63,695	25.3	5	무릎관절증	1,408,656	8.7
6	기타 척추병증	58,020	20.3	6	위염 및 십이지장염	1,099,447	1.0
7	요추 및 골반의 골절	49,513	17.8	7	2형 당뇨병	1,018,102	14.5
8	협심증	47,235	21.3	8	위-식도역류병	944,507	14.2
9	감염성 및 상세불명 기원의 기타 위장염 및 결장염	46,638	23.2	9	기타 척추병증	915,611	10.4
10	늑골, 흉골 및 흉추의 골절	45,559	16.2	10	치아 및 지지구조의 기타 장애	856,082	83.2

출처 : 건강보험심사평가원, 2015

65세 이상 인구는 2025년이면 1천만 명을 넘어서고 노인비율이 확~올라간다. 그 때 가면 주변이 온통 노인이다. 지금은 길가다 친구를 만나지만 조금 있으면 젊은 시절 건강관리에 실패한 친구들을 치과. 안과. 정형외과. 요양병원에서 우연히 마주치게 된다. 매일 음주. 흡연자와 당뇨환자는 주의를 기울여야 한다.

다빈도 상병순위

상병순위별	진료(명)
1순위. 급성기관지염(J20)	15,025,965
2순위. 치은염 및 치주질환(K05)	13,464,819
3순위. 급성편도염(J03)	6,491,675
4순위. 혈관운동성 및 앨러지성 비염(J30)	6,268,645
5순위. 다발성 및 상세불명부위의 급성상기도감염(J06)	6,235,123
6순위. 치아우식(K02)	5,553,647
7순위. 본태성(원발성)고혈압(I10)	5,460,189
8순위. 위염 및 십이지장염(K29)	5,442,207
9순위. 급성인두염(J02)	4,862,486
10순위. 등통증(M54)	4,784,832
12순위. 치수 및 치근단주위조직의 질환(K04)	4,571,119

출처: 건강보험심사평가원. 2015

65세 이상 인구추이

연도	인구(천명)	구성비(%)	
2017	7,076	13.8	
2018	7,381	14.3	고령사회 (14%)
2019	7,694	14.9	
2020	8,134	15.7	
2025	10,508	20.0	초고령사회 (21%)
2030	12,955	24.5	
2035	15,176	28.7	
2040	17,120	32.8	
2045	18,179	35.6	
2050	18,813	38.1	
2055	18,574	39.2	
2060	18,536	41.0	
2065	18,273	42.5	

출처: 통계청 장래인구추이

감기 다음으로 외래진료가 많은 질환, 고혈압, 당뇨보다 많이 걸리는 것이 치과 질환이다. 치은염. 치주질환(잇몸병), 충치(치아우식증)로 인한 총진료인원은 약 1,902만 명, 19세 이상 3명 중 1명(29.2%)은 치주 질환 환자이고 전체환자의 약 60%는 30~50대다.

치은염/치주질환 점유율(2014)

30대	40대	50대	합계
16.4%	20.3%	21.9%	58.9%

출처 : 심평원.2014

치과 치료를 가장 많이 받는 연령은 50대와 만 6~12세 아동이다. 충치는 만 10세 미만이 가장 많고, 만 6세~12세까지는 유치와 영구치가 바뀌는 시기다. 이때 관리 소홀로 늦게 뽑게 되면 영구치가 자라나 덧니와 뻐드렁니가 된다. 유치 충치는 부실한 영구치의 원인이고, 치열도 나빠진다. 이른 발치로 생긴 공간에 양옆 치아가 기울어지면서 좁아진 공간으로 영구치가 나오다 삐뚤어지거나 겹치게 되어 교정치료를 해야 한다. 치열이 나쁘면 치아와 치아 사이에 음식물이 남기 쉬워 또 충치가 되는 악순환이 된다. 5세 아동의 31.9%가 충치 환자이고 중고등학생이 운동이나 사고로 인한 치아 파절은 38.5%(남 45.1%, 여 30.6%)에 달한다.

태어나서 치과에 한 번도 안 갔다면 거짓말이다. 19세 이하는 3명 중 1명(36.7%)이 충치가 있고, 15세까지 70%가 충치 및 발치 경험이 있다.(보건복지부.2012) 20~30대의 치아관리 실패는 곧 40~50대로 이어진다. 30대 후반에는 만성 치주염이 나타나고, 치아와 잇몸 연결부위 마모로 뿌리가 드러나는 잇몸 마모증이 나타난다. 45~55세 자신의 구강 상태가 나쁘다고 인식하고, 65-74세 이르면 53%가 씹기 불편을 호소하게 된다. 12세 영구치가 난 후 치아 수명을 40년이라 할 때, 40세 이후 치과를 집중적으로 이용하고 질환은

50대부터 집중적으로 발생한다. 치료비는 50~59세 구간이 가장 많고, 70세 이후는 임플란트 등으로 비용부담이 커진다. 60대 구간도 2016.7월 임플란트 2개까지 건강보험 적용으로 다시 증가할 것이다.

세균 덩어리인 치석은 칫솔질로도 막을 수 없다. 잇몸병은 염증으로 잇몸과 잇몸뼈와 온갖 신경이 밀집된 잇몸인대가 허물어지는 병이다.

치과 연령별 요양급여급 심사실적

구분	요양급여(천원)	건당(원)	구분	요양급여(천원)	건당(원)
1-4세	216,117	28,361	45-49세	152,492,270	26,189
5-9세	132,225,923	23,929	50-54세	173,526,924	25,602
10-14세	53,007,183	21,901	55-59세	169,206,003	24,865
15-19세	60,357,342	23,623	60-64세	123,357,963	23,951
20-24세	102,558,441	26,096	65-69세	93,821,373	23,192
25-29세	93,042,372	26,445	70-74세	156,346,322	41,482
30-34세	103,155,298	26,802	75-79세	170,034,723	57,833
35-39세	106,194,003	26,880	80-84세	72,768,868	57,129
40-44세	133,142,789	26,680	85세이상	27,389,074	58,954

출처:건강보험통계연보,2015

잇몸은 혈관과 맞닿아 있어 충치가 뿌리까지 번지면 중대한 질병으로 이어진다. 방치하는 이유는 아프지 않기 때문이다. 큰 자각 증상 없이 수십 년 진행되다가, 어느 날 잇몸이 붓고 통증이 심해져서 치과에 가면, [파노라마 사진 촬영☞치석 제거와 고름 긁어내기☞발치와 신경치료☞임플란트 혹은 틀니] 순으로 진행된다. 바쁜 일상과 경제적인 이유로 방치하게 되면 2차 질병으로 이어진다. 세균이 혀와 치아-잇몸 사이 '치주낭'이란 작은 주머니에 숨어 입 냄새를 만들고 흡연·음주·스트레스로 면역력이 약해지면 잇몸을 약하게 만든다. 이때 강한 칫솔로 잇몸을 쓸면 피가 난다.(치은염) 가장 지독한

균은 진지발리스균이다. 잇몸 틈새로 혈관을 따라 온몸으로 이동해 [암, 심혈관질환, 뇌혈관질환] 등을 비롯하여 [치매, 당뇨, 호흡기질환, 폐질환, 조산, 동맥경화, 류마티스성 관절염, 발기부전] 등으로 이어진다.

- 치주질환 환자는 뇌졸중, 인지기능 저하와 치매 확률이 2.1배 높다.
- 치매환자 뇌에서 잇몸 세균의 항체가 발견됐다. (영국 센트럴랭커셔대학)
- 치주염이 알츠하이머 치매 발병에 중요한 역할을 한다. (미 연구팀)
- 69~75세 노인, 상실 치아로 해마가 작아져 치매 가능성을 높인다. (일본 도호쿠대학)
- 만성 치주염은 암(구강암), 췌장암을 59% 높인다. (미국의사협회.뉴욕대)
- 임산부가 치아관리를 못하면 조산 위험성과 태아 건강을 위협한다.
- 당뇨는 눈, 치아, 심장에 영향을 미친다. 당뇨로 면역력이 약해져 충치가 생기기 쉽다.
- 구강 내 세균이 폐로 흡인되면 흡인성 폐렴으로 연결된다.

가계의료비 중 절반(50.7%)이 치과 진료에 사용되고 있다. 치과에 한 번 가면 4~50만 원은 기본이다. 가장 빈도가 높은 근관(신경)치료 때문이다.

가계의료비 지출비중

치과	일반병원	종합병원	약제비	의원
50%	27%	26%	22%	16%

출처 : 심평원.2014

치아 1개당 치료비는 57만 원, 1회당 치료비용은 8.3만 원(최대 700만), 연간 46만(최대 1,160만)으로 적금을 깨서 치료하거나 치료를 포기하는 경우도 35.9%나 된다.

젊을 땐 충치나 신경치료, 나이 들면 임플란트나 틀니 등 고가치료로 부담이 커진다. 그러나 치료를 미루다 이삼십대라도 치과 견적 1~2천만 원은 우습다. 비용을 아끼려 비전문적으로 치료하다 큰코다치게 된다. 문재인 대통령도 50대 초반 청와대 시절 스트레스로 임플란트 시술만 10개 받았다. 개당 100만~300만 원이므로 약 2,000~3,000만 원가량 든 것으로 보인다. 입안에 중형차 한 대 달고 다니는 것이다. 2016.7월부터 만 65세 이상 노인 대상으로 7년당 임플란트 2개까지 50% 비용지원을 하고 있다. 가령 임플란트 가격이 100만 원이라면 절반은 본인 부담인데 이나마도 부담스러워 이용자가 많지 않은 실정이다.

치과질환은 99% 유전이므로 가족력이 있는 경우, 온가족이 준비해 놓아야 한다. 치과 치료는 ①국민건강보험 적용항목이 22.4%에 불과하고 ②실손보험에서 보장하지 않는 고가 '비급여 의료비' 때문에 부담이 가장 크다. 건강보험이 적용되는 치료는 ▲충치 치료(치아우식증. 아말감, 레진 충전, 신경치료 등) ▲치주질환 처치 및 수술 ▲발치 등이다. 충치도 복합적인 충전물은 제외된다.

구분	건강보험 급여		비급여
	공단부담	법정본인부담	
%	13.6%	11.9	74.5%

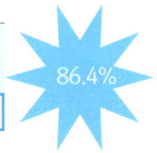

치료 1단계는 충치가 법랑질까지 진행된 것으로 통증이 없고 레진으로 때우면 되지만 상아질까지 진행되면 입냄새와 함께 이가 시리고 씹을 때 통증이 느껴진다. 재료로 본을 떠서 부착하는 인레이, 치아의 뾰족한 부분(교두)을 포함해서 본을 만드는 온레이를 한다. 3단계 치수(신경)까지 진행되면 신경치료

까지 병행하여 '금니'로 알려진 크라운을 씌운다. 마
지막 4단계는 발치 후 임플란트 혹은 틀니를 끼우게
된다.

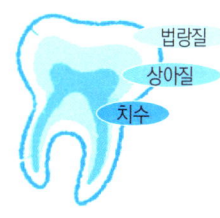

청소, 관리	때우기(충전)	씌우기(보전)	심기(보철)
(충치 발생)			
스켈링 1만	· 레진 8~10만 · 아말감 1~1.5만 · GI 1만	· 크라운(금) 45~50만 · 골드인레이(온레이) 20~35만	· 임플란트 150만 · 틀니 150~200만 · 브릿지 50~60만
급여	급여/비급여	비급여	비급여

치아보험 전쟁

치아보험은 높은 손해율에도 불구하고 그야말로 전쟁이다. 월 2~3만 원에 부담 없이 온 가족이 가입할 수 있어 과거 암보험과 같은 입구상품이고 2008년 판매 이후 치과 환자 1,900만 명 중 가입자가 아직 10%(180만) 미만인 백지 시장이며, 100세 보험의 화두를 던질 수 있는 상품이기 때문이다. 일반적으로 생명보험은 고액의 보철치료, 손해보험은 보전치료와 질병 관련 특약을 부가할 수 있는 강점이 있다.

치아보험은 면책 기간이 있어 가입 후 바로 보장이 시작되는 것은 아니므로 미리 가입해두어야 한다. 보전치료인 [치수/치주/발치/스케일링] 등은 90일(3개월)부터 보장되고, 보철치료인 [임플란트/브릿지/틀니]는 발거(발치)일 기준으로 [90일~2년 미만]까지 50%를 보장한다. 다만 재해 / 3세 미만 / 갱신 시에는 가입일(갱신일)부터 보장한다. 보장개시일 이전 진단. 발치한 치아. 가입 당일 발치한 치료는 보장하지 않으나 보장개시일 이후 뽑은 치아는 보험 만기 이후라도 발치 2년 내 보철치료비를 보장한다.

주요 치아보험의 특징

회사	상품명	특징
라이나생명	(무)THE건강한치아보험Ⅳ(프리미엄)	· 충전. 치수치료, 발거, 잇몸질환 무제한 보장 · 10년 만기 갱신형 70세 한도, 계약 따라 최대 80세까지 보장 · 0~75세 가입 (5년 갱신, 80세까지 보장)
한화손보	무배당 하얀미소플러스 치아보험	· 질병/상해로 안과, 이비인후과 질환수술비 보장 · 임플란트 최대 150만, 충전치료 최대 20만
메리츠화재	(무)메리츠 이득되는 치아보험1705	· 라식, 라섹 수술보장, 합병증, 재수술 시 최대 30만 · 임플란트 150만, 브릿지 75만 무제한, 틀니 연간 1회 보철물당 150만 · 병원단위 수술비특약: 질병으로 안과/이비인후과 수술 시 최대 30만
현대라이프	현대라이프 ZERO 얼굴건강보험	· 안과 · 이비인후과 · 치과 치료비를 함께 보장 · 3대 눈질환 (녹내장.황반변성.당뇨성망막변증) 수술 1회당 70만 · 청각 또는 안면장애판정 시 최대 1억
에이스손보	Chubb치아안심	· 45세 성인 남성, 10년 만기 순수보장형 월 7.866원
동양생명	무배당 수호천사하나로 치아보장보험	· 임플란트 (연3개) 120만, 틀니 120만, 브릿지 85만 (면책기간 1년) · 치수치료 개당 4만
현대해상	굿앤굿 어린이CI보험	· 100세까지 유치.영구치 보장

가입 예시

급부명	지급 사유	주보험 (4500만)	특약 (2.000만)	합계
만기금		· 50만		
충전치료	· 치아 1개당 무제한	· 금.도재 13만 · 아말감 1만 · 이외 5만 (단, 1년 미만 50%)		
크라운치료	· 유치.영구치 1개당 · 2년 미만 연간 3개 한도 (2년 이후 무제한)	· 20만 (2년 미만 50%)		
가철성의치 (틀니)	· 보철물당,연간1회한도	· 50만 (2년 미만 50%)	· 20만 (2년 미만 50%)	· 70만
고정성가공의치 (브릿지)	· 영구치 발거 1개당 · 2년 미만 3개 한도 (2년 이후 무제한)	· 25만 (2년 미만 50%)	· 10만 (2년 미만 50%)	· 35
임플란트		· 50만 (2년 미만 50%)	· 20만 (2년 미만 50%)	· 70
치석제거 (스케일링)	· 치료 1회당, 연간 1회	· 1만		
주요치주질환 (잇몸질환)	· 무제한	· 2만		
보험료 (10년만기, 전기월납)	30세	24,400 / 23,200	2,620 / 1,740	27,020 / 24,940
	40세	31,000 / 26,200	4,480 / 2,780	35,480 / 28,980
	50세	43,000 / 36,900	7,660 / 5,340	50,660 / 42,240

ㄴ사 홈페이지 참고

※ 보험료 납입면제 : 동일 재해 또는 동일 질병으로 합산장해 50% 이상 / 치아 모두 상실

※ 보장개시일 : 계약일을 포함, 91일부터 / 보험 나이 3세 미만 / 재해 / 갱신일

※ 동일 치아에 대해 2가지 이상 복합치료 시 가장 높은 1가지만 지급

※ 기존 치료부위의 수리. 복구. 대체치료는 부지급

※ 갱신계약의 경우에는 "갱신일"을 보철치료 보장개시일, 지급사유 발생 시 100% 지급

※ 보장 안 하는 사유

1. 보장개시일 전 치과치료 진단 혹은 해당 영구치 발거
2. 치아교모(마모)증. 치경부 마모증. 치열교정 준비로 치료받은 경우
3. 다른 치과치료를 위해 임시 치과치료 또는 치주질환 치료 시
4. 라미네이트. 잇몸 성형 등 미용상의 치료

03

보장연합군 창설식

◈ 보험이란?
◈ 초급 어프로치
◈ 중급 어프로치
◈ 실전 AP 어프로치
◈ 보장컨설팅 insight
◈ 사후 반복보장

> **매일 생각할 것들**
>
> '나는 가나안 땅에 들어갈 자격이 있는가?'
>
> '난 크루즈선에 승선할 자격이 있는가?'
>
> '가입자격이 없어지는데 잠이 오냐, 잠이 와!'

보험이란?

100세 시대엔 가입해둔 각각의 보험들이 환자를 치료하고 돌보며, 연금은 질병을 예방하고 검진하게 하는 돈의 저수지가 되어야 한다. 먼저 기존에 가입한 보험부터 바로 살펴보고 잘해놓아야 한다. 보험을 안다는 것은 보험의 '성품, 성질, 성격'을 아는 것이다.

> **보험의 3가지 특성 (암기)**
> 보험의 성품은 따뜻하고 포근한 엄마 품이고 공존하는 이웃사랑이다. 하지만 보험의 성질은 만만치 않다. 자격을 따진다는 것이다. 나중에 탈 보험금에 문제가 없도록, 회사가 태클을 걸지 않도록, 건강할 때 완벽한 서류를 준비해야 한다. 보험의 성격은 씨를 뿌려야 한다는 것이다.

1. 보험의 성품

보험은 매력 덩어리다. 여자가 아름다워야 결혼하는 것이 아니다. 매력이 느껴져야 한다. 보험의 매력은 무엇인가. 전 국민이 상생하는 이웃사랑으로 험난한 세상을 이겨낼 힘, 포근한 엄마 품 아닌가. 엄마는 없는 것 같지만 있는 사람이다. 평소엔 잊고 있지만, 꼭 필요할 때 '엄마야~'하고 나타나는 사람이다. 이 엄마가 노자가 말하는 무위자연無爲自然이다. 자연은 없는 것 같지만 있고, 없으면 살아갈 수 없는 존재다. 엄마는 자연이다. 자연처럼 항상 있어야 한다. 엄마는 어떤 일을 했다고 자랑하거나 떠벌리지 않는다. 보험이 엄마 품이다. 오늘도 수많은 가정에 보험금을 안기지만 세상에 알려지지 않을 뿐, 소리 없이 세상을 보호한다. 무에서 유가 나오듯 보험료가 어마어마한 보험금을 만들어 내고 있다. 대한민국 남성들에게 모자란 모성애, 여성들이 갈구하던 부성애, 즉 우리가 그리던 그 빈 구석을 채워 줄 보호의 품이다. 평소 부모가 원하는 것이 무엇인가. 형제가 서로 연합해서 돕고 사랑하는 것이다. 형제가 누군가. 대한민국 모두가 형제자매 아닌가. 그걸 실천하게 만드는 것, 그야말로 서로를 위해 공존하게 만드는 것이 보험이다. 전 국민은 보험으로 하나가 될 수 있다. 저성장 시대에는 전 국민이 상생하는 지혜로 다같이 힘을 합쳐 공동재산을 만들어 험난한 시대를 이겨내야 한다. 전 국민이 가입하게 해서 상생하게 해야 한다. 이것이 보험의 정신!

Joyful always! 지금은 보이지 않는 불안, 해결되지 않는 불안을 안고 살아가는 시대다. 종교가 해결해줄 수 있는 것이 있고, 예술이, 주거안정이 해결해줄 것이 있다. 하지만 대체할 수 없는, 보험만이 해결해줄 수 있는 그것 something을 컨설팅해줘야 한다. 인간은 행복을 추구하는 존재이고 인생의 본질은 기쁨이다. 그런데 인간이 어떻게 계속 기뻐할 수 있을까. 보험이 그렇게 만든다. 힐링이나 여행 등 이런 것들이 아닌 실질적인 밥이고 식량이기 때문이다. 청약서에 서명하고 1회 보험료가 통장에서 빠져나가는 순간, 평안이 찾아온다. 밥을 안 먹어도 배부른 것이다. 우리는 순간순간 '혹시나' 하는 걱정을 한다. 일반인의 사고패턴은 '걱정, 망각, 걱정, 망각'이나 보험가입자는 '걱정, 안심, 걱정, 안심' 이렇게 된다. 매일 지속되는 보장은 비록 힘든 삶이지만 여전히 힘차게 살아가게 만드는 힘이다. Joyful always! 보험은 적은 돈으로 살 수 있는 평안이다. 항상 (보장 받음에) 기뻐하고 (매달 보험료로) 기도하며 범사에 (보험의 가치를 되씹으며) 감사하라.

엄마 품에 안긴 아기 엄마 품에 안긴 아기는 평안하다. 하나님 품에 안겨 천국을 바라보는 인간의 모습과 같고, 극락은 걱정근심이 떨어져 나간 상태! 엄마 품이 곧 천국이요 극락이며 보험이다. 보험이 완벽하면 자신 있다. 노후에 상자를 주워도 자신 있다. 옷을 대충 입어도 자신 있는 것이다. 하지만 명품을 입어도 보장이 없는 가짜 신사들은 자신이 없다. 보험 없이 불안하게 살면 사람이 사는 게 아니지 않은가. 보험은 사람을 두 번 살린다. 첫째는 염려를 불식시키는 평안을 주고, 둘째는 실질적인 도움이다. 반대로 무보험은 두 번 죽이는 것이다.

친구들이 탄 크루즈는 떠나가는데...
60세가 되어 '노후축제'를 목전에 두고 있다면 기뻐야 한다. 평생 죽어라고 가족을 위해 뛰어다닌 노예 생활이 끝났기 때문이다. 하지만 전혀 기쁘지 않다. 뒤늦게 깨닫고 보험설계를 제대로 하자고 결심했는데 가입을 거절당하여 이제 '돈 들어갈 일'만 남았기 때문이다. 아는가? 친구들이 탄 크루즈선이 선착장을 떠나고 있는데 난 표를 사지 못해 부두에 남게 되는 그 기분!

 미리 준비해온 사람들과 준비하지 않은 사람들의 운명은 갈린다. 필름을 거꾸로 돌려보면 과거에 보험을 거부했던 모습, 비전문인과의 만남을 후회하게 된다. 이런 지인에게 보험을 다루었던 당신은 뭐라고 말할 건가. 보험으로 부담주기 싫어 전하지 못했다고 할 것인가. 누가 보험권유 하라고 했나, 보험의 따뜻한 성품을 전하라고 했지. 단 한 사람이라도 가입 거절의 경험을 당하지 않도록 도와야 한다. 잃어버린 1마리 양을 찾아야 한다. 잃어버린 양은 내 지인이고 가족이며 이웃이다. 직업적 이웃사랑의 실천이란 보험을 전하는 것이다. 대충 전하면 안 된다. 제대로 전해야 한다. 어떻게? 보험의 성품이 느껴지도록... 함께 어우러져 돕고 도움받는 이 따뜻한 성품을 가진 보험으로 지인을 구출할 수 있다. '1인은 만인을 위해, 만인은 1인을 위해' 이것이 보험의 본질이고 성품이다.

2. 보험의 성질

자격을 따진다 보험의 성질은 자격을 따진다는 것이다. 우리가 말해야 하는 것은 '가입해야 한다'가 아니라 '당신은 자격이 있는가?'이다. 보험에 가입할 땐 FP를 만나지만 보험금이 지급될 땐 보상팀 직원 혹은 손해사정사를 만나게 된다. 삼성화재는 약 2,600명의 보상팀이 있다고 한다. 엄청난 인원이 왜 존재하는 것일까? 이들이 조사하면 과거 전력이 다 나온다. 처음부터 제대로 해 놓으면 이들이 있을 필요가 없다. 그 보상팀과 손해사정사가 무색하리만큼, 이들이 실직할 만큼 완벽한 서류를 준비해야 한다. FP는 보상팀이 아니라 지원팀이다. 자녀는 집행유예만 받아도 취업이 안 되어 막노동판으로 가야 한다. 보험도 전과가 있으면 가입이 거절된다. 보험의 '전과'란 '병력'과 '가족력'이다. 대부분 보험에 언제든 가입할 수 있다고 믿지만 그것은 한 때일 뿐이고, 건강하다고 확신하지만, 나이, 성별, 병원 기록, 지역, 손해율, 수명연장 등으로 가입자격은 계속 축소되고 있다. 다음을 크게 읽어보자. '회사가 그 사실을 알게 된다면, 가입자의 청약을 거절, 가입금액의 한도를 제한, 일부 보장을 제외, 탈 보험금을 삭감 혹은 보험료 할증 등 계약 인수에 영향을 미치는 사항' 즉 가입 전 알릴의무사항을 미리 체크해보자는 말이다. 보험사는 당신에게 묻는다.

☞ 최근 3개월 이내에 질병 진단, 의심소견, 치료, 입원, 수술. 30일 이상 투약. 혈압강하제, 신경안정제, 수면제, 각성제 복용 사실이 있어?
☞ 팔. 다리. 손가락. 발가락. 척추에 장해는?
☞ 위험취미, 위험직업변동, 음주, 흡연, 과체중 아닌가?
☞ 최근 5년 이내 11대 질병, 즉 암. 백혈병, 고혈압, 협심증, 심근경색, 심장판막증, 간경화, 뇌졸중, 당뇨, 에이즈, 치질... 다 말해. 어느 한 가지라도 걸리면 거절 할 거야, 거짓말하면 보험금 안 줄 거야~

보험료 상승도 사실상 보험가입을 어렵게 한다. 그러므로 가입을 전제로 한 전과 기록부터 파악하라는 것! 이러한 개별 맞춤 컨설팅은 만날 수 있는 전 국민을 대상으로 해야 한다. 이것이 곧 구전(입소문)으로 이어지면 우리 일을 지속하게 하는 힘이 된다. 옛 이스라엘 백성은 이집트를 나와 40년 방황 끝에 가나안 땅을 목전에 두고 있었다. 하지만 막상 들어갈 수 없다는 것을 알고 절망했다. 60세를 앞둔 당신! 지금까지 뭐했는가. 열심히 살았다면 집이 있어야 하고, 노후에 쓸 돈이 차곡차곡 쌓였어야 하며 보험준비 또한 끝나가야 하는 것 아닌가. 재무상황은 시간이 가면서 좋아져야 한다. 10년 후에도 같은 대답을 하면 되는가. 개인, 가정의 역사와 병력을 다 들춰야 한다. 자꾸 생각해야 한다. 속에서 불이 나도록 친절서비스 이전에 염장을 질러야 한다. 정신 똑바로 차리도록! 이것이 FP의 '선지자적 역할'이고 보험을 통한 '예언적 선고'다.

'나는 가나안 땅에 들어갈 자격이 있는가?'
'난 크루즈선에 승선할 자격이 있는가?'
'가입자격이 없어지는데 잠이 오냐, 잠이 왜!'

HOW TO 지인에게 왜 강의하는가? 우리의 할 일은 개인별 맞춤 설계다. 적은 보험료로도 훌륭한 보장계획을 짜줄 수 있지 않나. 반드시 1억, 2억이 있어야 하나. 여력이 없는 사람은 500만 원도, 1~2천만 원도 큰돈이 아닌가. 그 돈을 노후에 충당하려고 해보라. 게다가 저성장 시대인데… 어떻게 살아야 할까? '머리는 냉동인간처럼 차갑게, 발은 뜨겁게!' 국내 경제, 세계 경제가 어떻고… 다 좋다. 하지만 우리가 신경 쓸 일은 기초가 무너져 있는 각 가정, 99마리가 아닌 잃어버린 1마리 양을 구출하기 위해 매일 필드에 부딪쳐야 한다. 부딪쳐서 잃어버린 양, 두려움에 벌벌 떠는 양을 만나 엄마 품으로 돌려줘야

자동차도 사고가 많으면 가입이 거절된다.

한다. 그 엄마 품이 보험 아닌가. 당신이 힘들고 어려울 때 도움의 손길을 주는 존재가 있다면… 그게 보험이다. 발바닥은 차가운데 가슴만 뜨거우면 될까? 지인을 내버려 두지 말고 직접 말을 던져야 한다. 우리가 다루는 것은 돈이 아니라 생명이다. 생명은 소중하다. 보험 안에 지혜가 있다. 그 지혜가 바로 성공 문화다.

3. 보험의 성격

65세에 바라본 과거 30년, 긴긴 시간 뭐했나? 뭘 했기에 아직도 죽어라고 소처럼 일하고 납입이 완료된 보험통장이 없는가? 아무 대책도 계획도 없이 열심히 소처럼 산 당신, 남은 것은 지옥 같은 삶, 이것이 우리네 인생이다. 보험의 성격은 씨를 뿌려야 한다는 것이다. 보험료라는 '씨' 말이다. 제대로 뿌리면 30배, 60배, 100배로 보험금이란 열매를 거둘 수 있다. 청약서를 보면 보험의 성격을 알 수 있다. 누군가 내고^{계약자}, 누군가를 대상^{피보험자}으로, 누군가 큰 돈을 받게 된다^{수익자}. 주는 사람이 있고 받는 사람이 있다. 인간^{人間}이란 말은 사람과 사람 사이에 '시간, 공간, 관계'라는 3간이 존재한단 말이다. 이 시간이 클수록 수익이 커진다. 게다가 인간은 생로병사를 거친다. 반드시! 이것이 보험이 재테크인 이유이다. 보험재테크는 무조건 이기는 게임이다. 특히 10년만 유지하면 이기는 게임! 해약이익$^{cancellation\ interests}$을 반영하기 때문이다.

♧ **주식** _ 기업을 사는 것. 생로병사, 흥망성쇠를 거친다.

♧ **부동산** _ 이용 가치를 사는 것. 생로병사, 흥망성쇠를 거친다.

♧ **보험** _ 시차를 이용하는 것. 생로병사, 흥망성쇠를 거친다. 똑같은 재테크다.

동아줄 & 구명조끼 물에 빠져 있을 때, 누군가가 헬리콥터에서 튼튼한 동아줄을 내려 준다. 그게 누구일까? 살아생전 누군가에게 도움이 되리라 믿었던 가장^{家長}이다.

Blessing vs Happiness 보험을 중도해지하면 손해 보는 이유는 사업비 때문이다. 선금 받는 식당을 보았는가? 당장은 기분은 나쁘지만 식당을 나올 땐 오히려 부담이 없다. 축복과 행운은 의미가 다르다. 축복은 bleed^{씨를 뿌리다}에서 나온 말이고 행운은 happen^{우연히 일어난 일}에서 나온 말이다. 보험사고를 당하게 되면 정신이 없는 가운데서도 떠오르는 것은 '보험증권'의 유무다. 보험증권을 찾고 FP에게 연락한 후 절망할 것인가, 안도의 한숨을 내쉴 것인가가 결정된다. 보험금은 축복이다. 좋은 일이 있어도, 나쁜 일이 생겨도 받아야 한다. 축복의 비가 내리지 않으면 인간은 살 수 없다. 모든 결과는 내 탓이다. 남 탓 말고 씨를 뿌려야 한다.

장기저축 보험이 장기상품이란 것은 최고의 장점이다. 내 통장에 1억 원이 왜 없을까? 장기로 가면 문제가 풀린다. 보험은 가입자를 10년 이후 미래로 데려가 거꾸로 현재를 보게 한다. 한마디로 인생을 멀리 보고 길게 보게 만든다. 하루살이 인생으로 어떻게 인생을 바꿀 수 있는가. 부모가 해줄 일이 있다. 지금은 어린 자식들은 못한다. 소액이라도 보험에 배치하면 나중에 어마어마한 일들이 벌어지는데 그걸 모르고 자기 생각만 한다. 빚을 내어 학업을 하고 취업도 보장되지 않아 막다른 길로 내몰리는 불쌍한 우리 아이들! 꿈 대신 포기부터 배운다. 부모 세대가 준비를 도와야 하지 않겠나. 소액으로 준비를 돕는 것이 국민연금이고 개인보험이다.

마지막 5분 지금은 아직 풍년이다. 30년의 풍년이 지나면 30년의 흉년이 다가올 때 견딜 수 있나? 그 대비는 풍년 내내 해야 한다. 기억하자! 우리는 겨드랑이에 죽음을 끼고 살아가는 존재라는 것을. 이제 살만하니까 병마가 닥쳐오는 경우를 많이 보게 된다. 보통 55~60세라면 자식들 다 키워 놓고 와이프와 오손도손 살아갈 것으로 생각하지만, 실제로 자녀 결혼식장에 와이프 혼자 남는 경우가 많다. 마치 난간 없는 지붕에 올라가 있는 모습이다. 난간이 없으면 떨어져 죽는다. 그러니 미리 올라가 보고 난간을 몇 개 세울 건지. 틈이 있으면 빠지므로 어떻게 그 틈을 다 메울 것인지를 고민해야 한다.

축구는 각본 없는 드라마다. 1976년 박스컵에서 말레이시아에 1:4로 뒤진 후반, 경기 종료 7분을 앞둔 후반 38분부터 5분 동안 3골을 몰아친 차범근 선수의 3골 해트트릭, 그러고도 2분이 남았던 경기. 인생에서도 마지막 5분이 남았다면 포기는 이르다. 코앞에 닥친 노후준비도 마지막 5분이 중요하다. 아직 준비할 시간이, 기회가 남았다면 잡아야 한다. 절대 놓치면 안 된다.

포기하지 말고 마지막 씨를 뿌려야 한다. 보험은 '복음福音'이고, 보험회사는 '복음 회사'다. 복음을 전하자. 매일 매달 매년 보험사에는 엄청난 보험증권이 만들어진다. 1천만 명이 가입하면 뭐하나. 내 소중한 지인이 배를 못 타고 울고 있는데. 지금은 모르니까 울지 않는다. 알고 나면 통곡을 하고 애원하게 된다. 그때는 도울 수 없다. 도울 수 있을 때 도와야 한다.

보험은 비련의 주인공이 나오는 소설의 결말을 바꾼다

1단계 초급 어프로치

사람을 지키는 사람은 군인 혹은 경찰, 돈을 지키는 돈은 보험료다. 보험은 내 돈을 지키는 군대, 경찰이다. 돈을 만들고 불리는 전 과정을 지킨다. 보험이 바로 서야 사람이 똑바로 선다. 한 가정은 최소단위의 국가이고 독립국가는 군대를 가져야 진정한 독립을 이룬다. 당나라 군대로는 안 된다. 정예부대여야 한다. 매년 전쟁을 대비하여 훈련하듯 '보장점검'이 필요하다. 그렇지 않으면 의병(생활비)과 학도병(교육자금)이 나서야 한다.

7가지 가입형태 보장통장을 들여다보면 7가지 형태가 나온다.
1. 연금만 가입 사상누각이다. 의료비로 전용하게 된다.
2. 사망보장만 가입 노후생활비는 어떻게 해결할 것인가?
3. 생활보장만 가입 보험 본질과 거리가 있다.
4. 실손보험만 가입 병원비만 보장된다.

5. 상해보험만 가입 보상 확률이 낮다.

6. 소액으로 가입 죽도 밥도 아닌 상태

7. 아무 것도 가입 안 함 노(NO)답이다.

　아무것도 안 하면 안 된다. 반드시 금융상품에 가입해야 한다. 금융상품은 마치 KTX처럼 일단 타면 부산까지 데려다주는 시스템이니까. 보험은 단순한 상품이 아니라 시스템이다. 그 시스템을 함께 의논해서 각각의 보장을 연결하여 시스템을 만들어야 하는데 편중되고 중복된 모습이라면 시너지를 기대할 수 없다. 꼭 필요한 보장은 무엇일까? 손가락을 펴보자.

손가락 보장

엄지 세심한 엄마처럼 작은 비용도 놓치지 않고 챙겨 주는 실손보험!

검지 암 보험이다. 암보험 하나 잘 들어 놓으면 남에게 지적 당하지 않는다.

중지 뇌혈관질환이다. 중지는 공부가 잘 안 될 때 눌러 주듯 뇌와 관련 있다. 뇌졸중, 치매, 알츠하이머, 파킨슨, 루게릭병과 같은 노인성 질환 대부분이 뇌가 퇴화해서 생기는 병으로 암보다 무섭다. 중지는 손가락 중에 가장 길어 장지(長指)라고 한다. 투병 기간과 입원 기간이 치매 다음으로 길다. 세기의 주먹 무하마드 알리는 42세에 파킨슨병이 왔다. 몸보다 뇌가 더 일찍 퇴화한다. 중지가 손가락 중에 힘이 가장 센 것처럼 뇌혈관질환 보장에 자신 있어야 한다. '심수뇌입', 심장질환은 수술비, 뇌혈관질환은 입원비가 많이 들어 간다. 실손보험이 엄마라면, 뇌졸중 보장은 아빠다.

약지 심혈관질환이다. 약지는 심장과 연결되어 있어 약을 것고, 결혼반지를 끼울 만큼 중요하다. 심장병은 급사의 원인이고, 심근경색은 뇌졸중으로 연결된다. 심장병은 미국인 사망원인 1위이다. 한국인의 사망원인 2위지만 폭발적으로 증가하는 추세다.

새끼 간병(후유장해)이다. 새끼 손가락을 펴서 그 사람에게 약속할 수 있어야 한다. ①배우자에게 '서로 잘 준비하자'고, ②자녀에게 '간병으로 부담주지 않겠노라'고!

이 다섯 개의 손가락은 각각 손바닥 뿌리에 붙어 있어야 한다. 실손보험도, 3대 질환도, 간병보장도 돈의 저수지 통장과 연결되어 있어야 한다. 옆 사람과 악수해보자. 이 악수는 5가지 보장을 잘 준비하자는 의미다. 이번에는 주먹을 쥐어 보자. 엄지(실손보험)가 나머지 손가락을 감싸며 보호하는 모습이다.

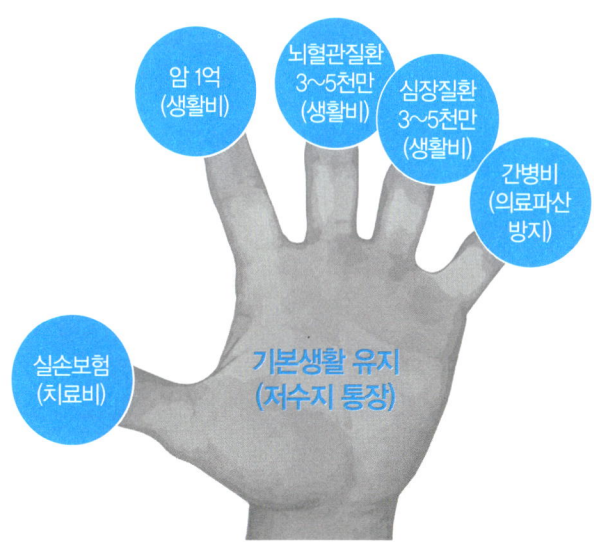

보장의 옷 입기 실손보험은 내복, 종신보험은 정장, 연금은 코트다. 내복 차림으로 나다닐 수 없고, 코트^{연금}만 입으면 바바리맨이다. 기능성 내복으로 겨울을 날 수 없다. 크게 보면 생명보험은 외투, 손해보험은 내의다.

내복 – 실손보험
생활보장

정장– 종신보험
3대진단비
후유장해

코트– 연금

사람을 세운다 어린애는 기어 다니고 어른은 튼튼한 두 다리로 걸어 다닌다. 보장이 없으면 기어 다니는 어린아이가 된다. 연금보험은 척추를 꼿꼿이 세워 준다. 허리를 펴라는 말과 연금을 준비하란 말이나 그게 그거!

두 바퀴 자전거 자전거의 앞바퀴는 연금과 저축, 뒷바퀴는 보장이다. 두 바퀴

각각의 보험이 내 몸을 치료하는 시대가 온다.

가 균형이 맞을 때 속도를 낼 수 있다. 어느 한쪽이라도 바람이 빠지면 공기를 넣어 주자. 구멍^{보장공백}이 뚫리지 않았는지, 공기압^{보장크기}은 적절한지! 앞바퀴(저축)에 핸들이 달린 이유가 있다. 목적지^{목적자금}를 향해 방향을 잡으란 의미다. 24단 기어가 장착된 자전거는 VUL^{변액유니버설보험}이다. 물론 일반자전거^{공시이율}보단 가격^{사업비}이 비싸지만 언덕이나 평지나 기어조절$^{펀드변경&펀드 자동재배분}$을 바꾸어 가며 몇 배의 속도를 낼 수 있다. 단 사용법을 익히는 것은 필수.

경제독립의 개념

저축과 보장 중 한 쪽에 치우치면 외발자전거다. 외발자전거를 타는 당신은 서커스단원일까.

보장에 치우침   저축에 치우침   서커스

자녀양육=보험양육 보험은 효도할 늦둥이를 낳는 것이다. 아들 딸 구별 말고 연금자식, 보장자식을 [20년 납, 10년 거치]로 키워 30세가 되면 효도하기 시작한다. 노인을 아들이 업고 가는 것이 孝다. 이 아들 딸이 연금 자식, 간병 자식이고, 젊은 시절 '자신'이기도 하다. 그래서 보험은 모두 '효' 보험이다. 늙은 나를 봉양하는 젊은 나!

$$'孝 = 老 + 子'$$

2단계 중급 어프로치

위험의 3단계 이 세상의 모든 보험에 다 가입할 순 없다. 모든 위험을 다 커버할 순 없다. 지혜가 필요하다. 무엇부터 보호할 것인가, 어떤 부분을 집중적으로 보호할 것인가가 중요하다. 위험은 3가지로 나눈다. ①위험을 감수할 것인가, ②전가(관리)할 것인가, ③회피할 것인가.

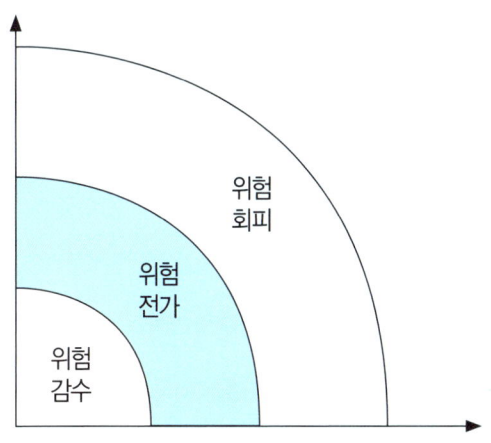

보험에 가입하는 이유는 피보험이익 때문이다. 피보험이익이란 '보험을 들어서 얻는 이익', 이익의 반대말은 피보험손실, 즉 보험을 안 들어 발생하는 손해다. 이익보다 손해가 더 뼈아프다. 보험이 없어도 괜찮다면 온몸으로 감수하라! 회피할 수 없다면 전가하라!

보상확률이 높은 보험과 확률은 적지만 일단 발생하면 한 방에 훅~가는 치명적인 위험 중 어떤 것이 중요할까? 보상확률이 높다면 보험료도 높다. 보험의 목적은 예측할 수 있는 우연한 사고, 통제할 수 없고 발생하면 감당할 수 없는 위험을 보험사로 전가하는 것이다. 치명적인 위험부터 대비해야 한다. 잔 푼 벌자고 보험 가입하는 것은 아니다. 티끌은 모아봐야 결국 티클이다. 보험혜택을 받아 본 적이 없어 불만인가? 소탐대실小貪大失하지 말고, 대탐소실大貪小失해야 한다. 큰 보장을 얻기 위해 적은 보장을 놓아야 한다.

> **위험분리수거**
> 보험은 쓰레기각종위험를 수거 비용보험료을 내고, 수거 업체보험회사로 던지는 것이다. 제때 버리지 않으면 집안재무 상태은 온통 쓰레기더미가 된다. 쓰레기를 버리고 대신 평화를 얻는 것이다.

보험영역과 저축영역 과거 아이티 지진으로 성금을 보낸 적이 있다. 성금을 만드는 방법은 3가지다. ①저축한다. ②투자한다. ③모금한다. 이 중 몇 번이어야 하는가? 모금방식이다. 모금방식이 바로 보험이다. 저축은 시간이 걸리고, 보험은 일시에 자산을 만든다. 평균수명까지는 저축으로, [평균수명~100세 구간]은 종신연금으로, 자산을 모으는 기간은 깔끔하게 '보험처리'해야 한다. 활동기에 사망보장이 없다면 가족들은 '금융노숙자'다. 사망보장으로 지붕을 덮어 가족이 눈비 맞지 않도록 하고, 평균수명 이후 끊어진 연금을 종신연금으로 이어 돈의 생명을 연장해야 한다. 활동기 보장은 가장의 기본자격인 가장면허증 marriage licence, 종신연금은 장수입장권 longevity ticket이다.

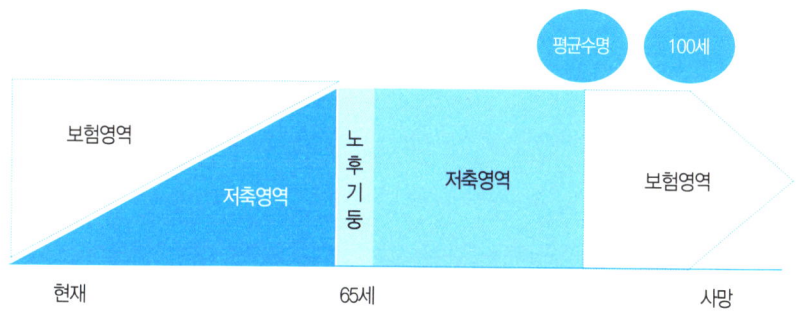

2개의 머니하우스 보험설계는 2개의 머니하우스를 짓는 것이다. 활동기에는 [보장의 집], 노후에는 [노후의 집]을 짓는다. 먼저 100세 만기 실손보험의 기초 위에 연금보험(종신연금)으로 노후 '보험영역'을 채운다. 그다음 종신보험(사망보장)으로 활동기 '보험영역'을 채운 후 100세까지 노후 의료파산에 대비한 [치료비+간병비]를 준비한다. 사망보장을 재료로 가족들이 안심할 평수(보장기간, 보장크기, 보장범위)를 고려하여 1억의 보장기둥을 세운다.

노후란 한 번 가면 돌아올 수 없는 '영구이민'이다. 5가지가 필요하다. ①돈 ②지폐 ③화폐 ④수표 ⑤현금카드. 모두가 돈이다. 노후준비의 대부분은 재무적 준비인 것이다. 살아생전 돈이 떨어지지 않을 2가지 장수입장권은 ①생활비 종신연금 ②의료비 치료비+간병비이다.

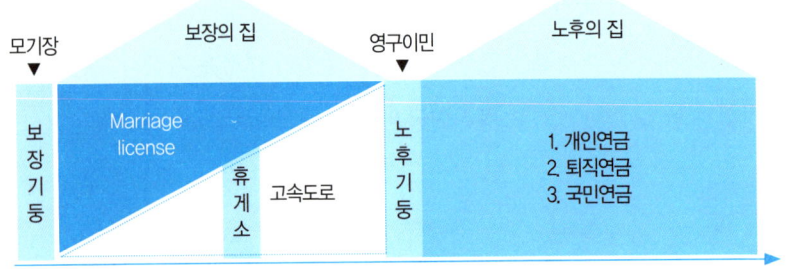

머니하우스 건축순서 (백지에 그려 보자)

① 100세 실손보험으로 기초를 판다.

② 죽든 살든 1억 원이 되도록 사망 1억 '보장기둥', 연금 1억 '노후기둥'을 세운다.

③ 보장기간, 보장범위가 길고 넓은 '지붕'을 씌운다.

3단계 실전 어프로치

3가지 궁금증(암기)

> 1. 지금의 통장으로 노후에 어느 정도의 생활이 되는지?
> 2. 당장 수입이 끊기면 몇 달을 버틸 수 있는지?
> 3. 당장 암에 걸리면 치료에만 전념할 수 있는지?

　보험에 가입하고도 이 '3가지 궁금증'에 대한 명확한 확신이 없다면 여전히 풀어야 할 숙제를 가진 '환자'다. 시간이 가기 전 이 숙제를 풀어야 한다. 이 숙제만 풀면 인생이 축제로 변한다. 가입 전,후에 이 질문을 던져야 한다. 그다음 질문이다.

> 지금 가진 통장들이 가입목적에 충실한가, 몇 점 줄 거냐?
> 보험통장은 목적이 분명해야 하는데... 든든한가, 아니면 불안한가?
> 개선이 필요하다면 하루라도 서둘러야 하는데 좋은 방법이 있다면...

1. 지금의 통장으로 노후에 어느 정도의 생활이 되는지?

인생은 '이어달리기'이므로 현재 통장이 곧 미래가 된다. 기대를 품고 노후의 문을 열었는데 곳간창고인 통장이 텅~비어 있다면 허탈하지 않을까. 통장은 크게 3가지로 정리된다. 자산에서 나오는 자산소득. 사업 혹은 근로소득, 증여나 상속 등 이전소득이다. 젊을 때는 월급이 중요하나 노후에는 자산에서 나오는 불로소득으로 살아가야 한다. 매월 월급으로 자산을 만들고, 그 자산을 다시 '연금화'해야 한다. 대기업 회장은 목돈을 연금화해서 생활비를 쓴다. 연금화 할 수 있는 노후자산을 5가지로 분류할 수 있다.

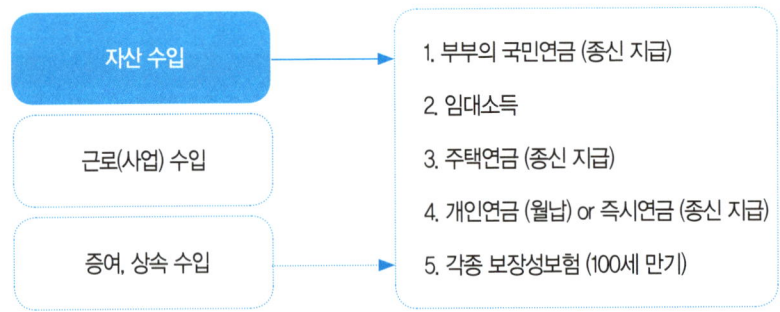

2. 당장 수입이 끊기면 몇 달을 버틸 수 있는지?

살아 있다면 산 입에 풀칠은 하지 않지만 죽어 버리면 방법이 없다. 그래서 사망보험은 보험설계의 기본이다. 가장이 사망했는데 보험 하나 없다는 것이 말이 되는가? 가장 사망 후, 유가족이 마음 추스를 여유없이 생활전선에 뛰어들게 하면 안 된다. 그러나 평균 사망보험금은 인당 3천만 원이다. 월 생활비 300만 원이면 10개월이면 바닥이 난다. 가장의 최소한의 도리^{道理}는 최소한 3년 치다.(300만×3년×12=약 1억 원) 사람이 죽었는데 원인을 따지는 사망보장만 보유하고 있었다면 부검도 해야 하고, 조사가 필요하다. 그래서 일반사망(모든 사망)을 커버하는 종신보험과 정기보험으로 준비해야 한다. 보험은 2가지로 구분한다. ①실손보험. 자동차보험과 같이 법적 강제권이 있는 책임보험과 ②가족을 위해 가입하는 사망보험은 도덕적 책임이 있는 선택보험이다. 가장의 보험을 보는 안목과 수준에 따라 남은 가족의 미래와 자녀의 출발선이 달라진다. 가입목적은 3가지다. 부유층은 부의 이전과 절세, 중산층은 화폐 신분 상승, 중서민은 가난 대물림 방지. 곧 경제자립이다.이중 당신은 어느 쪽인가? 시급한 것은 부채 해결이다. 가장에게는 5가지 부채가 있다.

1. **전업주부에게 주는 생활비** 배우자가 맞벌이하고 있다면 부채는 청산된 것이다. 그러나 부부 동시 사망 시 문제가 되므로 부부 모두에게 사망보험금이 필요하다.
2. **자녀에게 주는 교육비** 교육비는 자녀의 꿈을 실현할 꿈의 재원이다. 대학자금을 위한 별도 목적자금 통장없이 자녀에게 공부 열심히 하라는 말은 무서운 말이다. 자녀는 부모가 가진 통장 만큼 꿈을 꿀 수 있다. 자녀는 공부를 잘 하는가?
3. **주택대출 원리금** 대출을 끼고 집을 샀는데 상환해야 할 가장이 사라지면 은행은 상환을 독촉하게 된다. 대출은 어느 정도 있는가?
4. **병든 몸** 가장 걱정되는 것은 가족력이다. 가족력이란 자살폭탄 조끼를 입고 살아가는 것이다. 40세지만, 건강나이는 70대인 사람도 있다. 건강상태는 어떠한가?
5. **노후준비 안 된 부모** 노후준비를 잘한 부모를 둔 것도 복이다. 거꾸로 자녀에게 부담을 줄 수 있기에 노후준비를 잘해 놓아야 한다. 양가 부모의 노후생활은 어떠한가?

3. 당장 암에 걸리면 치료에만 전념할 수 있는지?

암환자는 6종류다. 보험에 들고 암에 걸린 사람과 보험에 안 들고 암에 걸린 사람이다. 보험에 든 사람은 3가지다. ①제대로 가입했다. ②보장이 부족하다. ③잘못 가입했다. 반대로 보험에 안 들고 암에 걸린 사람도 3가지다. ④돈이 있다. ⑤돈이 없다. ⑥빚만 있다. 이들이 6인실 병실에 누워 있다면 의도되지 않은 보장분석이 이뤄지게 된다. 어떤 사람이 먼저 제일 먼저 사망할까? 이 중 스트레스를 많이 받는 사람이 가장 빨리 사망할 것이다. 바로 잘못 가입한 사람이다. 암은 면역력과 관련이 있다. 암은 국민 질병이고, 비율의 문제일 뿐 정상인도 암세포를 가지고 있다. 정상세포와 암세포 비율이 51대 49이면 정상인, 49대 51이면 암환자가 된다. 즉 균형이 깨지는 순간 암환자가 되는 것이다. 평균수명까지 암에 걸릴 확률은 3명 1명(37.3%)이다. 매년 암 발병확률이 높아지는 상황에서 확률이 50%를 넘는 것은 시간문제다. 암환자는 60세까진 10%지만, 60세부터 늘어나 70세가 넘으면 집중적으로 발병한다. 발병확률이 37.3%일 때와 50%일 때 중 어느 때가 가장 보험료가 저렴하고 가입이 쉬운가? 50%가 넘는 질병은 보험의 대상이 아니다. 암보험이 다시 사라질지도 모르는 일이다. 설사 남아 있어도 보장이 세분화되어 암 1기, 2기, 3기, 4기로 구분하여 판매되거나 가입심사가 까다로워질 것이다. 암에 걸리면 제일 먼저 듣는 말은 3가지다. ①보험을 들어 놨어? ②얼마나 나와? ③충분해? 그 다음 취할 행동도 3가지다. ①보험증권을 찾는다. ②담당 FP 혹은 가입해 둔 모든 보험사 콜센터에 전화한다. 그리고 혼자 생각한다. ③과연 이 돈(보험금)으로 치료에만 전념할 수 있을까?

TIP. 결국, 재무설계사는 FP가 아니라 가입자 본인이란 것과, 때를 놓치지 말고 사전에 보장분석을 해야 한다는 것을 강조해야 한다.

인생은 2가지로 나뉜다. '암에 걸리기 전'과 '암 걸린 후'. 마치 새로운 세상에 이민 온 것이다. 당신은 이제 암환자이고, 가족은 환자 가족이 된다. 그 때까지 가진 통장 전체가 이후 치료수준과 간병수준을 결정하게 된다. 아니 보험통장이 이후 과정을 견인하는 것이다. 보험가입의 골든타임이 암 발병 이후 종료되면 그 어떤 FP로부터 권유하는 전화와 방문도 없을 것이다.

암보험은 어느 수준으로 가입해야 할까? 치료에만 전념할 수 있는 상태다. 우선 암에 걸릴 수밖에 없던 환경을 바꿀 수 있어야 한다. 치료비와 생활비를 걱정하면 안 된다. 암 생존율이 70%가 넘었고 돈 있으면 얼마든지 완쾌된 암 유병자가 150만 명이 길거리에 돌아다니는 세상이다. 변변한 보험 없이 막막하여 주변에 손을 벌리게 된다면 가족 전체의 망신이고 '그동안 보험 한 건 안 들어두고 뭐 했는가'라는 소리를 들어야 한다. 6가지 비용이 필요하다. '치.생.간.개.변.요'다. 치료비는 빙산의 일각이고 숨은 빙산의 아래 부분까지 생각해야 한다. 채무가 있다면 좀 더 많은 진단비가 필요할 것이다. 치. 생. 간. 개. 변. 요.를 암기해두자.

치료비는 [건강보험+의료실비]로 해결한다. 암은 4대 중증질환이므로 건강보험의 '산정특례제도'로 5년간 [입원비&외래진료비] 중 본인부담금의 5%만 내면 되고, 비급여치료는 의료실비로 처리하면 된다. 다만 6인실이 부족하여 부득이 상급병실 이용 시에는 준비해둔 '입원 일당'으로 처리한다.

생활비 암에 걸려도 가족의 생활은 지속되어야 하고 교육비, 보험료, 할부금, 대출원리금, 공과금 등 각종 청구서도 변함없이 날아온다. 암환자의 84%가 실직하는 상황에서 일터로 가야 하는 상황이 벌어진다. [1년: 월 300만×12달=3,600만, 2년 : 7,200만, 3년 : 1억 800만]

보험금은 2가지로 구분한다. 치료 전 진단서를 내면 나오는 사전^{事前}보험금과 치료 후 영수증을 첨부해야 나오는 사후^{事後}보험금이다. 보험금을 받아서 치료할 거냐, 내 돈으로 치료한 후 보험금을 받을 거냐, 통장에 진단비 1억을 쌓아 놓고 시작할 거냐, 빚내어 치료받고 상환할 것이냐는 암진단비 확보에 달렸다. 1억 진단비는 생활비, 간병비, 교육비, 요양비 등 어떤 형태로든 전용이 가능한 '현찰'이다. 게다가 연속되는 암수술. 항암치료, 암입원 등에 대해 반복적으로 보험금이 나온다면 무엇이 걱정인가. 보험금의 차이는 3가지를 결정한다.

① 치료에만 전념할 건가, 생계를 위해 일할 건가?

② 충분한 치료인가, 최소한의 치료인가?

③ 간병인을 쓸 것인가, 가족 간병인가?

    확인할 목록은 ①암진단비 ②치료비용과 투병기간이 긴 고액암보장 ③납입면제 여부 ④반복 지급되는 암수술, 항암치료, 암입원 보장 ⑤검진비용과 헬스케어 서비스 ⑥이차암.재발암대책 ⑦암 간병연금 ⑧암 투병 이후 후유장해와 합병증 대책 ⑨사망대책 ⑩보험만기

    의료실비와 더불어 우선 1~3년치 생활비를 최소로 준비할지 혹은 넉넉하게 준비할지를 선택하고, 완치 이후에도 지속되는 삶이 남아 있기에 기회가 될 때 좀더 많은 보장을 추가해야 한다. 암만 잘 해놔도 보험고민의 37%가 사라진다. 암에 걸린 후 가진 재산을 정리하고 넉넉한 진단비로 공기 좋은 곳에서 완치되어 제2의 인생을 시작하는 아름다운 소설이 현실화되는 세상이다. 암보험금 확보는 '암 완치 후 삶'의 밑천이므로 가입금액 책정이 중요하다.

TIP. 길은 로마로 통한다는 말처럼, 암보험, 어린이 보험, 운전자보험과 연결된 보장 스토리보드(치료과정)를 익혀야 한다.

가성비 높이는 방법

    100세 시대에는 선제적 예방이 중요하다. 평소 건강상태를 체크하고 관리해주거나, 병원예약을 해주는 등 유용한 것이 헬스케어서비스다. 하지만 일부

러 업체를 알아봐서 준비하기는 쉽지 않다. 좋은 방법이 있다. 보험에 가입하면서 상품에 부가된 '헬스케어 서비스'에 가입하는 것이다. 보험회사는 가입자의 건강체크를 하면서 상품개발 등 정보를 활용하고, 가입자는 어차피 준비해야 할 보험을 가입하면서 덤으로 혜택을 받게 된다. 같은 조건이라면 혜택이 많은 회사, 특정상품을 선택하게 하는 키가 될 수 있다. 회사별로 자존심을 걸고 지속적으로 서비스를 진화시킬 것이기에 보험 재설계 시 '이번 기회에 헬스케어까지!' 준비하는 것이다. 구체적으로 전문 의료진의 건강상담과 관리, 대학병원 진료예약 및 전문간호사 케어, 환자 이송 등의 서비스는 물론, 전용 홈페이지와 콜센터를 구축하고 국내 의료기관에서 1차 진료 소견을 받은 환자가 보다 정확한 진단과 치료방법 등의 2차 소견을 받을 수 있도록 하는 서비스, 명의 추천 및 예약해 주는 회사도 있다. 종신보험에 주계약 1억 원 이상 또는 CI보험에 주계약 7천만 원 이상 가입고객, 어린이보험을 가입하면서 건강 육아상담이나 어린이 건강관리까지 제공하기도 한다.

4단계 보장컨설팅 insight

어프로치

42세에 매년 받는 건강검진에서 이상소견으로 조직검사결과 암진단을 받았다. 치료에 전념하기 위해 직장을 그만둔 후(84% 휴직), 암 병동에 누워 생각한다. 만약 내가 죽는다면 5살, 7살 내 아이들이 장례식장에서 곡(哭)을 할 것인가. 뛰어놀 것인가? 지금은 돈도 모아야 하고 아이들도 키워야 하는데... 고민 끝에 아픈 몸을 이끌고 성당에 갔다. 그리고 간절히 기도했다. 완치는 아니라도 이왕 걸릴 암이라면, 늦은 노후에 걸리게 해 달라고. 그런데 응답이 오지 않았다. 이번에는 산으로 올라가 불공을 드렸다. 결국, 기도는 응답되었다. 암세포는 씻은 듯이 사라졌고, 정말 81세가 되는 첫날 건강검진에서 다시 발병했다. 더 큰 문제가 생겼다. 소액이나마 가입했던 보험이 사라진 것이다. 통장 잔고는 바닥을 드러내고 있는 중에 기존 보험의 만기는 끝났고, 의료실비도 부담이 커 방치해둔지 오래였다. 아뿔싸! 60세부터 진행되어온 치매기가 점차 심해지고 있는데... 대체 암은 언제 걸려야 할까?

先상담, 後결정

상담 목적은 3가지다. 만일의 경우 사고, 질병, 노후의 쓸 돈의 마련 방법이다. 컨설팅을 받는다고 보험을 들어야 하는 것은 아니다. FP는 제안하고 결정은 고객이 한다. 여력이 없어도 상담은 지금 받아라. 가입은 여력이 생길 때 하면 된다. 시급한 것은 기존 보험의 만기가 대부분 70~80세라는 것이다. 실손보험이 60세가 넘으면 갱신 폭이 커지므로 유지 못 할 가능성이 크다. 현명한 이들은 조용히 65세 이후를 대비하여 각종 의료비를 만들고 있기에 보험사마다 매달 청약서가 쏟아지고 있다. 의료 사고보다 더 심각한 사고는 보험설계 사고다. 혹시 놓치고 있는 보험 혜택은 없는지, 매달 보험료를 내고 있으면서도 내게 맞는 보장인지. 구체적으로 2차암 보장의 필요성도 검토해야 한다. 사람들은 항상 미리 검토하지 않아 보험사고 후에 검토한다. 보험계약이 체결되기까지는 오랜 결정과정이 필요하다. 당장 결정하라는 것이 아니라 문제를 검토하자는 것이다. 가장 안 좋은 보험은 20년 납 20년 만기다. 20년 후 건강과 경제력이 과연 좋아질까? 오히려 가장 나쁜 조건에 가입하게 된다. 보험증권은 우표수집이 아니다. 싼 맛에 보장기간이 짧은 보험으로 땜질하면 나중에 후회한다. 가입 권유가 아닌 재무상담을 들을 좋은 기회다. 성인이고 자유의지가 있으니 싫으면 안 하면 그만이다. 선택권은 고객에게 있는 것이다.

컨설팅 원칙
1. 한 가정을 통째로, 편안하고 안심이 될 때까지...
2. 어떤 종류의 보험이든 결국 '연금'이 되도록...
3. 사방에서 돈이 쏟아지도록 중복보장, 반복보장이 되도록...
4. 완벽할 수 없다면 차선책이라도...
5. 갱신형과 정액형을 적절하게 배치

톡부터 찍어 보내라 보험가입자는 보험금을 받아 봐야 재미를 느끼는데 타는 재미를 못 느끼니 자꾸 해지, 실효시킨다. 보험금을 못 받는 이유는 3가지다. 몰라서 청구하지 못하고, 어떤 상품이 필요한지 몰라 가입하지 않아서, 잘못 가입해서 못 받는다. 한마디로 정확하고 디테일한 지식이 부족한 것이다. 보험에 가입하던 안 하던 FP에게 보험증권을 보여 줘야 한다. 똑똑한 사람이 더 모른다. 심지어 의사가 더 모르는 경우도 많다. 종신보험을 들었는데, 입원비도 없고, 수술비도 안나와 치료를 망설이게 되거나, 당연히 보상받을 줄 알았는데 못 받는다면 어떨까? 고객에게 보통 이렇게 말한다. "가입한 보험에서 겹치는 보장, 잘 받기 어려운 보장을 줄이고, 꼭 필요한 보장은 늘려서, 돈을 아끼고 모을 수 있도록 좀 더 효율적으로 해주니 좋아하더라. 그래서 항상 '보험 어떻게 준비하고 있는지'를 물어보고 있다. 간단하게 톡으로 찍어 보내 주면 조언해드리겠다." 대부분의 사람은 '지금 가입 안 해도 더 좋은 상품이 나오지 않을까?'란 생각을 한다. 큰일 날 생각이다. 보험회사는 바보가 아니다.

보장내역정리 보험은 보험금을 타기 위해 가입하는 것이고, 보험금은 청구하지 않으면 보험사가 알아서 챙겨 주지 않는다. (2014년 금감원. 직전 5년간

과소, 부당, 지연보험금 3조 7천억원) 보험금은 '적극적으로' 청구해야 나온다. 차를 샀는데 운전할 줄 몰라 주차장에 세워 놓고 할부금만 내고 있으면 안 된다. 내 보험에서 어떤 보험금을 탈 수 있는지 상황별로 정확히 알아야 나중에 제대로, 제때 청구할 수 있다. 지금은 보험금을 타 본 경험이 없는 것이 당연하다. 건강하고 아무 일이 없었기에 보험을 가입했던 것이다. 지금은 보험의 '집중구매기'고 조금 지나면 보험금에 집중적으로 수령할 때가 반드시 온다. FP도 천년만년 다닐 수 없고 언젠가 은퇴하면, 소비자 스스로 보험금을 청구해야 한다. 그래서 미리 보험공부를 잘해두어야 한다. 중요과목은 더욱 제대로 해야 한다. 검토를 잘해두면 나중에 편한 것이 보험이다. FP는 보험공부를 돕고 구매과정을 인도하는 코치 역할이다. 이것이 보험료 안에 들어 있는 수수료 값이다. 우선 가족 구성원별 보장내역을 일목요연하게 한 장의 표로 정리하자. 공부하려면 책상 정리부터 하는 것이다. 일반인들은 할 수 없다. 가장 큰 리스크는 2가지다. ①건수만 많고 보장은 제대로 돼 있지 않은 것, ② 잘못 설계한 보험으로 안심하는 것.

완벽한 보험설계란 없다. 당시에는 완벽해도 상황은 변하고 화폐가치는 떨어진다. 일해서 돈 버는 것이 아니라 잘 투자해서 돈이 돈을 만들게 해야 한다. 보험의 조정(리모델링)이란 과거 가입한 상품을 미래에 맞춰 최적화하는 과정이다. 차량을 사서 영원히 탈 것 같지만 핸드폰을 교체하는 것처럼 차량 교체 시기가 온다. 주기적인 보장분석을 통해 현재 기준으로 다시 보고 기존 보험의 가치를 높일 방안을 의논하자. 보험금 청구기록이 있으면 갈아 탈 수도 없다.

점검이 시급한 이유
1. 과거에도 위험은 존재했지만 대비할 상품이 없었던 경우.
2. 80세 만기가 끝난 다음 날 암 진단 받은 경우.
3. 화폐가치 하락으로 보장이 작아 제구실을 못함.
4. 새로운 가족이 생겼거나 추가 위험이 생긴 경우.
5. 유병자로 거절됐지만, 인수지침이 바뀌어 가입이 가능해진 경우.
6. 과도한 약관대출로 이자와 보험료를 내고 있음.
7. 청구하지 못한 보험금이 있음.

제8회 경험생명표 상 평균 연령은 남자 81.4세, 여자 86.7세이고 현재 40세의 경우 80~84세 암 발병 증가율은 17배다. 대부분 보험만기가 끝난 후 발병하게 된다. (암기)

점검을 미루다 생기는 문제
1. 여력이 될 때 준비하려다 막상 여력이 생겼지만 가입이 거절됨.
2. 암보험 가입 후 2개월째 암 진단을 받아 해지됨.
3. 잦은 의료실비 청구로 보험사 블랙리스트에 올라 가입이 거절됨.
4. 실효 후 부활시키려 했으나 건강악화로 '거절' 당함.
5. 소득이 없는 80세에 연금으로 보험료를 내는 경우.
6. 미루다 시기를 놓쳐 업그레이드 실패, 혹은 나쁜 조건에 가입함.

나중 생길 문제
1. 자녀교육, 결혼자금 사용으로 각종 보험 해지 후 암 진단 (퇴직연금 30%해지)
2. 보험만기 후 영구장해 상태로 무보험 장수.
3. 의료실비가 80세에 월 60만 원이 되어 부담스러워 해약함.
4. 납입면제와 유니버셜 기능이 없어 치료과정 중 보험이 실효됨.
5. 80세 시점에 연금을 수령해서 보험료를 내는 경우.
6. 암 재발 시 남은 보장이 없는 경우.
7. 생·손보 어느 한 쪽만 가입해 보장구멍이 생김.
8. 보장자산이 없어 연금으로 치료비를 대체하는 경우.
9. 가족력, 유전질환을 고려하지 않고 설계함.
10. 자녀 성장 후 보험 가입하려면 부담 크고 쓸만한 보장은 사라지는 경우.
11. 미혼 동생이 백혈병으로 치료 시마다 몇 백만 원씩 나온다면…
12. 부모님 중 한 분이 치매로 10년, 누가 간병할 건가?
13. 보험가입 후 평생 질병없이 살다가 아무런 혜택없이 사망한 경우.
14. 소멸 되는 보험만 소유한 경우.

보험가입의 기준

1. **보장크기** 무슨 일이 있어도 현재 '일상'을 보호할 만큼, 가입목적이 확 드러날 만큼, 핵심보장은 '이목구비'가 뚜렷하게 만들어야 한다. 모든 보장을 다 쇼핑할 수 없으므로 ①이 보험으로 누가 이익을 얻는지, ②이 보험금이 누구에게 절실한지, ③가족력·유전질환 같은 확률 높은 위험이 무엇인지'(피보험이익)를 고려하여 내게 맞는 보장을 골라내야 한다.

2. **보험기간** 해외여행자보험의 보장기간은 [출발시각~도착시각]까지로 단 1초라도 벗어나면 회사 책임은 100%에서 0%로 바뀐다. 비행기 이·착륙 시가

가장 위험하듯 아동기와 노년기가 위험하다. 100세까지 '보장테크'에 선투자 한다는 생각으로 업그레이드하고, 부담 되면 '90세 만기'와 '갱신형특약'을 잘 조합한다. 먼저 100세까지 가져갈 보장(비갱신형)인지, 100세 이전에 쓰고 버릴 보장(갱신형)인지부터 구분해야 한다.

3. 보장범위 생명보험은 '고액보장', 손해보험은 '생활보장'이다. 고액보장은 확률은 적지만 반드시 전가해야 할 위험, 즉 사태가 발생하면 감당할 수 없는 질병후유장해 80%보장 혹은 간병등급 1~2급 등에 필요하고, 생활보장은 촘촘한 '보장그물'을 쳐놓아 어떤 물고기(보험금)든 걸리면 납입보험료는 간단히 상계 처리하는 것이다.

4. 납입의 적정성 보험료 납입은 소득이 있는 활동기에 마무리해야 한다. 하지만 가입 시기를 놓쳤다고 무조건 보장을 줄이지 말고 부모와 자녀가 '이어달리기 납입'을 하면 된다. 20년납이라면 10년은 부모가, 나머지 10년은 자녀가 납입할 수 있다. 또한, 질병은 100세 시점에 발병하는 것이 아니라, 가입 이후 언제든 발생할 수 있다는 생각을 해야 한다. 또한, 장기미상환 약관대출 원리금이 있으면 과감히 정리해야 한다.

5. 구매를 서둘러라 보험사는 점을 친다. 바로 '통계점'이다. 보험료가 오르거나, 보장축소. 삭제, 판매중단이 거론되는 보장은 곧 보험금 탈 확률이 높은 것이므로 구매를 서둘러야 한다. 보험료는 과거 통계이고 미래통계는 아직 나오지 않았으므로 현재 보험료는 가장 싸고 좋은 것이다. 예를 들어 암. 치매인구가 늘어날 것이지만 보험료에 반영되어 있지 않다. 사람은 나이 들수록 본

능이 강해진다. 젊을 때 생활습관, 유전 질환은 갈수록 뚜렷해지고 집안 내력이 나타난다. 과거 보험약관보다 현재 약관이 더 두꺼운 이유는 보험금 지급 조건이 까다로워지고 보장이 세분화되었기 때문이다. 남녀생식기암의 손해율 상승으로 보험이 세분화되어 소액암, 유사암이 등장했다.

사후事後 반복보장

보장 스토리보드 노인이 되면 조금만 아파도 병·의원이나 한의원에 매일 출근하여 의사·간호사에게 월급을 주게 된다. 만성질환·지병이란, 고쳐지지 않고 반복된다는 말로 의료비로 집 한 채를 잡아먹는 질환이다. 통계를 보면 65세 이상 건강보험 가입자는 전체의 12.7%(645만)지만, 진료비는 38.7%로 1/3을 사용하고, 인당 월평균 의료비는 약 33만 원이다.(2015년) 부부합산 의료비가 66만 원이면 국민연금 수령액을 상당 부분 갚아 먹는다. 물가상승으로 건강보험료와 실손보험료도 상승할 것이다. 노후 1만 원은 활동기 10만 원과 같으므로 노인이 몇 푼이라도 벌기 위해 고심한다. 가령, 암 환자의 29%가 암이나 장애를 극복해도 또 좌절한다. 잦은 병치레에 대비해 필요한 것은 무엇일까?

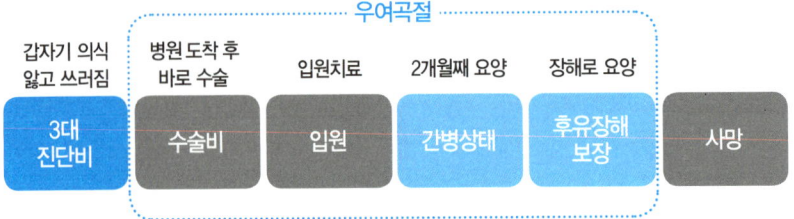

　100세까지 살면 질병은 피할 수 없고, 재해(상해)사망이 아니라면 우리 모두는 질병으로 사망한다. 질병사망이란 '질병.......사망'으로 질병 진단 이후 '우여곡절' 끝에 100세에 사망한다. 우여곡절은 [진단☞수술☞입원☞후유장해] 등 치료과정^{보장스토리보드}이다. 우여곡절이 길어지면 의료파산이다. 파산에 대비하여 가입한 각각의 보험에서 물(보험금)이 쏟아져 치료과정 중 보험금만으로도 생활할 수준이 되어야 한다. 어떤 보장이 중요한가? 보험금은 2가지로 나뉜다. 진단비 같이 한 번 지급되고 소멸되는 [사전^{事前}보장], 진단비 지급 이후 반복적으로 지급되는 [사후^{事後}보장]이다. 치료과정이 길어질수록 [진단비]보다 [사후보장자산]에서 나온 보험금이 [진단비]를 넘어선다. 한 가지 주목할 사항은 '사망시점 100세, 발병시점 100세 이전'이라는 것이다. 여력이 부족하다면 [진단~사망]까지 시간차를 고려하여 [진단비 90세 만기, 사후보장 100세 만기] 설계도 좋은 방법이다. 이 사후보장의 충분한 보장기간을 확보하기 위해 종신(통합)보험이 필요한 것이다.

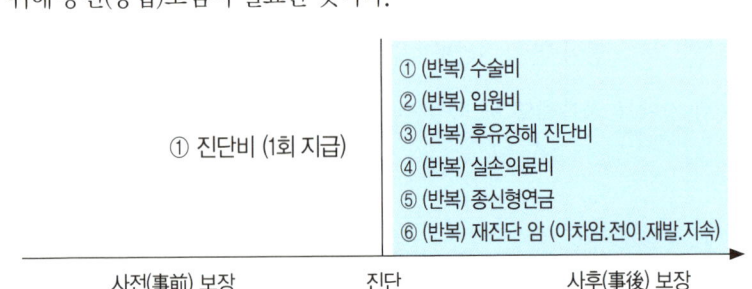

보험은 죽는 순간까지 품위를 지킬 수 있는 유일한 수단이다.

후유장해

- 건강하던 누군가가
- 질병에 걸리거나, 급작스러운 사고로 홀로 생활해야 하는 경우, (원인)
- 생활에 자신을 잃고 주위 눈치를 보며 쓸모없는 존재라고 느끼고, (과정)
- 치료 후에도 후유장해로 누군가에게 의존해서 살아야 하는 경우가 있다. (결과)
- 중요한 것은 그 누군가가 내가 될 수 있다고 생각해야 한다.

후유장해 보장은 상해/질병 후유장해를 각각 준비해야 한다. 대부분 수술은 후유장해를 남긴다. 특히 암으로 장기절제수술을 받은 후 후유장해가 생긴다. 이때 가입해둔 '질병후유장해진단비'로 [재활자금, 생활자금, 요양자금]으로 사용할 수 있기에 [수술비담보+후유장해진단비]로 조합해야 한다. 후유장해진단비는 디스크 증상(추간판탈출 병변-팽윤 or 협착. 팔. 다리 저림 증상)만으로도 지급되고, 사고기여도에 따라 지급률이 달라진다. 약관상 13개 신체부위 각각 지급규정이 있고 수술 전에도 장해판정이 가능하다.

수술비 수술비담보는 ①실손보험의 '본인부담금'을 커버, ②진단비에 비해 소액으로 가입할 수 있으므로 보험상품에 추가로 가입할 때 [수술비담보]를 중복 가입함으로 진단비를 대체할 수 있다. 수술보험금을 한두 번만 받아도 납입보험료는 상계 처리할 수 있다. 다음 도표와 같이 50대 중반 여성고객의 경우, [3대 진단비]를 확보하려면 몇 십만 원의 보험료가 필요하지만 로 3개 회사의 [수술비담보]를 조립하면 10만 원대 보험료로 진단비를 대체할 수 있다. 다만, [진단비]는 '진단서'만 제출하면 사전에 받아 쓸 수 있고, [수술비]는 수술확인서, [의료실비]는 병원비 영수증, [후유장해진단비]는 180일 후 장해진단서를 제출하는 차이가 있다.

질병	H사 100세 만기	M사 100세 만기	M사 90세 만기	합계
인공관절	60만	30만	530만	620만
암수술	230만	30만	230만	490만
심잘질환	630만	530만	1,180만	2,340만
뇌혈관질환	630만	530만	1,180만	2,340만
간질환	380만	330만	380만	1,090만
고혈압	530만	330만	380만	1,240만
당뇨병	530만	330만	380만	1,240만
보험료	23,750원	34,050원	50,825원	108,625원

기존 생보의 [1~5종 수술특약]에 손보의 수술비담보를 추가한 경우다.

질병	건강보험 80세만기		변액ULCI	손보-통합 (90세 만기)				손보-100세 만기			합계 (만)
	3종	5종		질병수술	7대	14대	6대	상해수술	질병수술	32대	
골절	100							50			150
인공관절	500			30					30		530
암수술	250	300		30					30		610
심장질환	500	500		30	70	50	100		30	300	1,580
뇌혈관질환	500	600		30	70	50	100		30	300	1,630
간질환		300		30	70	50			30	300	780
폐				30					30		60
고혈압	500			30	70	50	100		30	300	1,080
당뇨병	500			30	70	50	100		30	300	1,080
관절염	500			30					30	100	660

약관상 수술 정의는 '기구를 사용해서 생체에 절단(특정 부위를 잘라 내는 것), 절제(특정 부위를 잘라 없애는 것) 등의 조작을 가하는 것.(신의료기술평가위원회로부터 안전성과 치료 효과를 인정받은 최신 수술기법 포함) 다만, 흡인(주사기 등으로 빨아들이는 것), 천자(바늘 또는 관을 꽂아 체액·조직을

뽑아내거나 약물을 주입하는 것) 등의 조치 및 신경 BLOCK(차단)은 제외'이다. 이젠 칼로 자르지 않고도 직접 치료 목적이면 수술보험금이 지급된다.

생보 수술특약은 2006년을 전후로 [1-3종 수술비]와 [1-5종 수술비] 보장으로 나뉜다. 소액으로 고액수술비를 확보할 수 있다. [종신보험 주계약 1~2천만 원 + 수술특약 2구좌]로 추가하면 된다.

5종 수술분류표 (생명보험)

구	지급(예)	주요 보장내용
1종	10만	· 비골(코뼈)수술. 탈장 근본수술. 제왕절개술 등
2종	30만	· 골 이식수술. 맹장봉축술. 각막 이식수술 등
3종	50만	· 유방절단수술. 비장 절제수술. 녹내장 관혈수술 등
4종	100만	· 부신 절제수술. 위 절제수술. 식도 이단술 등
5종	300만	· 심장이식수술. 신장 이식수술. 관혈적 악성신생물(암) 근치수술 등

특약 : 1,000만 기준

☞ 건강검진 하면서 용종 제거 (생보 2종 수술비+ 손보 질병수술비)
☞ 산모나 태아 이상으로 하는 제왕절개 (1종 수술비)
☞ 임플란트 수술 시 동반되는 치조골 이식수술 (과거 3종 수술 중 2종, 5종수술은 제외)

예) 만약 3종 수술 비특약 (1종 : 50만, 2종 : 100만, 3종 : 300만)을 가지고 있다면, 치조골 이식으로 임플란트 3개를 했을 때 개당 100만 원씩 총 300만 원을 받게 된다.

손보 수술담보는 각 담보별 수술비가 중복 지급되므로 [질병수술비, 상해수술비]를 기본으로 [2대 질환 및 특정 질환], [7대, 14대, 16대, 18대, 32대 질환수술비] 담보 중 추가하며 촘촘한 '수술비플랜'을 구성할 수 있다.

남·여에게 꼭 필요한 수술특약

여성 : 관절염.생식기질환수술. 치핵수술. 여성골다공증수술. 유방절제수술.
　　　 인공관절수술
남성 : 남성 특정비뇨기계질환 수술

수술비플랜이 필요한 이유

- ☞ 눈꺼풀이 각막을 찌르는 쌍꺼플 수술(안검하수 수술) – 질병수술비
- ☞ 여자 중 산부인과 안 가는 사람 없다. 자궁물혹 수술 시 100만
- ☞ 40대 넘으면 대부분 요실금.
- ☞ 하이힐 신어 생긴 티눈수술(A코드). (예 : 질병수술비 30만 + 피부질환수술 30만 = 60만)
- ☞ 심재성 2도 화상은 피부과 아닌 외과. 화상진단비가 나온다.
- ☞ 교사, 강사, 미용사 등 서 있는 직업 대부분 하지정맥류가 있다.
- ☞ 직업적 운전자는 대부분 무릎이 아프다. 관절에 문제가 있을 수 있다.
- ☞ 40세가 넘으면 백내장이 시작된다. 60세 넘으면 70%. 80세가 넘으면 90% 발병확률이 있다.

보험수준과 의료파산 위험은 반비례한다.

약관상 수술에 해당하는 주요 수술

수술명	용어 풀이
자궁소파술	계류유산으로 자궁내막을 긁어서 내용물을 제거하는 수술. 전통적 수술은 아니나 의학계에서 인정되고 있는 수술. 인공임신중절과 동일하나 임신 관련 문제의 치료 등 치료목적으로 기구를 이용한 생체의 적제술로서 약관상 수술에 해당 (3종 수술-2종, 5종-1종)
화염상모반치료 레이저수술	화염상 모반은 선천적으로 발생하는 혈관종(붉은 반점)의 일종으로 붉은 반점 제거를 위해 레이저로 혈관을 태운다. 비정상적 신체 부위 제거하는 것으로 수술에 해당
비관혈적정복술	겸자기구(가위모양)를 함몰된 코뼈 안쪽에 삽입, 다른 쪽 코뼈를 외부로부터 압박하면서 전체적으로 코뼈를 들어 올려 맞춘다. 생체 절단, 절제행위는 아니나 골절 및 변형된 비골을 원래 위치로 교정해 주는 일반화된 치료방법으로 약관상 수술에 해당
식도정맥류출혈수술	간경변 등의 후유증으로 식도의 정맥에서 출혈이 발생하여 혈관을 잡아 묶는 등의 치료목적을 위한 수술에 해당
실리콘오일제거술	당뇨 합병증인 망막의 견인박리, 당뇨병성 유리체 출혈 등을 치료하기 위한 실리콘오일제거술은 당뇨병 치료목적을 위한 수술에 해당
요관부목삽입술	자궁경부암의 방사선 치료 후 합병증(신장주위 농양, 괴사 근막염, 콩팥 수신증 등) 치료하기 위해 좁아진 요도에 소변이 잘 흐를 수 있도록 긴 관을 넣어 요도를 유지시킨다. 암의 치료목적을 위한 수술에 해당
동정맥루조성술	혈액투석을 장기적으로 받을 경우 꼭 필요한 수술. 혈액투석 경로확보를 위해 피부 절개 후 혈관을 이용해 정맥과 동맥을 연결하는 수술. 생체에 조작을 가하는 수술로 만성신부전증 치료목적의 수술에 해당
중심정맥관삽입술	말초혈관으로 주입할 수 없는 항암제 주입, 조혈모세포 이식을 위해 정맥에 도관을 삽입하고 항암치료를 하는 수술. 항암제 투입을 위한 중심정맥관 삽입술 및 척수강내 항암제 투입을 위한 요추천자 주입술은 암치료를 위해 필수적인 치료과정으로, 백혈병 치료목적의 수술에 해당.

참고1. 다빈도 질환별 수술 (건보공단.2015)

순위	코드	수술명	7대	14대	16대	18대	21대	30대	34대	5종
1	H25	노년성 백내장						30%	30%	1
2	I84	치핵					10%			1
3	K35	급성충수염								2
4	H26	기타 백내장						30%	30%	1
5	O82	제왕절개에 의한 단일분만								1
6	M17	무릎관절증							10%	2
7	K80	담석증					30%	10%	10%	1, 2종
8	M51	기타 추간판 장애								3
9	C22	간 및 간내담관의 악성신생물								5
10	K40	샅탈구니탈장					30%	10%	10%	1
11	M48	기타 척추병증								3
12	J35	편도 및 아데노이드의 만성질환					30%	10%	10%	1
13	I20	협심증								3, 5종
14	O34	골반기관 이상의 산모관리								1
15	J32	만성 부비동염					30%	10%	10%	1
16	S32	요추 및 골반의 골절								3
17	C73	갑상선의 악성신생물								5
18	I21	급성심근경색증								5
19	I83	하지정맥류								1
20	D25	자궁의 평활근종								2

40대 20%는 중풍으로 입이 돌아간다

참고2. 연령대별 상위 5개 수술인원 (건보공단.2015)

구분	1위	2위	3위	4위	5위	수술인원
9세 이하	편도절제술	서혜/대퇴허니아	충수절제	심장	순열/구개열	31,785
	14,888명	8,061명	4,395명	2,164명	894명	
10대	충수절제술	(내시경하)부비동	편도절제	치핵	일반척추	39,696
	16,930명	7,445명	6,642명	4,431명	930명	
20대	제왕절개	치핵	충수절제	(내시경하)부비동	편도절제	112,326
	33,404명	29,853명	15,087명	12,778명	6,464명	
30대	제왕절개	치핵	충수절제	(내시경하)부비동	일반척추	238,237
	129,562명	40,235명	15,655명	9,876명	9,217명	
40대	치핵	자궁절제	일반척추	백내장	충수절제	185,291
	47,026명	21,211명	16,539명	14,000명	13,612명	
50대	백내장	치핵	일반척추	담낭절제	스텐트삽입	229,028
	47,652명	40,349명	28,625명	14,047명	11,823명	
60대	백내장	일반척추	치핵	슬관절 치환	스텐트삽입	261,550
	98,920명	34,323명	20,446명	19,937명	15,378명	
70대	백내장	일반척추	슬관절치환	스텐트삽입	담낭절제	285,849
	137,149명	40,002명	29,409명	15,299명	10,034명	
80대 이상	백내장	일반척추	고관절치환	스텐트삽입	내시경/경피담도	107,630
	44,868명	22,598명	8,497명	6,246명	6,230명	
전체	백내장	치핵	제왕절개	일반척추	충수절제	1,491,392

참고3. 주요 수술비용/입원일수 (건보공단.2015)

순위	33개 주요수술(건보공단.2015)	수술건당 비용(천원)	수술건당 입원일수
1	심장수술(선천성심장기형수술: ~2013년)	25,119	16.14
2	관상동맥우회수술	24,906	14.71
3	뇌기저부수술	13,635	20.42
4	심박조율장치의 삽입, 교체, 제거 및 교정	12,902	10.76
5	뇌종양수술	10,983	16.70
6	간부분절제술	10,084	16.23
7	스텐트삽입술	7,767	5.66
8	위절제술	7,605	5.66
9	고관절치환술	7,094	20.89
10	슬관절치환술	7,092	21.34
11	심장카테터삽입술	6,472	8.02
12	경피적 관상동맥확장술 및 절제술	6,408	6.19
13	간색전술	5,686	8.17
14	전립선절제술	4,764	8.17
15	내시경 및 경피적 담도수술	4,471	10.09
16	담낭(쓸개)절제술(복강경적담낭절제술포함)	4,050	8.01
17	유방절제술(완전절제)	3,559	8.39
18	자궁절제술	3,409	7.59
19	일반척추수술	3,222	13.74
20	충수(맹장)절제술	2,568	5.35
21	갑상선수술(기타질환에 의한 수술포함)	2,560	6.18
22	경요도전립선절제술	2,009	6.29
23	제왕절개수술	1,781	6.41
24	순열 및 구개열(언청이)수술	1,732	5.57
25	일반부비동수술	1,720	5.23
26	서혜(사타구니) 및 대퇴허니아(탈장)수술	1,665	3.74
27	내시경하척추수술	1,456	3.20
28	유방보존수술(일부절제)	1,447	4.24
29	내시경하부비동수술	1,123	3.20
30	편도절제술(아데노이드적출술유무상관없이)	1,028	3.33
31	정맥류 결찰 및 제거수술	1,006	2.30
32	백내장수술	936	1.2일
33	치핵수술	922	2.90

참고4. 수술분류표 (손해보험)

질병명	대상질병	7대	14대	16대	18대	21대	32대	여성	남성
1. 심장질환	급성류마티스열I00~I02 만성류마티스심장질환I06~I09 폐성심장병 및 폐순환질환I26~I28 기타형태 심장병I30~I52 수막구균성심장질환A39.5 칸디다심내막염B37.6	O	O	O	O	O	O	O	O
	허혈성심장질환I20~I25 (I20협심증, I21급성심근경색증)	O	O	O	O	O	O	O	O
2. 뇌혈관질환	뇌혈관질환I60~I69	O	O	O	O	O	O	O	O
3. 간질환	바이러스간염B15~B19, 간의질환K70~K77 거대세포바이러스성감염B25.1 톡소포자충간염B58.1	O	O	O	O	O	O		O
4. 고혈압	고혈압질환I10~I15 고혈압성뇌병증I67.4, 고혈압성망막병증H35.02	O	O	O	O	O	O	O	O
5. 당뇨병	당뇨병E10~E14 당뇨병성 단일신경병증G59.0 당뇨병성 다발신경병증G63.2 당뇨병성 백내장H28.0 당뇨병성 망막병증H36.0 당뇨병성 관절병증M14.2 당뇨병에서의 사구체장애M08.3	O	O	O	O	O	O	O	O
6. 만성하기도질환	급성인지 만성인지 명시되지 않은 기관지염J40, 단순성 및 점액농성 만성기관지염J41, 상세불명의 만성기관지염J42, 천식J45, 천식지속상태J46	O	O	O	O	O	O		
7. 위.십이지장궤양	위궤양K25, 십이지장궤양K26, 상세불명의소화성궤양K27	O	O	O	O	O	O	O	O
8. 갑상선질환	갑상선의 장애E00~E07, 처치후 갑상선기능저하증E89.0 갑상선이상성안구돌출증H06.2 수술후 갑상선기능저하증		O	O	O	O	O		
9. 동맥경화증	죽상경화증I70		O	O	O	O	O		
10. 폐렴	달리 분류되지 않은 바이러스폐렴J12~J18 재향군인병A48.1 폐렴이 합병된 홍역B05.2		O	O	O	O	O		

질병명	대상질병	7대	14대	16대	18대	21대	32대	여성	남성
11. 백내장	노년성백내장H25, 기타백내장H26 수정체의 기타장애H27		O	O	O	O	30%		
12. 녹내장	녹내장H40 달리분류된 질환에서의 녹내장H42		O	O	O	O	30%		
13. 결핵	결핵A15~A19 결핵의 후유증B90		O	O	O	O	O		
14. 신부전	신부전N17~N19		O	O	O	O	O	O	
15. 관절염	감염성관절병증M00~M003 염증성 단발관절병증M05~M14 관절증M15~M19 (무릎관절증M17) 기타관절장애M20~M25			O		O	별도		
16. 생식기질환	남성생식기의 질환N40~N45, N47~N51 여성골반내 기관의 염증성질환N70~N77, N80~N95(습관유산자 제외, 여성불임 제외, 인공수정과 관련된 합병증 제외) 비뇨생식계통의 기타장애 N99			O		O	별도		
17. 담석증	K80				O	30%	10%		
18. 사타구니 탈장	K40				O	30%	10%		
19. 편도염	편도 및 아데노이드의 만성질환 J35				O	30%	10%		
20. 축농증					O	30%	10%		
21. 치핵	치핵 및 항문주위정맥혈전증포함~치질K64 (출산 및 산후기 합병(O87.2) 임신합병증(O22.4)제외)					10%			

※ 개별 상품 약관 참조

Coffee Break 애견보다 못한 가장의 몸값

애견인 1천만 명 시대란, 애견 없으면 살 수 있을까,라고 가슴 철렁한 사람이 5명 당 1명이란 말이다. 애견비용은 월 10~30만 원 이내이나 문제는 질병이 발생할 경우다. 동물도 사람처럼 나이 들면 지병이 생긴다. 당뇨로 지속적으로 인슐린 주사와 진료와 약처방, 입원하면 6인실 입원비보다 더 나온다. 개가 사람에 비해 질병 발생 빈도수가 훨씬 높고, 병원비는 사람에 비해 3~4배 비싸다. 치료비는 보험처리가 되지 않기 때문에 목돈을 지불해야 하는 경우가 생긴다. 통원진료비 3~5만, 말 못하는 짐승이기에 검사도 많이 한다. 장염에 걸려 병원에 가면 혈액 검사 10~15만, 엑스레이 5만, 약 처방과 링거 비용 5~10만, 1일 입원비 1.5만 원(5일 7.5만) 그래서 50만 원이다. 만약 바이러스성 장염의 경우 100만 원으로는 턱없이 모자란다. 발톱 부러져서 30만, 제왕절개로 30~50만, 다리 부러져서 수술비만 200만, 슬개골 수술 50만에 사전 검사비용과 후처치 비용으로 20~30만, 전방 십자인대 파열 40만 원 추가, 고양이가 방광염을 진단받고 엑스레이, 초음파 검사에 수술을 받느라 200만 원이 든다. 그래서 애견보험을 들거나 별도 애견병원비 명목의 통장을 두고 월 10~20만 원씩 저축하는 사람이 늘어나고 있다.

흔히 동물까지 보험에 가입해야 할까 생각할지 모르지만 애견진료비는 표준화돼 있지 않아 과도한 치료비가 든다. 연간 보험료는 1살짜리 애견 기준 50만 원 정도로 손해율이 200%였기 때문에 보험료가 높다. 특징은 치료비는 질병 당(치료 일수에 관계없이) 자기부담금 공제(1만) 후 70%를 한 질병 당 100만, 1년에 500만 원까지 보상한다. 보상항목은 진료비(야간), 검사비, 치료비(야간), 응급실비, 입원수술비, 통원치료비와 약값, 주사비 등이다. 타인이나 타인의 동물을 물거나 다치게 했을 때 법률상 배상책임 손해를 보상한다.

04
종신보험! 자산축적용상품

◆ 10년후 어느날, 의료민영화의 미래
◆ 실손보험
◆ 가난을 부르는 생각들
◆ 23전 23승의 이순신
◆ 종신보험, 평생 비과세 통장
◆ 億 만드는 아이디어
◆ 보험으로 상속하는 시대

66

혁명적인 아이디어

생명보험의 사망보험금은

다른 재산과 달리 즉시 현금화할 수 있는 뛰어난 유동성으로

'보장화폐'가 된다. 97년 IMF는 금 모으기였다면

지금은 종신보험을 통한 '보장화폐 모으기'다.

99

10년 후 어느 날, 의료민영화의 미래

의료민영화는 정부가 해야 할 복지를 사기업에 넘겨 장사하도록 만드는 것이다. 마치 교사에게 월급을 안 주는 대신 학생을 대상으로 과외지도와 부교재를 팔아 먹고살라는 것과 같다. '의사 선생님'이 아니라 각종 의료서비스를 권하는 서비스종사자가 되고 가격 결정은 병원이 하게 된다. 한마디로 돈 문제다. 장사의 대상은 100세 시대를 목전에 둔 전 국민이다. 돈 없어도 꼭 써야 할 부분이 의료부분이다. 먼 미래의 일이 아니라, 이미 2004년부터 시작되어 최종 결론을 향해 달려가는 중이다. 사안별로 속도의 차이일 뿐, 저지하기는 쉽지 않다. 영리병원 허용으로 GDP도 증가하고 의료산업도 성장할 것이다. 대신 국민들의 지갑이 털린다. 재벌, 병원, 제약회사, 보험사는 대박, 국민은 쪽박이다.

의료법 시행령 20조는 '의료법인과 의료기관을 개설한 비영리법인은 의료업(부대사업을 포함)을 할 때 공중위생에 이바지하여야 하며, 영리를 추구해서는 안 된다.'고 규정되어 있다. 의료법인은 인수합병이 불가능하고, 해산하면 재산은 국고에 귀속된다. 대신 법인세 감면 등 각종 세제 혜택을 받는다. 또 병원 수익 전액을 환자 치료를 위한 연구 등에 재투자해야 한다. 돈이 내부로 도는 것이다. 이 돈을 빼낼 수 없다. 이 비영리법인에 영리자회사를 세우는 순간 사실상 영리병원이 된다. 영리병원이 된다는 것은 병원 수익이 주주에게 배당으로 빠져나간다는 말이다. 예를 들어 대형병원을 소유하는 학교법인의 이사장과 가족 등 특수관계인이 병원에 의약품을 공급하는 직영도매상을 설립해 독점적으로 비싸게 공급하는 것이다. 그만큼 건강보험 재정에 부담이 된다. 그 덕분에 천문학적인 배당 잔치를 벌인다.

건강보험 의료는 공공복지영역으로 인식되고 있고, 우리의 건강보험은 비교적 성공적이라는 평가다. 건강보험의 특징은 3가지다. ①비영리병원, ②건강보험 당연지정제병원, ③건강보험 의무가입제국민다. 국내 거주 전 국민은 본인 의사와 관계없이 가입해야 하고 의료기관은 의무적으로 건강보험환자를 진료해야 한다. 이것이 '당연지정제'다. 건강보험을 통해 저렴하게 진료받고, 약을 살 수 있게 된 원인은 전 국민이 가입하여 위험을 분산시키기 때문이다. 그래서 알릴 의무도 없다. 계, 두레, 향약과 같이 전 국민이 상생하여 돕고 있는 것이다. 이 장점 3가지가 의료민영화로 모두 바뀐다. [비영리병원→영리병원]으로, [병원 수익→ 투자배당]으로, [건강보험의무가입제→개별 탈퇴]로 이어지는 시나리오다. 이제 맹장 수술 1,500만 원은 괴담이 아닌 현실이 될 수 있다. 우리나라는 민간의료기관이 94%로 가격을 통제하는 가장 강력한 수단으로 병원을 비영리법인으로 규제한다. 영리자회사 허용은 결과적으로 규제를 포기하는 것이다. 현재도 전문병원과 대형병원들은 비급여 진료, 선택 진료 등 과잉 진료를 통해 돈을 벌고 있는데 영리법인이 늘어나면 본인 부담률 높은 다수의 의료서비스는 건강보험급여에서 제외되고 신의료기술, 신약은 보장에서 제외되거나 혹은 제한적일 것이다. 한마디로 건강보험이 유명무실해진다는 이야기다.

미국 상황 당연지정제가 없는 미국은 어떨까? 마이클 무어 감독의 영화 '식코(Sicko)'에서는 2가지 장면이 나온다. 하나는 흑인 소녀가 아파서 병원에 갔지만 가입한 민간보험과 계약된 병원이 아니란 이유로 거절당해 치료를 못 받고 숨지는 장면, 또 하나는 손가락을 2개 잘린 보험미가입자가 병원을 찾았으나, 접합비용이 하나는 8만 달러, 다른 하나는 9만 달러라서 결국 저렴한 손가락만 붙이고 나머지는 버리는 장면이 나온다. 당연지정제가 무너지면 건강보험으로 치료받을 수 없는 병원이 생긴다. 또 민영보험과 계약을 한 병원은 고액치료비를 요구할 것이다. 2013년 배우 안재욱 씨는 미국에서 지주막하출혈 수술을 받은 후 5억 원의 청구서를 받았다. 한국에서는 1천만 원 미만이다. 또 미국인 중에 치열이 고르지 않은 사람이 많다. 치료비용이 비싸므로 아파도 못 간다. 교포 중 치과 치료를 위해 일부러 귀국하여 치료 후 돌아갔다는 이야기는 주변에 흔하다. 미국은 세계에서 가장 의료비가 많이 드는 나라로 엥겔계수는 GDP의 10%, 의료비는 18%나 된다. 밥값보다 병원비를 더 걱정한다. 2001년 121만 명이 의료파산(전체의 29%)을 했고, 현재는 매년 200만 명이 파산하고 있다.(전체의 50%) 병원비 때문에 적금을 깨고 집도 판다. GM의 파산원인도 퇴직자 건강보험 때문이었다. 미국에도 건강보험은 있다. 65세 이후부터 적용되는 메디케어^{medicare}와 저소득자를 대상으로 하는 메디케이드^{medicaid}다. 문제는 어느 쪽도 해당하지 않는 사람들이다.

영리자회사가 허용되면 병원 업무와 연관 있는 의료기기, 약품, 병원 부동산, 건강식품, 화장품, 온천, 헬스 기계까지 영리자회사를 차리고, 병원은 자회사의 것만 비싸게 쓴다. 여기에 자회사 부동산으로 처리해서 임대료를 낼 것이고, 청소, 식당 등 용역도 모조리 자회사에 몰아줄 것이다. 병원 수익은 모두 자회사로 옮겨가는, 사실상 영리병원이다. 다리 부러진 환자에게 자회사에서 리스한 기계로 MRI 검사하고, 건물임대료와 리스료 상승으로 병실료도 오른다. 의사가 건강식품도 쓰라고 하고 온천장, 헬스장도 들리라는 과잉진료라도 환자는 따를 수밖에 없다. 비급여도 늘어난다. 거즈 하나면 될 것을 보험 안 되는 것으로 드레싱을 할 수 있다.

1. 병원은 자회사로부터 의료기기를 임대, 혹은 비싼 약품을 독점 공급한다.
2. 병원은 환자들에게 해당 의료기기를 사용한 진료, 약품을 처방한다.
3. 이 진료는 비급여항목이라서 환자의 의료비 부담은 올라간다.

병원 간 인수합병이 가능해지면 병원이 거대 체인이 되고 일부 지역에서는 병원 폐쇄와 대량해고가 일어난다. 누구부터 해고할까? 보수가 높은 숙련된 의료인력부터 해고되고, 대신 비정규직과 인턴사원으로 대체될 것이다. 이마트 안에 여러 형태의 복합쇼핑몰이 생기는 것과 같아서 수익성은 낮으나 지역의 필수의료를 책임지던 병원들이 하루아침에 문을 닫아 환자들은 오갈 데 없게 된다. 보건산업진흥원은 영리병원이 허용될 경우 약 100개의 지방 중소병원이 문을 닫을 것이라고 봤다. 여러 형태로의 인수합병이 일어나면 대도

시 쏠림현상이 나타날 것이다. 또 원격의료, 건강관리서비스로 병원은 원격의료단말기를 만드는 자회사의 단말기를 환자들에게 권유하게 된다. 결론은 1.돈 안 되는 환자를 기피한다. 2.의료시설 과다 투자와 과잉진료가 늘어난다. 3.비급여항목이 대폭 늘어난다. 4.병원마다 진단.수술.치료방법까지 의료특허료가 포함된다. 5.병원 운영보단 부대사업이 증가한다. 6.원격진료 장비를 사야 한다.

지금도 척추 수술이나 MRI 사진을 많이 찍는 상황인데, 이런 과정마다 비용이 들어가 의료비가 대폭 상승하게 된다. 현재 60%인 건강보험의 보장성이 떨어지고 영리병원이 당연지정제에서 제외되며, 강제가입인 건강보험을 탈퇴함으로 재정이 부실화된다면 세상은 2가지 사람이 존재할 것이다. ①저품질의 건강보험만 가진 서민 ②고품질의 민간보험 가입자다. 국가는 밑지는 장사도 한다. 그러나 기업은 수익이다. 건강보험 당연지정제가 폐지되고 건강보험과 민간보험이 경쟁하게 되면서 의료비 부담도 가중된다. 실제로 제주도에 국내 첫 영리병원이 허용되어 건강보험 당연지정제란 둑이 무너지기 시작했고 아직 건강보험은 본격적인 민영화가 추진되지는 않고 있지만 의료 R&D 강화, 의료 관광, 의료기기산업 육성, 헬스케어, U-health 분야는 먼저 추진되고 있다.

민영화 추진과정

2008. 5월 생명보험사의 실손형 민영의료보험 상품판매 (중요)
2008. 6월 외국인 환자 유인 알선행위 및 병원 간 합병 허용
2012. 7월 '서비스산업발전기본법' 추진. 핵심은 의료민영화다.

2013. 12월 정부는 영리자회사 허용과 부대사업 확대계획을 발표

2014. 4월 원격의료 허용 의료법 개정안이 국회 발의

2015. 12월 제주도에 국내 첫 영리병원 승인, 2017년 완공을 목표 ('국내 역차별' 우려)

2015. 12월 개인 질병정보와 의료 정보를 외부보관, 공유 허용 (보험금 거절 사유)

병원수익극대화		의료민영화결과
1.자회사설립 & 부대사업 허용 2.병원간 인수합병 허용 3.법인약국 허용 4.원격의료 허용	의료비폭등 민영보험료 상승 →	· 건강보험보장성 약화 · 건강보험의무가입 폐지로 가입자 양분 · 병원 당연지정제약화/폐지

실손보험

실손보험은 전 국민의 65%(약 3,300만)가 가입한 국민보험이다. 건강보험 보장률은 63.2%(2014년. OECD평균85%)로 나머지 36.8%(19.7%+17.1%)의 80~90%를 실손으로 해결한다. 갈수록 청구된 보험금 중 비급여부분이 급속하게 늘어나게 된다. 원인은 ①건강보험보장률의 하락 ②신의료기술의 발전 ③의료민영화 등 3가지다.

국민건강보험 요양급여		비급여 (C)
공단 부담	본인 부담 (B)	
63.2%	19.7%	17.1%

대형보험사 실손보험료는 1년 만에 22%가 올랐다. 3년이면 66%가 된다. 금융위는 2012년 실손보험 대책을 발표하면서 40세(1.5만)를 기준으로 3년마다 20% 증가를 가정할 때 80세가 되면 월 보험료가 60만 원이 된다고 발표했

보험은 반은 종교적, 반은 비즈니스적이다.

다. 또 민병두 의원실은 최근 3년간 실손보험 갱신보험료가 평균 60%(연령증가 20%+위험률 40%)였던 점을 들어 인상률 40% 적용 시 82세 166만 6,801원에 달했다고 분석했다. 지금 40세가 80세가 되면 60~166만 원의 보험료를 부담해야 한다면 매월 국민연금 수령액으로도 대체하기 어려워 계약유지를 포기할 가능성이 크다.

금융위시뮬레이션

나이	보험료(원)
40세	13,690원
50세	39,270원
60세	119,740원
70세	356,340원
80세	604,750원

(40세남, 3년 20% 가정)

　제8회 경험생명표의 기대수명은 남자 81.4세, 여자 86.7세다. 현 40세가 80~84세가 되면 암 발병증가율은 17배다. 80세 이전에 죽지 않으면 큰일이다. 실손보험을 유지하지 못한 상태에서, 80세 보험 만기후 암진단을 받게 되고, 65세 이후 생애 의료비(남 1억, 여 1.2억)의 50%를 사용한다면 남자 5천만 원, 여자 6천만 원이다. 20년 후 물가상승 2%만 잡아도 남자 7,400만(1.48배), 30년 후 9,000만 원(1.8배)이 넘는다. 10년간 의료비는 5~7배 상승하므로 '재난의료비'라고 한다. 회사별 보험료 인상률과 손해율을 보자. 평균적으로 보험료는 3년간 20%대 상승하였고, 손해율이 100%가 넘는 보험사가 대부분이다. 올해 보험료가 대폭 상승했다면 이후에는 상승폭이 줄어들고, 반대의 경우라면 다음번 갱신시점에 대폭 상승하게 된다.

여하튼 물가 상승과 병원비 상승이란 상수가 있기에 3~4년 뒤 보험료 2배 상승을 염두에 두어야 한다.

민병두 의원실 시뮬레이션

나이	갱신	보험료
40세	가입	15,000원
43세	1회	21,000원
46세	2회	29,400원
49세	3회	41,160원
52세	4회	57,624원
55세	5회	80,673원
58세	6회	112,943원
61세	7회	158,120원
64세	8회	221,368원
67세	9회	309,915원
70세	10회	433,881원
73세	11회	607,434원
76세	12회	850,408원
79세	13회	1,190,572원
82세	14회	1,666,801원

(40세남.연령 20%,위험률 40%)

실손보험 변천과정 실손보험은 자동차보험의 변천과정과 같을 것이다. 보험료 부담을 줄이기 위해 ①자기부담금 증가, ②보장은 세분화, ③보장한도는 축소될 것이고, 이 추세는 갈수록 심해질 것이다. 그 결과 가입 시기에 따라 다른 약관의 적용을 받게 된다. 3가지 변화에 주목하자. 첫째, 2009.8월 표준화 실손 전후다. 이전 상품과 달리 약관개정에 맞춰 보장이 달라진다는 것. 둘째, 2013.4월 이후 가입자(단독형 2013.1월 가입자)는 100세까지 15년마다 재가입해야 한다는 것. 셋째, 2017.4월 이후 기본형과 특약 3가지로 다양화되었다는 것이다.

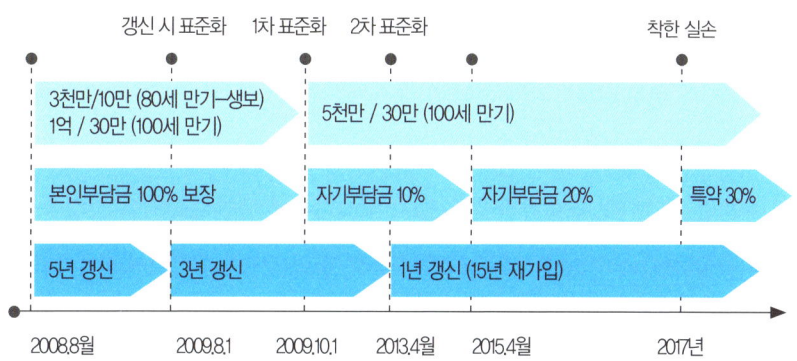

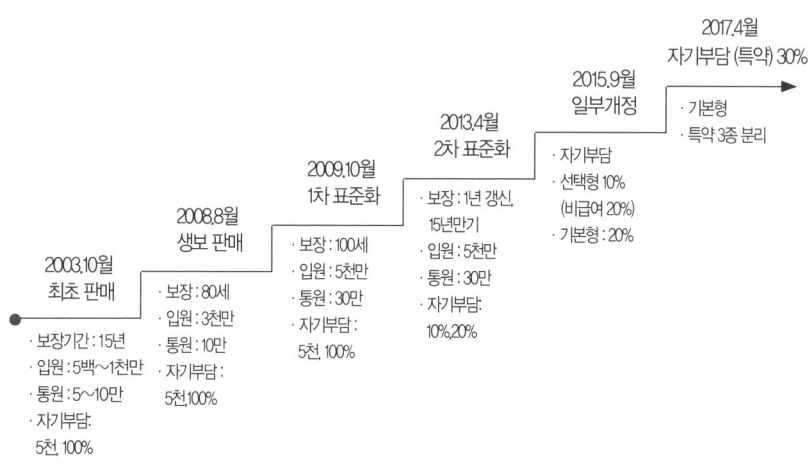

착한 실손보험

구분		표준화 실손	신 실손보험	
			기본형	특약
입원	자기부담	20%	좌동	[입.통원 구분없이] 1. 자기부담 : 1회당 2만 혹은 30% 중 큰 금액 2. 보장한도 / 횟수 특약1–350만 / 50회 특약2–250만 / 50회 특약3–300만
	보상한도	동일 질병.상해당 5천만원		
통원	공제금액	1~2만 원과 20% 중 큰 금액		
	보장한도/횟수	회당 최대 30만 (연간180회)		

※금융감독원

※ 특약 1. 도수, 체외충격파, 증식치료 / 특약 2. 비급여 주사제 / 특약 3. 비급여 MRI검사
※ 직전 2년간 비급여 의료비에 대한 보험금 미청구자는 차기 1년간 보험료 10% 이상 할인 (급여 본인부담금 및 4대 중증질환 관련 비급여 의료비는 제외)

1차 표준화(2009.10월) 2009.8월 미만은 '구舊실손', 2009.10월 이후는 '표준화실손'이다.(2009.8월~10월 가입자는 다음 갱신 때 표준화실손 약관적용) '표준화'란 생·손보 표준약관 적용으로 어느 회사에 가입해도 같은 보장을 받는다는 의미다. 구실손에 비해 표준화실손의 장점은 5가지로 정리할 수 있다. ①반복보상이 된다. 구실손은 상해입원의료비의 경우, [365일 보장→그 후 보상 안 됨](일반상해의료비는 180일 보장), 표준화실손은 사고·질병 시 [365일 보장→90일 제외→다시 보장]이 된다. 질병입원의료비의 경우, 구실손은 [365일 보장→180일 제외→다시 365일 보장], 표준화실손은 [365일 보장→90일 제외→다시 365일 보장]이 된다. 2016.1월 이후 가입자는 보험가입한도 5천만 원 소진할 때까지 보상제외기간이 발생하지 않는다. ②자기부담금이 높아진 반면, 구실손보다 상대적으로 갱신보험료 인상률이 상대적으로 적다. 어느 쪽이 유리할까를 고려해야 한다. ③표준화실손은 치질·항문관련질환(I84,K60~K62)과 치매·우울증 같은 정신과질환 보장이 추가되었다. ④보장기간과 보장금액을 업그레이드시킬 수 있다. 기존 80세 만기를 100세 만

기로 늘리고 낮은 보장금액을 올릴 수 다.(예:3천만/10→5천만/30만) ⑤합산 장해80%(고도후유장해)일 때도 계약이 유지된다. 실손보험은 '단독실손보험'을 제외하면 선택특약(특별약관)이므로 구실손의 특약소멸기준이 '사망 및 고도후유장해'인 반면 표준화실손은 오직 '사망'으로 바뀌어 구실손은 고도후유장해(합산장해80%이상) 시 실손특약도 동시에 소멸되어 보장을 받을 수 없게 된다.

[구실손 약관]

보통약관 제9조(손해보상후의 계약)
① 한 번의 사고에 대하여 회사가 일반후유장해보험금을 지급한 때에는 (중략) 사망보험금 또는 고도후유장해보험금을 지급한 때에는 그 손해보상의 원인이 생긴 때로부터 해당 피보험자에 대한 회사의 책임은 소멸됩니다.

특별약관 제7조 특약의 소멸
① 보통약관 제9조(손해보상후의 계약) 제1항에 의하여 피보험자에 대한 보통약관상 회사의 책임이 소멸된 때에는 그 손해보상의 원인이 생긴 때로부터 해당 피보험자에 대한 이 특약상 회사의 책임은 소멸되며...(중략)

[표준화실손 약관]

제15조 [특약의 소멸]
① 다음 중 한 가지에 해당되는 경우에는 이 특약은 그 때부터 효력이 없습니다.
② 이 특약의 피보험자가 보험기간 중 사망한 경우

Tip. 실손특약을 제외한 개별특약의 소멸기준도 2011.4.1.일 약관개정 이후 [사망/고도장해→사망]으로 변경되었다.

구실손 VS 표준화실손 차이점

[기본]

구분		2009.8월 이전 (구실손)	2009.8월 이후 (표준화 실손)
보상한도		· 3천만 / 30만	· 5천만 / 30만
보장기간		· 1년(365일)만 보상	· 반복 보상
약관변경		· 변동 없음	· 변동 있음 (보상 추가)
갱신거절		· 누적보상 1억 이상 시	· 거절없음 (의무 갱신)
소멸기준		· 보통약관 소멸 (예:합산장해 80%)	· 피보험자 사망
입원	병실차액	· 차액 50% 보상 (2인실 이상)	· 차액 50% 보상 (일평균 10만 한도. 실제 사용병실 기준)
	자기부담	· 없음 (전액 보상)	· 10% (200만 한도.병실료 차액은 한도 계산 시 제외)
	면책기간	· 180일	· 90일
통원	보장횟수	· 년간 30일 한도	· 1년 단위 180회 한도
	자기부담금	· 일 5천 원 or 1만 (약제비 포함)	· 의원 1만 / 병원 1.5만 / 종합 2만 · 처방전당 8천 원

[보상범위]

구분	2009.8월 이전 (구실손)	2009.8월 이후 (표준화실손)
해외진료비	· 40% 보상	· 면책
치과치료	· 상해 : 본인부담금 보상 · 질병 : 면책	· 보상 (급여 중 본인부담분)
한방치료	· 입원만 보상	
치질항문질환	· 면책	
천재지변 (성병.방사능)	· 면책	· 보상
치매.디스크	· 통원만 보상	· 보상
인공장기.부분의치	· 면책	· 신체이식 되어 기능을 대신할 경우 보상

※ 개괄적 설명이므로 개별약관참조

입원비 계산 10일간 특실입원은 병실 차액이 240만 원(2인실 120만)이다. 구 실손에서는 특실에 입원했지만 2인실 기준으로 지급되므로 병실 차액 50%인 [120만×50%=60만]을 보상하고, 표준화실손에서는 240만 원의 50%는 120만 원이지만, 1일 10만 원 한도가 적용되므로 [10만×10일=100만]을 받는다.

15년 만기 재가입 (중요)

1. 2차 표준화 이전 실손보험은 자동갱신이다. 그러나 2013.4월 이후 가입했다면 15년 만기 전, 2회 이상 재가입 여부를 확인하는 내용을 서면, 등기우편, 전화, 음성녹취 또는 전자우편으로 알리고 이때 계약자는 종료 30일 전까지 별도 재가입 의사를 표시해야 한다. 만일 재가입 의사표시가 없을 경우에는 재가입하지 않는 것으로 간주한다. 2013년 판매 이후 첫 번째 만기는 2028년이다. 바뀐 집 주소와 전화번호를 보험사에 알려야 한다.

2. 15년 만기상품 가입자는 기존계약보다 보장내용 축소 시엔 당시 상품으로 갈아타게 되고, 보장내용이 확대됐다면, 재가입 시 추가보장내역에 대해 새로 심사하게 된다. 심사 결과 ①재가입 거절– 당시 상품은 가입 불가, 기존상품의 재가입은 가능. ②재가입 승낙 – 기존상품의 재가입은 불가, 신상품에 가입하여 변경된 [보상범위, 보상한도, 면책기준, 자기부담금]을 적용받는다. 문제는 보장축소로 기존보험을 유지하고 싶어 할 때다.

Tip. 실손보험은 보장축소, 자기부담금 30~40%로 인상, New실손보험과 같이 특약형태로 보장이 분리되어 (해외처럼 10개 내외의 표준 모델이 도입되어) 자동차 종합보험과 같은 모습으로 바뀔 것이다.

유병자 실손 [당뇨, 고혈압] 등 만성질환자, 병력자도 가입이 가능하다. [자기부담 30%, 3년 재계약, 100세 보장]이고, 재계약 시 [보장범위 및 자기부담금]이 변경될 수 있으며, 3대 비급여항목은 보상에서 제외된다.

유병자 실손 가입요건	
3개월	입원, 수술 필요소견 여부 치료, 추가검사 필요소견 여부
2년	입원, 수술, 7일 이상 치료여부
5년	암(진단, 입원, 수술, 치료여부)

노후 실손 실손보험의 보험료 부담으로 계약유지를 포기하는 고령층(50~75세)의 선택지다. [3년 재가입]으로 높은 공제금액으로 잦은 청구가 불가능하므로 ①큰 일을 대비할 용도, ②보험료 인상률이 낮다.

실손보험 비교					
구분			일반실손	유병력 실손	노후실손
구조			기본형+비급여3	기본형	의료비+특약2
입원	자기부담	급여 비급여	10% or 20% 20%	30%	20% 30%
	최소 자기부담금				10만원
	우선공제				30만원
	보상한도		5천만원	5천만원	연 1억원 (통원 합산)
	자기부담금 연간한도		200만원	200만원	500만원
통원	보상범위			처방조제 안됨	
	자기부담	급여 비급여	10% or 20% 20%	30%	20% 30%
	최소 자기부담금		1~2만원	2만원	
	우선공제				3만원
	보상한도		회당 30만원 (연간 180회)	회당 20만원 (연간 180회)	회당 100만원

실손보험, 보상제외 CHECK _ 2016.1월 약관기준

공통

- ☐ 피보험자가 고의로 자신을 해친 경우. ☞ 자유로운 의사결정을 할 수 없는 상태이면 보상
- ☐ 보험수익자가 고의로 피보험자를 해친 경우 ☞ 다른 수익자는 지급
- ☐ 계약자가 고의로 피보험자를 해친 경우
- ☐ 정당한 이유없이 입원기간 중 의사 지시를 따르지 않거나 자의적 입원(단순 피로, 권태)
- ☐ 전쟁, 외국의 무력행사, 혁명, 내란, 사변, 폭동
- ☐ 피보험자의 직업·직무, 동호회 활동 중 생긴 상해 (전문등반, 글라이더, 스카이다이빙, 행글라이딩, 수상보트, 패러글라이딩, 모터보트, 자동차·오토바이에 의한 경기, 시범, 행사(연습), 시운전(공용도로 시운전 제외), 선박 승무원, 어부, 시공, 직무상 선박탑승
- ☐ 유독가스 또는 유독물질 상습 흡입, 흡수, 섭취로 생긴 증상. 세균성 음식물 중독증상
- ☐ 본인부담금 상한제로 공단 환급이 가능한 금액
- ☐ 건강보험 미적용 시 보상받는 40%를 제외한 본인부담
- ☐ 해외 의료기관 진료비용
- ☐ 자동차보험(공제 포함), 산재에서 보상받는 의료비(본인 의료비는 보상)
  - ☞ 2009.8월 이전 손보.상해의료비 : 교통사고 관련 본인부담 전액, 산재–자동차보험 의료비 50% 보상

보상 제외 질병

- 정신 및 행동장애(F04–F99) ☞ F04–F09, F20–29, F30–F39, F40–48, F90–98 는 보상
- 치과(K00–K08) 및 한방 비급여
  - ☞ 혀, 구강, 턱관절 비급여 치료비는 보상(금감원)
  - ☞ 2009. 8월 이전 손보 실손 : 한방병원, 치과(K00~08) 비급여 전액보상
  - ☞ 2009. 8월 이전 손보 상해의료비 : 상해로 한방, 치과치료 전액보상.
- 선천성 뇌질환(Q00–Q04) ☞ 태아보험에서 뇌병변 장애보장 등 보장추가 필요
- 비만(E66), 비뇨기계 장애(N39, R32), 직장 또는 항문질환 중 비급여(I84/K60–K62)
- 인간면역결핍바이러스(HIV) ☞ 진료·치료 중 혈액감염은 객관적 확인 시 제외
- 주근깨, 다모, 무모, 백모증 딸기코(주사비), 점(모반), 사마귀, 여드름, 노화 탈모
- 발기부전, 불감증, 단순 코골음, 단순포경, 일상생활에 지장이 없는 검열반

여성 관련

- 임신·출산(제왕절개 포함), 산후기 입원(O00–O99)
- 여성생식기의 비염증성 장애로 인한 습관성 유산, 불임, 인공수정 관련 합병증 (N96–N98)
- 인공유산, 유방확대·축소술, 지방흡입술 ☞ 유방암 환자의 유방재건술 보상
- 불임검사, 불임수술, 복원술, 보조생식술(체내·외 인공수정 포함), 요실금 (N39.3, N39.4, R32)

치료 목적이 아닌 경우

- ☐ 쌍꺼풀수술, 코성형수술, 사시교정, 안와격리증의 교정 등 외모개선 목적의 비급여 치료
- ☐ 안경, 콘텍트렌즈 등 대체를 위한 시력교정술
- ☐ 외모개선 목적의 다리정맥류 수술 ☞ 요양급여 수술·치료재료 사용은 보상
- ☐ 건강검진, 예방접종, 영양제, 종합비타민제, 호르몬제(성조숙증 치료는 보상), 보신용 투약, 친자 확인을 위한 진단 ☞ 건강진단, 영양제 등은 '임상학적 증상으로 인한 검사를 시행하였다'는 소견 보상
- ☐ 성장촉진, 의약외품 관련 비용 ☞ 치료 목적이면 보상
- ☐ 의치, 의수족, 의안, 안경, 콘텍트렌즈, 보청기, 목발, 팔걸이, 보조기 등의 구입/대체 ☞ 인공장기 등 신체에 이식되어 그 기능을 대신할 경우는 보상
- ☐ 진료 무관 제비용(TV시청, 전화, 제증명, 구급차 이용 등), 임상소견 관련 없는 검사비, 간병비

가난을 부르는 생각들

의료실비로 다 된다?

실손보험 한 건만 가입하면 된다고 생각하면 실비에 대한 이해가 부족한 것이다. 우리는 과거 실비를 이야기하면 안 된다. 현재 실비와 미래보장을 이야기해야 한다. 100세 시대는 보험으로 사는 시대. 보험에서 밥이 나오고 빵이 나와야 하는 시대다. 아프면 보험으로 살아갈 수준이 되어야 한다. 실손보험만으로 안 되는 이유는 무엇일까?

1. 실손보험은 다~되는 보험이 아니다.

병원비 중 [입원, 통원, 약제비]를 보장하되 [본인부담분]과 [보상제외항목]을 뺀 나머지를 보장하는 '부분 실비보험'이다. 그러므로 [보상제외]항목을 책상 옆에 두고 체크해야 한다. 즉 [보장제외항목=추가로 준비할 목록]이다.

진료재료의 구입.대체비용

진료와 무관한 비용, 임상소견과 관련 없는 검사비

간병비와 보약제 구입, 외국에서 발생한 의료비   치료비   치료비 외

치과/한방치료/항문질환의 비급여

하루 평균 10만 원을 넘는 상급병실료 차액

정신 · 행동장해, 임신출산 관련 입원, 요실금 등

2. 보험료는 매년 오른다.

연령 증가에 따라, 또 노인인구 증가와 더불어 청구도 폭발적으로 많아지므로 갱신보험료는 계속 오른다. 소득이 없는 노후에 실손보험의 유지대책이 필요하다. 실손보험은 자동차보험과 같이 매년 갱신되지만, 다른 점은 보험금을 많이 청구한다고 내 보험료만 특별히 오르지 않는다는 것이다. 반면 보험금 청구를 안 해도 전체 청구금액이 많아지면 내 보험료도 오른다. 소액이라도 청구하는 것이 좋다. 단, 청구기록을 쌓아 갈수록 가입심사자끼리 보험금 지급정보 공유로 [보험금청구기록=가입거절의 이유]가 된다는 것을 생각해야 한다.

3. 보상한도가 있다.

입원의료비 중 연간 본인부담금은 200만 원 한도로 (요양)급여의 본인부담금은 10%, 비급여의 본인부담금은 20%를 내면 된다. 건강보험이 적용되지 않는 고액항암제 잴코리는 1정당 20만 원(하루 2회 40만. 월 1,200만)이다. 수텐캡슐, 토리셀주, 타쎄바정, 아레사정 등 표적항암제들은 막대한 개발비로 인해 한 달에 약 1,000만 원이다. 또 건강보험에 적용받지 않는 희귀난치

성 질환과 법정전염병이 아닌 전염병은 실비의 40%만 보상하고 나머지 60%는 환자 부담이다.

4. 치료비 외 비용이 더 크다.

투병기간 중 생활비와 소득은 보상하지 않는다. 감기몸살을 보상받기 위해 실손보험이 필요한 것이 아니다. 보상한도를 넘어선 치료비, 치료비보다 더 큰 치료 외 비용이 있다. 아프면 병원비만 나가는 것이 아니다. 보상한도를 넘어서는 병원비로 소득과 저축까지 다~ 잃는다. 정액보험은 치료비 이외의 항목을 커버하여 소득보장과 파산을 방지하기 위한 것이다. 어떤 이는 보험금으로 상급병실에서 푹 쉬어 몸을 만들지만, 실손보험만 가진 이는 ①아픈 몸으로 일터로 나가거나 ②일을 못 할 정도, ③후유장해로 영구히 일을 못 하게 될 수 있다. 하루 벌이가 중요한 자영업자는 말할 것도 없고, 직장인은 퇴사처리, 군인·경찰은 의병제대, 주부는 이혼까지 당하게 되는 상황에서도 역전드라마를 만들 정액보장이 있어야 한다.

국가에서 다~ 해준다?

암에 걸려도 본인 부담이 적어진 이유는 '산정특례제도' 때문이다. 이 제도로 암 등 중증질환자와 희귀난치성 질환자의 본인부담률이 획기적으로 낮아져 현재 4대 중증질환의 건강보험 보장률은 [암 72.6%, 뇌혈관질환 76.3%, 심장질환 78.2%, 희귀난치질환 86.2%]이다.(2014) 가령 암 환자는 5년간 입원·외래진료 시 [요양급여의 5%]만 본인이 부담한다. 문제는 2가지다.

구분	부담	특례기간
암	5%	5년
심장.뇌혈관	5%	입원.수술 30일
희귀난치성	10%	5년
결핵	10%	일반결핵 2년 다제내성 등 5년
중증화상	5%	1년

①[요양급여]만 보장해주기 때문에 치료 효과가 빠르고 통증이 적은 [비급여항목. 선택진료비, 상급병실료, 약값]은 제외되고, ②5년이 지나 암 투병 중(잔존 또는 전이암)이 아니면 지속적인 혜택을 받을 수 없다. 그 결과 본인 부담 5%가 30~60%로 12배가 늘어나 극빈층 전락 혹은 치료를 포기하게 된다. 암은 재발 위험이 높아 수시로 고가의 검사와 지속적인 호르몬 치료를 받아야 하고 항암 치료로 생긴 합병증 치료도 받아야 한다. 더욱이 오랜 투병 기간 가족 수입으로 생활비와 치료비를 감당해야 한다.

희귀난치성질환에 대비하라

중증화상, 크론병, 모야모야병, 다발성경화증, 파킨슨병, 간질상태, 만성신부전(혈액투석.복막투석.신장이식), 장기이식(간.심장), 결핵, 다운증후군, 뇌혈관질환... 이름만 들어도 무시무시한 재난적 의료비가 들어가는 질병이름이다. 희귀난치성질환은 [희귀질환+난치성질환]의 합성어로 모든 법률적 기준은 ①유병인구 2만 명 이하, ②질병의 발생 원인을 명확히 알 수 없고, ③적절한 치료방법과 치료의약품이 확립되지 않은 질병이어야 한다. 그래서 전세계 7,000종 중 정부가 콕 집은 142종만 산정특례대상질병이 된다. 국내에만 70여만 명(심평원, 2015)으로 대부분 선천 요인이지만 난청의 50%는 유전자 돌연변이에 의해 나타나기도 하므로 누구도 안심할 수 없다. GMO(유전자변형식품)와 방사능, 미세먼지, 전자파로 어떤 희귀난치성질환에 걸릴지 모르는 시대다. 2가지 문제가 있다. ①질병코드가 없거나 진단이 불분명한 경우, ②대상 질병이었더라도 조기검진과 노인인구 증가로 인해 유병인구 기준 2만 명을 넘어 파킨슨병, 만성신부전, 노인성황반변성, 류마티스관절염 등과 같이 희귀난치성 질환이 만성질환으로 바뀌는 경우다. 파킨슨병은 뇌 신경전달물질의 하나인 도파민 부족으로 발병하는 진행성 신경질환으로 환자는 10만 명 정도다. 만약 병력이 20년 이상일 경우 매월 70만 원의 병원비 중 특례대상이 아니면 월 21만 원, 특례대상은 월 7만 원이 든다.

CRPS 죽음보다 무서운 'CRPS(복합부위통증증후군. 질병코드:M89.0/G56.4)'는 현재 약 1.5만~2만 명 정도로 슬쩍 스치기만 해도 견딜 수 없는 고통으로 옷이나 양말을 입거나 신을 수 없다. 바람만 불어도 살이 베이고 찢기는 느낌, 몸이 불에 타는 것 같다고 한다. CRPS의 고통지수는 거의 10점으로 매일 물, 전기, 사지를 찢는 고문을 받는 것과 같다. 누구나 후천적으로 교통사고와 같은 외상으로 인한 골절, 자상, 화상, 염좌 및 타박상, 화상 등에 의한 신경 손상, 각종 주사 후, 감염, 내·외과적 수술 후 뇌에서 통증 감지회로가 망가져 CRPS 환자가 될 수 있다. CRPS 환자는 군인이 많다. 훈련, 격렬한 전투체육, 작업 등으로 생긴 외상을 제때, 제대로 치료하지 않아 생기는 것이다. 육진훤·진솔 형제 사례가 대표적이다. 형은 5분 대기 근무 중 부상으로 무릎에 금이 갔지만 군 의료진은 원인도 모른 채 파스 한 장과 진통제만 투여했다. 동생은 훈련소 행군 중 돌부리에 넘어지면서 코뼈 골절과 무릎 부상을 방치했다가 외래진료를 통해 판정받았다.

형제는 고통을 덜어 주기 위해 몸에 미세한 전기 자극을 줘 통증을 적게 느끼게 하는 '척수신경 자극기'를 설치하여 평생 리모컨과 배터리를 지녀야 한다. 현행법상 복무 중 부상은 전역 후 6개월까지만 군 병원에서 무상 치료를 받을 수가 있지만, 의병제대 후 전액 환자 몫이다.

고통 순위

10점	몸이 불에 탈 때
9점	손 발가락 절단
8점	출산
7점	고환을 맞았을 때
6점	만성요통
5점	암에 의한 통증
4점	잘린 부위 고통
3점	타박상·근육손상
2점	생리통(배 아픔)
1점	포진 이후 신경통

환자에 대한 혜택은 오직 5년 한시적인 산정특례뿐이고, 실손보험 가입 전 질병은 보장되지 않는다. 배우 신동욱 씨도 걸린 CRPS는 일상생활 중에도 나타날 수 있고 40~60대 흔히 발생할 수 있는데 만약 교통사고 가해자로서 배상책임이 있을 때는 가해자의 책임비율, 사고와 질환의 인과관계, 장해에 따른 상실수익, 향후 치료비 등이 문제가 될 수 있다. 관련 보장준비는 [실손보험 + 상해 후유장해 + 질병 입원특약 + 희귀난치성질환 입원특약 + 질병수술비]이다.

희귀질환에 걸린 연예인

문근영	급성구획증후군	극심한 통증과 조직괴사 증상
장재인	근긴장이상증	근육수축으로 신체 일부가 꼬이는 질병
박효주	선천성 척추분리증	척추 뼈 앞뒤를 연결하는 협부에 금이 가서 통증
한지민	메니에르 증후군	달팽이관의 액체 과다로 현기증. 구토 (배우 유지태)
박시연	대퇴골두 무혈성 괴사증	뼈 조직이 괴사하는 질환 (가수 김경호, 배우 이영하)
윤종신	크론병	만성염증성 장 질환으로 위. 장. 항문까지 발병한다.

이목구비를 열어라 보험가입은 여력의 문제가 아니라 철학의 문제다. 보험이 없는 이유는 보험이 곧 재산이고 현금이며 부의 축적이란 인식이 부족하기 때문이다. 훌륭한 제도인 보험을 어느 정도 활용하느냐 따라 빈부가 갈린다. 한 집안에 통장관리를 맡은 사람의 보험 인식에 따라 가문을 명가로 만들 수도 있고, 집안을 말아먹을 수도 있다.

> **수준 차이란?**
> *초딩... 보험은 들어두는 것.
> *중딩... 보험은 꼭 필요는 해.
> *고딩... 보험은 재테크야.
> *대딩... 자산의 위치이동이야~

부자 될 사람은 부자 될 생각을, 가난한 사람은 가난할 생각을 한다. 가난할 운명은 우선 고집이 세고 남의 말에 귀를 기울이지 않는다. 대신 열심히 일만 하여 월급 노예로 살다 도살장으로 끌려가는 소와 같다. 남의 말을 안 듣는 이유는 과거 경험에만 의지하여 지레짐작하기 때문이다. 부자는 겸손한 자세로 직접 듣고 보고 맛(판단)본다. 보험의 이목구비가 뚫려야 한다. 보험가입률은 배운 자, 부자, 깨인 자가 높다.

2015년 생명보험 가입성향조사에 따르면, 45세 미만은 납입여력 부족으로 비교적 저렴한 상품에 가입하고 있으나, 45세가 넘으면 보험가입이 증가하여 자산관리, 세제 혜택, 유산상속의 복합형 상품을 필요로 하고 있다. 나이 들수록 보험의 가치를 알게 되는 것이다.

- **가입자의 60%는** 40~50대 (40대 : 29%, 50대 : 31%)
- **가입자의 70%는** 연봉 3,600만 이상으로 빈곤층의 보험가입은 현저히 감소 중
- **가입자의 82%는** 사고나 질병 시 본인 의료비 보장을 위해 가입
- **가입자의 90%는** 고졸이상자 (대졸 46%, 고졸 44%)
- **가입자의 91%는** 설계사를 통해 가입

가입 동기는 설계사의 권유(48%), 주변 환경·특정 사건에 자극(26%), 평소 필요, 성인식(21%)으로 절반은 설계사에 의해, 나머지 절반은 평소 필요성을 인식하다 '어떤 계기'를 통해 가입하는 것이다. 그럼에도 보험인식은 '예전과 마찬가지다(49%)로 큰 변화가 없었다. 보험 가입 시 대략적으로 이해하고 가입(67%)하는 상황이다.

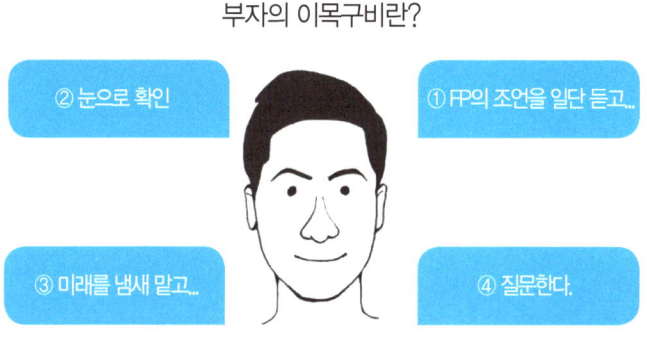

자식농사만큼 중요한 것은 보험농사다.

향후 다수가 기대하는 건강보험의 보장성이 확대되면 어떻게 될까? 다음 그림을 보자. 기존에 가입해놓은 모든 보험은 단순한 '비용'(왼쪽)에서 '재테크'(오른쪽)로 변신한다. 새 정부의 의료정책을 보면 가능성이 커졌다. 지금은 그 혁명적 전환기에 들어서 있고, 미래 부자는 미리 알고 행동에 옮기고 있다.

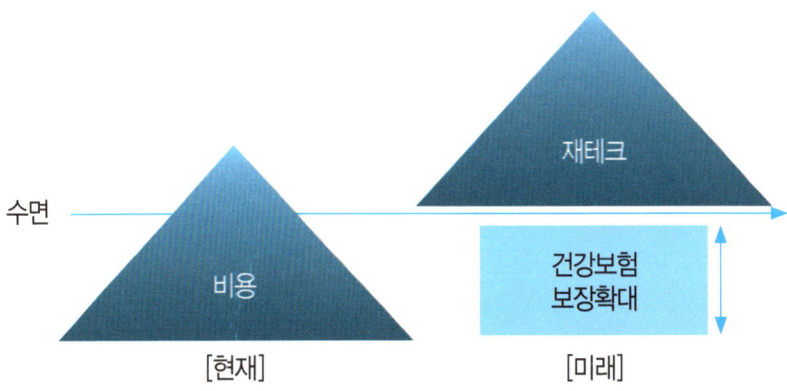

Coffee Break 문재인 케어의 핵심 엿보기

의료복지부문 공약의 핵심은 ①'의료민영화 저지'와 ②건강보험을 확대하여 의료비 폭등을 막겠다는 것이다. 첫째, 의료민영화 정책의 핵심 법안인 [서비스산업발전기본법]에서 보건의료 분야를 제외하여 ①영리자회사 설립금지, ②법인약국 허용 반대, ③원격의료는 의료인 간 수단으로 한정하는 대신 공공의료를 확대할 것이다. 둘째, 건강보험의 보장성을 70%대로 높여 의료비 부담 감소로 실손보험료 인상을 억제하겠다는 것이다. 3가지로 정리해볼 수 있다.

1. **본인부담 100만 원 상한제** 소득 하위 50%까지 본인부담 100만 원 상한제를 단계적으로 실시하고 이를 위해 비보험 진료(간병, 특진비, 상급병실료, 검사비, 신약, 신의료기술)을 급여화한다는 내용. 15세 이하 아동은 입원진료비 국가책임제로 본인부담을 5% 이하(현 20%)로 낮추고, 어린이 재활병원 추진과 초중고 학생 독감 예방접종을 지원한다. 40대부터는 5년마다 '맞춤형 건강진단'을 실시한다.

2. **재난적 의료비 지원** 소득수준에 따라 연간 2천만 원 범위 내 지원

3. **치매 국가책임제** 장기요양보험의 본인부담 상한제 실시로 치매 의료비(진단, 치료, 합병증)의 본인 부담을 10%로 끌어내리는 것이다. 또한 모든 공공병원의 간병서비스 제공을 의무화하고, 간호인력확충을 통해 공공일자리를 34만개를 만드는 것과 연계되어 있다. 또 틀니, 임플란트, 보청기, 구강검진 등 치과 치료와 생애주기별 한방진료도 건강보험으로 확대할 것이다.

공약은 단계적으로 실현되는 것이고 짧은 임기 내 어느 정도까지 실현될지는 재원마련과 법률안 통과, 여러 전문집단과 민영화를 추진했던 기업들의 반대와 저항을 어떻게 극복하느냐에 달려 있다. 아무쪼록 브레이크 없이 질주하던 의료비 폭등이 진정될 것을 기대한다.

23전 23승의 이순신

이순신 장군의 승률은 23전 23승 전승이다. 승리하기 어려운 여건임에도 단 한 번도 패배하지 않았다. 전투에서 패배한 순간, 전쟁이란 게임에서 퇴출당한다. 이순신의 승전소식은 사망으로 종결되었다.

이길 시나리오 승전비결은 시나리오에 있었다. 가능한 모든 시나리오에 대한 대비책을 가지고 있었다는 것이다. 최악의 시나리오까지 대비한다. 마치 2002 월드컵 당시 히딩크의 승부차기 전략을 준비한 것과 같다. 인생은 생로병사 순서가 아니다. 병(病)과 사(死)의 순서가 바뀌는 생병로사^{활동기 발병}가 될 수 있다. 한자성어로 알아보자.

- 설상가상^{雪上加霜} : 질병 + 무보험
- 천만다행^{千萬多幸} : 질병 + 유보험
- 문전박대^{門前薄待} : 건강 + 돈 없음
- 금상첨화^{錦上添花} : 건강 + 돈 있음

재산을 모으는데 보험만 한 것이 있을까?

100세 시대는 생로병사가 '생로지병사'로, 또 '생로간병파산사'로 바뀐다. '지병'이란 질병을 안고 살아가는 것, '간병'은 누군가 곁에서 희생해야 하는 것이다. 지병은 치료비용이, 간병은 간병비용이 들어간다. 보험은 가족 대신 돈을 희생시키자는 것이다.

거북선 패자부활전이 없는 인생도 죽기 전까지 불행이란 놈에게 지면 안 되는, 토너먼트 방식의 라이프게임$^{life\ game}$이다. 이 게임은 라이프 머니$^{life\ money}$가 주어진다. 이 money로 무기를 사야 한다. 이순신은 라이프 머니로 거북선부터 건조했다. 거북선은 임진왜란 바로 직전에 완성하여 여러 가지 성능을 실험한 기록이 난중일기에 남아있다. 400년이 걸린 노아의 방주와 같이 오랜 시간 미리 준비한 것이다. 이순신이 거북선을 건조했듯 우리는 보장의 거북선, 노후의 거북선을 미리 준비해야 한다. 거북선은 탁월했기 때문에 존재 자체가 장병들의 자부심이었다. 특수구조로 거북선의 등에 송곳을 꽂아 기어오르지 못했고, 워낙 튼튼해서 적진으로 뛰어들어 부닥쳐 적선을 분쇄$_{당파\ 전술}$하기도 했다. 또한, 장병들은 안전한 선실에서 보호받으며, 사방의 화포가 장착되어 적진 한가운데서도 포탄을 쏘아 댄 것이다. 한마디로 멀티플레이어 함선이었다.

장거리포 왜군은 단거리포와 조총으로 근접 전투에 강했고, 조선의 화포는 강력한 화력의 장거리포였다. 재무적으론 단기 투자와 장기 투자의 싸움과 같다. 적이 접근하기도 전에 이겨 놓고 싸웠다는 것이다. 이순신의 명량해전 전투 상황 묘사다. "내 뱃머리를 돌려서 빗발같이 대포를 쏘았다. 이로 인해 세 함선에 타고 있는 적의 대부분이 사살되었다.(중략) 왜선 갑판 위에는 적의 그림자라고는 찾아 볼 수 없었다."

군대를 보유하는 이유는 전쟁 억지력 때문이다. 보험은 불행 억지력이다. 불행이 보험을 피해 일어나는 사례는 얼마든지 발견할 수 있다. 전쟁이 발발하면 전시체제로 전환되듯, 질병에 걸리면 즉각 치료 시스템, 장기화되면 간병 시스템으로 전환되어 각종 보험에서 돈이 쏟아져야 한다. 이런 시스템이 종신보험(통합보험)이다. 적은 빈틈을 노리고 방심한 틈을 파고든다. 6.25전쟁도 새벽에 일어났다. 불행이란 적도 보험이 잠시라도 사라진, 실효된 틈을 노린다. 불행은 1타 2피를 노린다. 설상가상, 엎친 데 덮친 격을 좋아한다. 보험이 충분하다면 불행은 실적을 올릴 수 없기 때문이다. 모든 사고는 날만 하니까 나는 것이다. 반드시 여러 복합적인 원인이 있다. 불행이란 녀석의 최종 점검은 보험의 유무다. 왜군도 거북선이 없다는 정보에 과감하게 공격하지 않았나.

이지스 보장시스템 지금 이순신 장군이 살아서 해군참모총장이라면 어떻게 할까? 우선 엄청난 국방예산이 들더라도 항공모함 건조를 지시할 것이다. 오늘날 해전에서 항공모함의 존재가치는 매우 크다. 항공모함의 보유는 2차 대전부터 치열한 해전의 승패를 결정짓는 핵심이다. 미국이 세계 최고의 군사력을 가지게 된 이유도 항공모함을 11척이나 보유하고 있기 때문이다. 항공모함은 움직이는 섬이자, 해군 사령부로 자체 전투 무기가 탑재가 되어있고, 주변 전투함대로 둘러싼 전단으로 이루어진 '항공모함전투단'을 만들어 전 세계를 돌아다니며 자체적으로 작전을 수행한다. 항공모함 자체가 위협이고 차별화된 군사력의 핵심이다. 또한, 오랜 기간 바다 위를 항해해야 하기에 핵연료를 사용한다. 이지스는 그리스 신화에서 군대를 담당하는 여신 아테나가 걸치고 다니는 제우스의 방패 이름이다. 이 이름을 빌려 미 해군의 함대 방공시스템을 이지스 시스템이라 한다. 항공모함 1대를 건조하려면 5조 원, 1년 유지비용만 1조 원이 든다. 엄청난 가치가 있어 모든 나라가 항공모함을 꿈꾸지만, 비용 때문에 경제성, 다목적용으로 경항공모함을 구비하는 추세다.

마찬가지로 핵추진 항공모함인 VUL종신보험을 중심으로 개별 보험을 하나의 네트워크로 묶는 보장의 '이지스 시스템'을 구축할 수 있다. 종신보험은 '다목적 보험'이므로 일찍부터 준비하지 못했다 해도 소규모라도 구입해놓아야 한다. 종신보험이 수준을 결정하기 때문에 자녀가 만 15세가 넘으면 최소한 1억 종신보험을 준비하자. 종신보험 없이 저가의 소멸성 보험으로만 구성해놓게 되면 조금만 상황이 안 좋거나 목돈 필요시 보험을 해지할 가능성이 크다. 마치 연료가 떨어져 운항이 중단되어 망망대해에서 표류하는 모습, 혹은 밥 없이 반찬만 잔뜩 먹는 격이다.

생명보험의 목적은 경제적으로 일어서는 것

종신보험, 평생 비과세 통장

4가지 이야기

불의한 청지기

　Bible을 보면, 주인의 소유에 손해를 끼친 청지기가 주인에게 해고통보를 받고, 자신의 미래를 생각하는 내용이 나온다. '땅을 파자니 힘이 없고 빌어먹자니 부끄럽구나.' 그 후 그는 아직 남은 기회를 활용해 해고 후 자기를 도울 친구를 만들고자 주인에게 빚진 자들의 채무를 몰래 탕감해준다. 이 행동에 대해 주인은 '지혜롭다'고 평가한다. 비록 불의한 돈이지만 장래를 생각하여 현명하게 사용했다는 것이다. 주인은 오늘날 우리에게도 조언한다. '불의한 재물로 친구를 사귀라'.

　'불의한 재물'이란 현재만을 위해 소비된 돈, 즉 미래의 몫을 오용, 남용,

도용, 횡령한 돈을 말하고 '해고통보를 받은 청지기'란 노후를 앞둔 모든 이다. 누구나 65세가 되면 인생의 중간정산^{통장점검}을 하게 되고, 한국인의 대부분은 부채를 낀 집 한 채와 소액의 국민연금이 전부일 것이다. 어리석은 이는 현재를 위해 다 소비해버리고, 지혜로운 이는 모든 것을 잃어버릴 그때를 위해, 가진 돈 일부를 떼어 친구를 사귄다. 노후가 가까울수록 아무나 사귀면 시간낭비다. 평생 동행할 친구여야 한다. 여유가 많아 여행 갈 친구라면 '연금'이라는 친구를 사귀면 된다. 그러나 비천한 신세가 되었음에도 맞아 줄 친구를 원한다면 종신보험이라는 친구를 추천한다. 은행은 해가 바뀌면 떠나는 친구, 증권회사는 때때로 손실을 주는 변덕스러운 친구지만, 종신보험은 말 그대로 '종신^{whole life}토록', 즉 신체적 생명이 끝날 때까지 떠나지 않고 가장 오랫동안 남아 돌보고, 치료비를 주며, 당신이 세상을 떠나는 날엔 남은 뒤처리를 한 후 홀연히 사라질 친구다. 물론 오랜 기간 우정을 쌓아야 하고 비용(사업비)도 적지 않다. 그러나 친구가 주는 든든함과 혜택을 따지면 너무도 괜찮은 거래, 이해타산이 맞는 상거래이지 않을까. 향후 65세, 75세, 85세가 되면서 가장 높은 배당을 받게 될 투자는 무엇일까? 가장 두려운 것은 80세 이후 보험 없이 맞이할 '무보험 생존'이다. 80세 이후 남아 있는 보험증권을 세어보자. 어떤 친구^{보장}가 남아 있을까?

히딩크 전략 11명이 뛰는 축구경기에서 3명이 퇴장당했다면, 감독은 어떤 작전을 구사해야 할까? 일단 경기에 지지 않도록 수비에 치중하다 기습을 노려야 한다. 선수들은 자기 포지션을 지키면 안 된다. 모두 멀티플레이어가 되어야 한다. 골키퍼도 골을 넣을 수도 있어야 하고 공격수도 수비를 할 수 있어야 한다. 연장전까지 뛸 체력이 좋은 선수로 '선수교체'도 필요할 것이다. 이것이

저성장. 저소득 시대의 재무전략이다. 납입 여력이 충분하다면 통장을 연금과 보장으로 확실히 나눠야 한다. 그러나 여력이 줄어들면 통장을 합쳐야 한다. 이와 같은 보험이 종신보험이라는 멀티플레이어 상품이다.

보장화폐 해외여행을 떠나기 전 제일 먼저 확인하는 것이 환율이다. 저렴할 때 미리 환전해두어야 하기 때문일 것이다. 그러나 어느 국가를 여행할지, 한 국가에 어느 정도 머무를지 모르는 상황이라면 자칫 금액이 부족하거나 남을 수 있다. 이럴 땐 어떻게 해야 할까? 공통화폐인 달러($)로 환전하여 여행지에 가서 다시 환전하면 된다. 보험회사에서 쓰는 공통화폐가 있다. '일반사망보장'이라는 '보장화폐'다. 일반사망보장은 보장 중 가장 값비싼 다이아몬드와 같은 보장이다. 강원랜드에 가서 게임을 하려면 어떻게 하는가? 먼저 현금을 칩^{Chip}으로 바꿔야 한다. 칩은 게임장에서 사용하는 것이고, 게임이 끝나면 다시 현금화시킬 수 있다. 종신보험도 자산을 일반사망보장이라는 칩으로 바꾼 후 원하는 시기에 ①중도인출 ②연금전환 ③매월 생활비 등으로 현금화하거나 CI 진단비 혹은 LTC 간병보장 등 필요한 보장으로 교환할 수 있다. 한마디로 '전환조건부 채권'과 같다. 보장화폐가 필요한 이유는 노후에 어떤 질병이 걸릴지도 모르고 70~80세가 되면 보험 가입은 불가능하며, 어떤 이는 큰 질병 없이 건강하며 연금이 더 필요할 수도 있기 때문이다. 가령 1억 원의 암보험에 가입한 사람이 막상 암이 아닌 다른 질병에 걸려 보험금에 당첨되지 못하면 보장은 휴지가 되고 만다. 그렇다고 모든 보장을 각각 1억 원씩 가입하기도 부담스럽다. 반면 보장화폐로 준비하면 이런 고민 없이 여러 형태로 교환할 수 있어 목돈을 만들듯 준비할 수 있다. 다시 한번 강조하지만, 연금이란 보장성 보험을 비롯하여 노후에 나오는 모든 돈이다. 여력과 준비시간이 남아 있다면 연금보험을 추천한다. 반대로 여력이 부족하다면 종신보험을 선택하라.

80캐럿 다이아몬드 터키 오스만 왕궁에 가면 어두운 전시장에서도 영롱하게 빛나는 80캐럿 다이아몬드 목걸이가 발걸음을 멈추게 만든다. 짧은 순간에도 감동은 가슴에 남는다. 보장의 다이아몬드는 종신보험의 일반사망보장이다. 종신보험가입자는 보험상품의 가치를 아는 안목있는 소비자이고, 전하는 이는 보험의 보석상인이다.

'일반'이란 말은 영어로 All(온갖,모든)이고 보험증권에는 '사망 1억 원'이라 쓰여 있다. 사망 앞에 아무런 글자도 붙지 않는다. 이 말은 어떤 사망이든 사망보험금이 지급된다는 말이다. 가령 질병 사망보장이라면 사망진단서에 '병명'이 기재되어 있어야 하고 사인 불명 사망일 경우에는 부검까지 해야 할 경우가 생긴다. 일반적으로 유가족이 사망보험금을 청구하는 시기는 장례를 치른 후이고 만약 화장까지 끝낸 후라면 분쟁이 발생하게 된다.

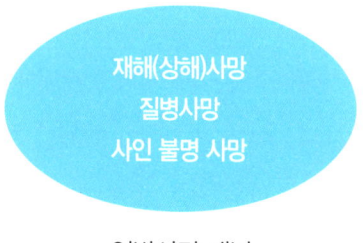

일반사망 개념

반면 종신보험은 서류에 '사망'이란 글자만 기재되어 있으면 지체없이 보험금이 통장에 입금된다. 정해진 기간만 보장하는 정기보험은 복권보험이다.

그러나 종신보험은 가입자에겐 보험금 받을 확률 100%의 확정된 채권이고, 보험회사에겐 반드시 지급해야 할 부채가 된다. 그러므로 보험회사는 가입 순간부터 책임준비금이란 명목으로 준비금을 쌓아야 한다. 책임준비금이란 장래의 보험금, 해지환급금 등의 지급을 위하여 보험계약자가 납입한 보험료 중 일정액을 보험회사가 적립해둔 돈이다. (해지환급금은 계약을 해지할 때 페널티가 포함된 돈으로 개념이 다르다.) 이 책임준비금에 사용하는 금리가 예정이율이고, 이 예정이율을 바탕으로 보험료를 계산하는데, 가입자가 내는 보험료는 일정해야 하므로 예정은 고정금리가 되어야 한다. 결국 보험회사는 최저보증금리를 약속하게 되고 가입자는 '가입 당시'에 약속된 금리를 1~2년이 아닌 종신토록 누릴 수 있게 된다. 예정이율 이하로 시중금리가 내려갔을 때, 과거에 가입해 높은 예정이율 4.0% 종신보험의 추가납입을 활용한다면 수익은 극대화될 것이다. 종신보험은 상품 분류상 보장성보험이나, 납입기간이 끝나면 환급금이 납입원금을 초과하기 때문에 계약자 사정에 따라 일시 해약 용도 혹은 사망보험금을 감액(적립액 동시 감액)하여 생활자금 용도로 활용할 수 있다.

종신보험이 현금을 만들어 내는 구조부터 이해해야 한다. '종신'이란 개념은 생명표상 110세 정도다. 만약 보험 만기가 80세인 정기보험이라면 보험료는 절반 이하로 떨어진다. 이 말은 [80~110세 구간]이 보험료의 절반을 차지한단 말이고, 80세 이전에 80세 이후 보험료까지 미리 저축하는 셈이 된다. 게다가 보험료는 실손보험처럼 나이들수록 상승하는 자연보험료가 아닌, 매월 균등한 보험료를 내는 평준보험료다.

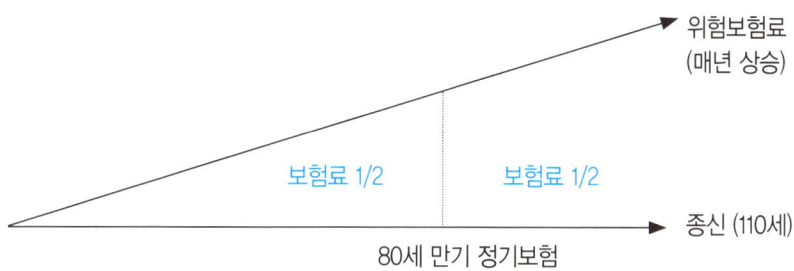

저성장 시대엔 고금리는 잊어야 한다. 생명보험회사의 자산수익률은 갈수록 떨어지고 있다. 보험료를 받아도 운영할 곳이 마땅하지 않고, 예정수익이 안 나오면 보험사는 종신까지 계속 손실을 보게 된다. 한쪽은 계속 손실, 다른 한쪽은 계속 이익이다. 어느 편에 서야 하는가? 이것은 '이겨 놓고 싸우는 게임'이다. 다만 파산하지 않을 튼튼한 회사를 선택하는 것만 남았다.

주요 생보사 운용자산이익률 (2015~2016)

구분	삼성	한화	교보	NH농협	ING	미래에셋	신한	동양	흥국	메트
2015	3.7	4.5	4.5	3.6	4.1	3.9	4.0	4.3	4.0	4.1
2016	4.2	4.1	4.2	3.3	3.7	3.5	3.8	2.8	3.6	3.6
증감	0.5	−0.4	−0.3	−0.3	−0.4	−0.4	−0.3	−1.6	−0.4	−0.5

※생명보험협회

Tip. 내 보험의 최저보증금리가 회사 자산이익률보다 높다면, 게다가 보험기간이 '종신'이라면... 최고의 보험 재테크를 하고 있는 것이다.

종신보험, 자산축적용상품

종신보험은 3가지 특성이 있다. ①일반사망보장 ②1건으로 통일 ③맞춤설계가 가능하다는 것이다. 일생에 한 번은 보험금이 지급되므로 가족의 자산을 만들어 가난의 고리를 끊어 낼 가장 직접적인 방법이고 마치 레고^{lego}처럼 다양한 특약설계로 여러 보험상품에 가입하는 것보다 보험료와 비용^{사업비}을 아끼며, 종신보험을 기둥으로 어지러운 보험증권을 정리할 수 있다. 이것이 종신보험의 기본이다. 이 1세대 종신보험이 4세대로 진화하면서 기능이 추가되었고, 결과적으로 복잡해졌다. 문제는 이해하기 쉽지 않아졌다는 거다. 설사 가입했다해도 이해하지 못했다면 불완전판매가 되고 만다. 불완전판매가 아니라 불완전 이해다.

시장은 종신보험 없이 고요하다. 세상은 고요한데 말없이 종신보험을 사들이는 집단이 있다. 누가 종신보험을 구입하는가? 부자다. 부자는 자산축적을 위해 종신보험을 산다. 지금은 부자가 아니어도 미래에는 분명 부자가 될 것이다. 보험의 다이아몬드를 알아본 자는 이 시간에도 청약서에 서명을 하고 있는 것이다. 그것도 고액으로! 부자와 가난한 자의 차이는 무엇인가? 부자는 일단 조용히 잘 듣는다. 정보를 주면 고맙다고 한다. 세미나가 있으면 찾아다니며 정보를 적극적으로 수집 후 이익이 되면 지체없이 실천에 옮긴다. 과거 보험인식에 얽매이지 않고 미래 지향적인 반면 가난한 자는 새로운 정보를 받아들이지 않아 여전히 과거 지향적이다.

수준을 높이지 못하면 수준에 맞는 단순하고 저렴한 상품만 가입하게 된다. 이 세상에 저렴하고도 좋은 상품은 없다. 기능만큼 저렴한 것이다. 저렴한 보험은 길어야 5~10분의 설명만으로 판매가 가능한 곳, 즉 홈쇼핑, 인터넷보험, 은행 창구에서도 판매한다. 보장분석을 해보면 보험쇼핑목록이 쇼호스트나 인터넷 서핑 수준인 경우가 많다. 보험은 씨줄, 날줄을 엮어 옷을 짜는 뜨개질과 같은 것이다. 계절이 바뀌면 옷을 풀어 다른 옷을 만들어 입지 않는가? 보험상품은 뜨개질 실과 같아서 보험 실로 어떤 옷(플랜)을 만드느냐가 중요하다. 약을 인터넷에서 팔지 않는 이유는 모든 약에는 독성과 부작용이 있어 자가진단으로 잘못 쓰면 큰 일 난다. 요즘은 모두가 의사고 약사라고 생각하는 것이 문제다. 전문가의 '한마디'는 그냥 나오는 것이 아니다. 대학을 졸업하고 자격시험을 거친 전문지식과 환자 상황에 맞춰 나온 진단이다. 이렇게 진단과 조언이 절실한 영역이 보험설계다. '혼유사고'라는 것이 있다. 경유차에 휘발유를 넣어 생긴 사고로 시동을 끈 채라면 연료통을, 시동을 켠 상태로 넣었다면 엔진까지 교체해야 한다. 주유소 직원은 이직이 많기 때문에 직원의 무지와 실수로 수백만 원에서 수천만 원까지 배상해줘야 한다. 인생은 한 번이고, 보험도 단 한 번 가입하는 것인데 우리나라는 세계에서 유일하게 홈쇼핑 판매를 하고 있고, 인터넷과 은행에서도 가입할 수 있다. 그만큼 실수할 여지가 많다는 이야기다.

보험상품이 고부가가치로 진화되어 가는데도 각 가정의 보험가입내역은 오히려 퇴보하고 있다. 보험은 미래상품이고, 미래 트렌드는 보험상품에 즉각 반영되므로 지속적으로 정보를 전달받아야 한다. 왜 종신보험이 출시되었는지, 왜 수많은 사람들이 비싼 상품에 가입하고 있는지, 트렌드는 어떻게 변했는지, 구체적으로 어떤 도움이 되는지부터 이해해야 한다. 미래를 말하는데 과거 우물에 갇혀 있으면 안 된다. 소비자 의식이 깨어나야 올바른 소비와 투자를 할 수 있지 않을까. 이해도가 높은 FP를 만난 고객, 말귀가 통하는 고객을 만난 FP는 서로가 복이다.

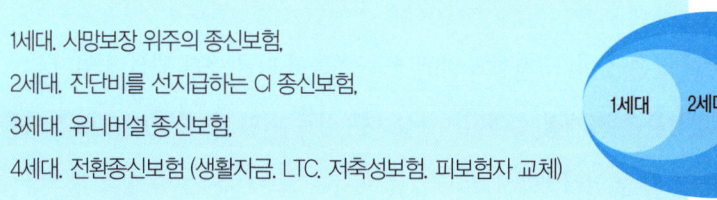

1세대. 사망보장 위주의 종신보험.
2세대. 진단비를 선지급하는 CI 종신보험.
3세대. 유니버설 종신보험.
4세대. 전환종신보험 (생활자금. LTC. 저축성보험. 피보험자 교체)

1세대 종신보험의 목적은 '일반사망보장' 확보로 가족사랑의 실천이자 가장의 책임을 강조했다. 4세대는 '생존자산' 확보로 경제자립(홀로서기)을 위해 가장만이 아니라 가족구성원 각자 준비해야 한다. 과거 2000년 초반 가입자와 현재 가입자는 기능상 전혀 다른 상품을 구매한 것이다. 과거 종신보험이 핸드폰이면 지금은 스마트폰이다. 물론 스마트폰도 핸드폰이다. 사용자가 전화기로만 사용할 것이니 굳이 스마트폰이 필요 없다면 할 수 없다. 불황기에도 80~100만 원이나 하는 고가임에도 전 국민이 구입하고 때가 되면 교체하는 이유는 기능 때문이다. 한 기기 안에 앱을 통해 디지털카메라, MP3 등 다양한 기능을 담을 수 있다. 전화는 여러 기능 중 하나일 뿐이고 스마트폰은 24시간 인터넷이 켜진 손 안의 컴퓨터다. 그래서 요즘은 카페, 사무실, 집, 여행지 등 언제 어디서든 업무를 본다. 스마트폰은 컴퓨터를 사는 것, 통신료는 전화요금이 아니라 인터넷 접속료다. 전화로 보면 비싼 것, 컴퓨터로 보면 저렴한 것이다. 전화기라면 소형이어야 하나, 컴퓨터이니 자꾸 커져서 태블릿이 등장한 것이다. 스마트폰의 정보통신기술을 기초로 다른 산업과 결합하여 새로운 제품, 서비스, 비즈니스를 만들어 내는 것이 4차 산업혁명이다. 활용도가 높아지면 비용은 상대적으로 저렴해진다. 종신보험은 사망보장으로 출발했을 뿐, 사망보장은 여러 기능 중 하나이고, 사망보장을 바탕으로 여러 형태로 변신이 가능한 다목적 보험이다. 종신보험에도 다양한 앱(특약)을 붙일 수 있다. 상품가격은 기능이 결정한다. 기능이 많을수록 가격은 저렴하고 가성비가 높아진다. 종신보험이 지출이면 줄여야 하고, 자산이면 늘려야 한다. 종신보험을 어떻게 바라보느냐에 따라 시간이 갈수록 화폐 신분 격차는 더 벌어질 것이다.

　미국 보험MBA 교재는 종신보험을 어떻게 설명하고 있을까? '자산축적용 상품', 즉 자산을 모으고, 굴리고, 지키는 통장. 이것이 새로운 종신보험의 정의다.

Equity (자산을)
Accumulative (축적하고, 이식^{체계}하고, 긁어모으는)
Product (상품)

종신보험 결혼사건 울산에서 연봉 7천만 원을 받는 총각이 있었다. 10년을 근무하던 총각이 막상 결혼하려니 변변한 집 한 채도 없고 결혼비용도 마련하지 못했다. 이유는 무엇일까? 돈 관리에 서툴렀기 때문이다. 그런데 야무진 전라도 아내와 결혼을 하더니 180도 달라져 집도 사고, 연로하신 부모님 용돈도 드리며, 노후준비도 시작했다. 통장관리를 아내가 맡게 되면서 월급을 저축과 보장으로 나눠, 돈도 모으고(집전), 굴리고(용전), 지키게 된(수전) 것이다. 결혼으로 인해 총각의 성질이 완전히 달라졌다. 어른이 된 것이다. 총각의 이름은 '종신보험', 아내는 '유니버설(Universal)'이다. 유니버설이란 말은 '통장'이란 말이고, '유니버설 종신보험'은 종신보험이 통장 역할을 한다는 말이다. 사망보장 역할만 하던 '종신보험' 총각이 '유니버설'과 결혼하여 상투를 튼 것이고, 번데기가 나비가 된 것처럼 자산축적용 통장으로 다시 태어난 것이다. 통장은 돈을 담는 그릇이고 돈의 저수지다. 은행으로 치면 예금통장, 증권사는 CMA통장, 보험은 종신(보험)통장이다.

보험에 가입하고도 건강해서 한 번도 보장받지 못함으로 돈을 낭비했다는 생각을 하는 사람이 있다. 안 아파도 돌려받는 방법이 있다. 보장도 되면서 자산도 커지는 상품, 보험금에 당첨되지 않아도 재산이 증식되는 보험이 있다면 어떨까? 그것이 종신보험이다. 과거 종신보험과 현재의 유니버설 종신보험은 사실 전혀 다른 상품으로 봐야 한다. 내부수납은 지갑이 그대로 나뉘어 있다. 이질적인 남녀의 결합처럼 주보험은 '보장성종합통장'으로, 추가납입은 '비과세종합통장'으로 시너지를 발휘하게 된다. 주보험은 세심하게 가족의 안위를 챙기는 엄마, 추가납입은 열심히 돈을 벌어 곳간에 양식을 쌓는 아빠의 모습이다.

주보험 = 보종통

주보험은 '보장성 종합통장'(일명 보종통)이다. 가장 좋은 보험은 유지가 잘 되는 보험이다. 그래서 [UL기능+납입면제]가 중요하다. 종신보험을 보호하는 최고의 안전장치가 필요하기 때문이다. 사실 모든 보험상품에 반드시 장착해야 할 핵심기능이다. 예를 들어. 사망보장 1억에 5년 납으로 월 보험료 100만 원의 CI종신보험에 가입하였다. 2년간 보험료를 냈다면 쌓인 적립금이 월대체 되어 36개월간 납입유예가 가능하다. 잠시 여력이 부족하여 보험료를 내지 못 해도 보장은 지속된다는 말이다. 그 후 적금 만기 혹은 퇴직금을 타서 밀린 보험료를 내면 된다. 또 납입유예 중인 3년 시점에 위암 진단으로 위를 100% 절제했다면 [후유장해 50% 이상 혹은 CI진단]에 해당하여 남은 보험료는 납입면제된다. 납입면제란 회사가 남은 보험료를 대신 내주는 것이다. 실제 보험료를 내는 것과 다름이 없고 질병·사고로 보험금을 받아도 환급률은 변함이 없어 연금전환도 가능하다. 지급되는 암진단비는 5천만 원이 아니라 24개월간 납입면제 된 2,400만 원을 합하면 [5,000만+2,400만=7,400만]이다. '납입면제로 변장한 숨어있는 진단비'다. 다시 말해서 '납입면제보장'인 것이다. 납입면제를 고려하면 30년 납도 가능하다. 장기납으로 더 많은 보장자산을 확보할 수 있고, 설령 30년까지 납입하지 못 해도 그간 쌓인 적립금으로

70~80세까지 보장을 살 수 있어 보장이 꼭 필요한 시기를 대비할 수 있다. 만약 종신보험을 20년 납 가입 시, 10년 시점까지 낸 보험료로 언제까지 보장 받을 수 있는지 확인하자. 납입면제 혜택은 주보험이 고액일수록 커지고, 한도 없다. 만약 주보험 안에 포함된 납입면제가 빠지면 보험료는 무척 저렴해질 것이다. 반면 일부 손해보험 상품은 납입면제가 별도 특약으로 분리되어 있고, 최근 손해율이 급증한 말기신부전증 같은 일부 보장이 제외되는 경우도 있어 보험료가 저렴해 보일 뿐이다. 납입면제 범위가 가장 넓은 것은 CI종신보험이다. 그만큼 일반 종신보험보다 보험료가 높은 이유도 납입면제 때문이다. 또한, 실손보험은 100세까지 납입해야 하고 매년 보험료가 상승하므로 노후의 최대 고민거리다. 만약 [종신보험+실손보험]의 결합이라면 적립금을 인출하거나 월대체로 해결할 수 있어 보험 유지의 최상 조합이 된다.

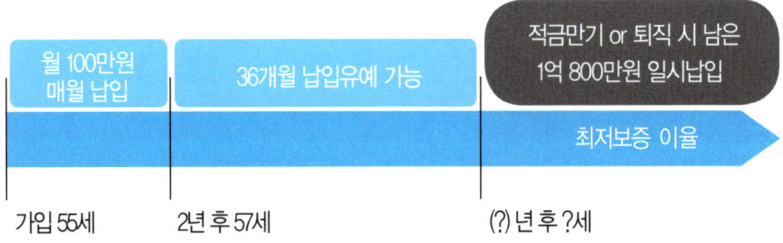

Tip. 2017. 3.31일 이전 개념. 2017. 4.1일 이후부터 납입기간 내 연간 1,800만 원(월 150만) 이내로 납입해야 비과세.

종신보험 가입은 금융상품 중 가장 긴 통장개설이고 100세까지 고속도로와 기차레일을 시원하게 뚫고 연결한 개인의 역사적 사건이다. 이 기차 레일 위에 새마을호(공시이율연금)를 얹힐 거냐, KTX(변액보험)를 얹힐 거냐만 고민하면 된다. 지하철 요금과 KTX 요금 중 어느 쪽이 가격이 높을까? 당연히 보험기간이 길고 기능이 많을수록 보험료도 높고, 비용(사업비)도 많이 든다. 다만 사업비는 초기 7년간만 부과되는 선납, 완납이므로 나중에 인건비와 물가가 상승했다고 비용이 추가되진 않는다. 생각해보자. 100세까지 쓸 자동차 배터리라면 가격은 얼마나 될까? 보험상품 이름을 통해 정리해보자.

변액 : 자산을 주식과 채권에 투자하여
UL : 추가납입으로 자산을 축적하고
CI : 진단비로 교환할 옵션이 주어진
종신보험 : 종신 플랫폼을 활용하는 보험.

④ 변액으로 굴리기

③ UL기능 추가

② CI 선지급 기능 추가

① 종신보험 (기차레일)

주보험은 책임준비금을 적립하면서 중도인출로 ①부족보험료 대체, ②소액보장성보험 추가 가입, ③실손보험료와 건강보험료의 재원으로 사용할 수 있다.

> **보험료 납입면제 기준 잇단 손질**
> '고령화, 조기진단율 증가 등으로 부담... 축소, 폐지하는 보험사 많아'
> 예를 들어 매년 연평균 14%씩 늘어나는 만성신부전증이 당뇨, 고혈압, 비만 등과 함께 나타나는 복합적인 병이다 보니 납입면제에 따른 부담이 상당히 높은 편이다. 이런 진단율이 높은 질병은 납입면제에서 제외하고 후유장해율도 50%에서 80%로 상향 조정하고 있다. 과거 보장성 보험의 경우 암 등 주요 질병에 대해 1회만 보장했지만 최근 상품은 반복 보장으로 변화됨에 따라 과거 상품개발 당시 예상보다 실제 건수가 많아졌기 때문이다. 특히 중소형사에서 기준을 변경하는 경우가 더 많아질 것이란 전망이다. – 보험신문, 2016.12.26

추가납입=비종통

질문 1. 스마트폰의 핵심은 무엇일까?

기능이 다양해질수록 배터리 성능이 탁월해야 스마트폰을 구동시킬 수 있다. 긴 여행을 떠난다면 좀 더 용량이 큰 배터리가 필요할 것이다. 종신보험은 스마트폰, 추가납입은 배터리와 같다.

질문 2. 커피믹스는 커피 맛일까 설탕 맛일까?

황금비율인 '커피 1, 설탕 2'이면 설탕 맛이다. 커피믹스는 사실 커피를 빙자한 설탕 섭취'다. 종신보험도 '주보험 1, 추가납입 1'로 저축부분이 크다면 추가납입 맛이다. 주보험보다 추가납입 비율이 높아지면 오히려 '추가납입을 위한 종신보험 가입'으로 가입목적이 바뀐다. 그래서 "난 종신보험으로 저축해"란 말이 가능하다.

질문 3. 매월 월급을 가져오던 가장(家長)이 실직했다면 어떻게 할까?

엄마가 나서야 한다. 종신보험은 '엄마', 금리가 떨어진 공시이율 연금보험은 '실직한 가장'이다. 여력이 있다면 종신보험과 연금보험을 '분리'하지만 여력이 없고 노후가 코앞에 닥쳤다면 '통합'해야 한다. 추가납입보험료는 대부분 주보험과 동일한 최저보증금리를 적용하므로 1~1.5%를 최저 보증하는 공시이율 연금보험보다 더 많은 연금재원을 확보할 수 있다. 보험상품의 환급금을 결정하는 것은 [사업비, 위험보험료, 이자소득세] 등 3가지다. 추가납입보험료는 이 3가지 부분을 모두 갖춘 저축이다. 사망보장이 없으므로 위험보험료가 전혀 없고, 소액의 추가납입 비용과 종신보험과 연금보험 가입 시 각각 부담해야 할 사업비를 주보험에만 단 1번 지불하면 되므로 종신보험의 전체 사업비율도 낮춘다. 지금은 노후준비를 위해 단 1~2%의 수익률도 무시할 수 없는 상황이므로 추가납입은 종신보험의 중요한 구매포인트가 된다.

질문 4. 과거 6.5%~7.5% 확정금리 연금상품을 판매한다면 어떨까?

빚을 내서라도 가입하는 사람도 많을 것이다. 90년대 초반으로 가보자. 당시 시중금리는 연 12%대여서 그다지 열광적이지 않았다. 확정금리 연금의 판매 구호는 '활동기 보장, 노후 연금'이었다. 고액의 사망보장으로 위험보험료와 사업비가 많이 들었음에도 저금리 시대를 예상한 가입자들의 선택이 이어졌고 실제로 급격한 금리하락으로 인해 20년이 지난 지금 가입자는 대박을, 해당 보험사는 역마진에 시달리고 있다. 이와 같은 상품이 지금도 있다. 바로 [주보험+추가납입] 형태로 과거 확정금리 연금구조와 유사한 구조다. 오히려 과거 확정금리 상품보다 낫다. 연금보험은 '연금개시'까지만 자산을 부리할 수 있고 가입 시점에 '연금개시시점'을 정하지만, 종신보험은 종신(終身)까지 부리할 수 있고 '연금전환시점'을 나중에 결정하기 때문이다.

질문 5. 추가납입은 왜 주보험의 1배까지 제한할까?

이유는 소비자를 위한 것이 아니라, 저성장 시대로 돈 굴릴 데가 마땅치 않은 보험사를 배려한 금융위원회의 조치다. 추가납입은 최고의 보험테크이자 종신보험가입자가 누릴 최고의 혜택이고 기회다. 추가납입의 여력을 확보하려면 주보험 가입금액을 올려야 한다. 주보험 가입금액이 커지면 사망보험금 상승은 기본이고 ①월대체기간 ②납입면제이익 ③약관대출 가능금액 ④추가납입 가능금액 증가 ⑤연금전환 가능금액 ⑥중도인출 가능금액 증가로 이어진다. CI종신보험과 LTC종신보험이라면 다른 '보장화폐'로 전환되는 금액도 증가하며, 회사별로 VIP고객 선정, 무료건강진단, 보험료 할인금액 증가, 헬스케어서비스 추가 등 마치 소 한 마리에 등심, 안심, 꼬리, 머리가 나오듯 각종 피보험이익이 증가한다. 가입자가 추가납입에 대해 정확히 이해하게 된다면, 더 많은 추가납입 여력을 확보하기 위해 주보험을 높이게 될 것이다. 다음 신문기사를 통해 종신보험의 매력을 확인하자.

추가납입 금지방안 잠정보류

'금융위, "가입자 선택권 침해소지가 있다는 업계 의견 등 종합적으로 판단'
금융위는 종신보험에 추가납입을 금지하고 유니버설 기능이 있는 보장성보험은 중도인출 금액이나 미납보험료가 있는 경우에 이자 등을 감안해 이미 납입보험료를 초과하는 추가납입을 못 하도록 하는 방안을 시행할 계획이었다. 가입자가 추가납입 하더라도 적립금만 늘어나는 형태라 위험보장을 주목적으로 하는 보장성 상품과 맞지 않는다는 점, 저축성 보험으로 오인하게 만들어 민원을 유발시킨다는 점 때문이다. 이에 보험사들은 추가납입이 금지되면 주력상품 중 하나인 유니버설기능이나 연금전환 기능이 있는 종신보험의 매력이 떨어질 가능성을 우려하고 있다. _보험신보. 2016.12.26. (기사 요약)

PT전략

1. 추가납입=비과세종합통장

백지에 '비종통 안유수 믿음·소망·사랑'이라고 적고 핵심을 요약해보자.

[비.종.통] 부자는 비과세통장을 선호한다. 저축의 최종수익은 세금으로 결정되므로 부자는 비과세를 선호한다. 이자 100만 원의 15.4%(이자소득세)는 15만 4,000원, 100억의 15.4%는 15억 4천만 원이다. 가입금액이 많고 복리로 부리 될수록 세금도 늘어나기 때문이다.

[안.유.수] 보험회사의 자산운영원칙은 안전성, 유동성, 수익성이다. 즉 안전성을 기본으로 수익을 추구하고, UL기능으로 유동성이 있다. 위험하면 쪼개고, 안전하면 뭉쳐야 한다. 큰돈이 큰일을 한다. 이 통장으로 흩어진 단기저축을 모아 큰돈을 만드는 자산의 위치이동이 일어나고 있다.

[믿음·소망·사랑] 보험은 맡긴 자산을 안전하게 운용하므로 '믿음'이고, 복리이자와 투자수익을 기대할 수 있어 '소망'이며, 보장자산, 연금자산을 만드는 것은 인생에 대한 '사랑'이다.

2. 비과세 10년을 줄이는 방법

방법은 2가지다. 첫째, 시간은 흐르는 것이므로 하루라도 빨리 가입하는 것이다. 20년 납 종신보험에 가입했다면, 1회 보험료는 10년 비과세지만, 2회 보험료는 9년 10개월, 3회 보험료는 9년 9개월. 119회 보험료는 1개월 비과세, 120회 보험료 이후는 모두 비과세다. 둘째, 당장 추가납입 여력이 없어도 종신보험부터 가입해놓고 종신보험 주보험(기차레일)에 추가납입(열차)을 얹는 것이다. 가령, 3년 전 가입한 종신보험에 오늘 추가납입했다면 추가납입보험료는 7년 비과세가 된다.

3. 추가납입=연금재원

　연금의 중요성을 모르는 사람은 없고 가입하고 싶은 상품 1위는 연금보험이다. 그러나 사적연금가입률은 20%(17.6%, 2015)에 불과하다. 이는 한국만의 문제가 아니라 세계적인 현상으로 이를 '연금의 패러독스'라고 한다. 이미 가입한 연금도 중도 해지하는 경우도 많아 65세 이후 남는 것은 강제저축인 국민연금과 대출받은 집 한 채에 불과한 경우가 많을 것이다. 문제를 살펴보자. 가계부채는 40~50대(67.5%)에 집중되어 있고 50대는 35.1%로 노후가 얼마 남지 않아 소득절벽을 앞에 둔 50대가 대출이 가장 많았다. 주목할 부분은 10년 전보다 대출이 오히려 증가했다는 것이다. 대출 사유는 주택구입이고 대출자의 30%가 만기일시상환으로 40대에 주택구입, 확장하면서 받은 대출을 전혀 갚지 못하고 이자만 내고 것이다. 게다가 최근 LTV(담보대출비율)와 DTI(부채상환비율)가 낮아져 더욱 증가했을 것이다. 20년 후, 미상환 부채를 안은 채 40~50대가 60~70대에 부채상환 시점과 노후가 맞물리게 되는 장면을 상상해보자. 부득이 주택연금을 신청하려 하겠지만, 주택연금은 주택가격이 유지될 경우에 가능한 일이고 주택연금을 받아도 대출이자와 상계 처리되어 노후생활비 확보가 어려워진다. 대안이 필요한 것이다.

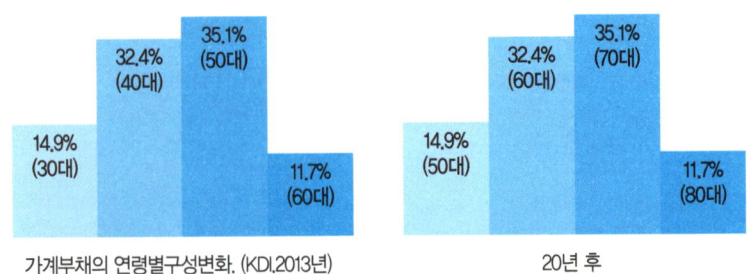

가계부채의 연령별구성변화. (KDI, 2013년)　　　　20년 후

과거 예정이율 4.0%인 간병보험은 높은 환급률로 인해 '연금'으로 전용될 수 있어 인기였다. 이렇게 연금은 여러 통장에서 만들어져야 한다. 추가납입도 [자녀 교육자금, 자녀 결혼자금, 인생 2막 자금] 등 '다목적자금' 마련을 목표로 설계한 후, 그때 가서 필요가 없다면 자연스럽게 연금재원이 되는 것이다. 목표는 '1억 만들기'다. 단기저축을 구조조정하여 만들어 가야 한다. 종신보험 주보험료 100만원이면 연간 2,400만원, 20년간 4억 8천만원까지 담을 통장이 된다.(추가납입 2배) 전제조건은 종신보험의 주보험과 추가납입을 개별상품으로 인식해야 한다는 것이다.

4. 연금설계의 핵심을 이해하라.

'연금저축'은 미래 생활비를 저축해두는 것, '연금보험'은 저축으로 해결할 수 없는 평균수명 이후를 대비하여 공동재산을 만들어 보험 처리하는 것이다. 연금저축의 목적은 '많이 받는 것', 연금보험은 '오래 받는 것'으로 종신형 연금이 핵심이다. 가족 모두가 건강하게 장수하여 보장성보험이 필요 없다고 말하는 사람이 많다. '지나치게 오래 사는 위험'도 '치명적 질병'이므로 연금보험은 이 질병을 치료하는 보장성보험이다.

진정한 의미의 연금은 '즉시연금'이고, 즉시연금은 매월 연금을 나누어 받는 시스템이다. 연금보험은 이 즉시연금을 사기 위해 목돈을 만들어 가는 '장기저축성보험'이다. 연금보험은 목돈마련 수단이고 재료이므로 더 효과적인 방법이 있다면 통장을 이동할 수 있어야 한다. 노후준비를 대입 수능(연금개시)을 준비하기 위한 과정으로 보면, 연금보험은 정규교육, 부동산 등 재테크는 검정고시, 종신보험에 추가납입은 족집게 과외라고나 할까.

① 연금보험으로 즉시연금을 산다. (정규교육)
② 부동산, 펀드, 주식 등으로 즉시연금을 산다. (검정고시)
③ 종신보험으로 즉시연금을 산다. (족집게 과외)

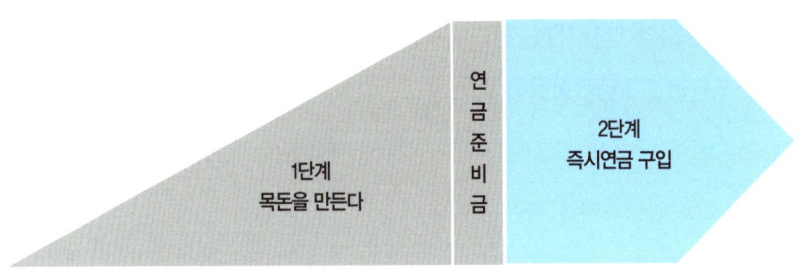

연금보험의 장점은 즉시연금을 가입 당시 가격(생명표)으로 살 수 있다는 것, 콕 집어 노후 통장으로 구분해 놓는 것이다. 생명표 적용시점은 연금액의 차이를 만든다. 과거 생명표는 3억 원으로 매년 1,800~2,000만 원(매월 약 150만)의 연금을 살 수 있었지만, 현재는 매년 약 1,200만 원으로 줄어들었고 평균수명이 늘어날 것이므로 연금액은 계속 줄어들 것이다. 최근 종신보험도 가입당시 생명표를 적용하는 경우가 많고 추가납입보험료도 주보험의 최저보증금리를 반영하고 사업비를 줄일 수 있어 저금리로 수익성을 잃은 연금보험을 대체하게 된다. 이것이 종신보험의 추가납입에 주목해야 하는 이유다.

시각을 바꿔 종신보험의 주보험과 추가납입을 별도의 통장으로 구분하고, [주보험], [추가납입1, 주보험1], [추가납입2, 주보험1] 설계를 전혀 다른 목적의 상품으로 인식할 필요가 있다. 즉 추가납입을 '종신보험의 부가기능'에서 '추가납입을 전제로 한 종신보험 가입'을 고려해야 한다는 이야기다. 연금보험과 종신보험 추가납입의 공통점은 돈을 담을 '통장'이라는 것이고 돈은 수익이 놓은 곳으로 이동하므로 기존 연금보험에서 중도인출을 받아 종신보험 통장에 옮겨 담거나, 월급 외의 보너스 혹은 만기 된 저축을 담을 그릇으로 추가납입을 활용할 수 있다.

65세 시점 매달 100만 원 연금설계를 해보자. 1355(국민연금 콜센터) 문의 결과 국민연금에서 70만 원을 받는다면 부족자금은 매월 30만 원(연간 360만)이다. 3억원으로 매년 1,200만 원의 연금을 받을 수 있으므로 1억원이면 매년 400만 원(월 33만)을 받을 수 있다. 결국 [국민연금 70만+개인연금 33만=월 103만]을 받게 된다. 결론은 추가납입으로 65세 시점까지 1억 원을 만들면 된다.

결론적으로 종신보험은...

1. 상품 구조상 고정금리인 종신보험을 기초로
2. 추가납입으로 '비과세종합통장'을 만들어 CMA통장을 대체한다.
3. 자녀교육, 결혼자금 등 목적자금을 저축액으로 설정하고
4. 5585구간에 다목적 자산으로 사용하며
5. 문제가 없다면 사망보장으로 상속하는 평생 비과세통장이다.

億 만드는 아이디어

적장의 목을 쳐라 오스트리아의 화가인 구스타프 클림트가 그린 '유디트'라는 작품을 보자. 유디트는 이스라엘의 잔다르크와 같은 인물로 치명적인 팜므파탈로 적장을 유혹하여 자는 동안 목을 벤 후 왼손에는 적장의 머리를 들고 있는 모습이 인상적이다. 보험도 '적장의 목'부터 베야 한다. 고양이는 목을, 개는 허리를, 토끼는 귀를 잡듯 보험은 종신보험부터 잡아야 한다.

대공황 극복비결 1929년 미국 대공황 시기에 재무장관이었던 후버는 콜로라도 강을 막아 5년간 공사 끝에 다목적 댐을 건설한다. 바로 후버댐이다. 엄청난 투자비용에도 길이 500m에 달하는 댐을 보기 위해 완공 이후 현재까지 매년 관광객이 모여들었고 댐에서 생산한 전기로 라스베이거스의 야경을 밝힐 수 있었으며, 사막 같던 로스앤젤레스에 물을 공급하여 옥토로 만들고 할리우드가 조성되었다. 이로써 대공황을 넘긴 것이다. 우리 인생 중 어느 지점에 댐을 건설해야 할까? 바로 노후가 시작되는 65세 시점이다. 65세에 건설된 댐에서 나온 물(연금)과 전기(보장)로 내 노후도 옥토로 변하게 된다.

얼음이 언 이유 해발 3천 미터 이상 높은 산에는 얼음이 얼고, 그 얼음이 녹으면서 큰 강을 만든다. 그래서 에베레스트 밑에는 갠지스 강이, 알프스 산맥 밑에는 라인 강이 흐른다. 큰 강 주변은 풍부한 물이 공급되어 옥토로 변하고 문명이 발생하게 된다. 우리 인생도 옥토로 만들려면 큰 산을 만들어 물이 흐르게 해야 한다. 億이란 얼음을 얼게 만드는 크기이고 억(億)이 되는 순간 자산은 복리로 불어나 불로소득(자산소득)을 만들고 그 혜택은 자녀에게 흘러간다. 조각난 통장 몇십 개는 의미가 없고 돈은 뭉쳐 있어야 한다. 종신보험은 단번에 보장자산으로 억을 만들고, 추가납입을 통해 저축으로 억을 만들 수 있다.

1억 장수입장권 건물 잘 지은 3층짜리 상가주택을 소유하고 있다면 얼마나 좋을까? 1층은 카페 임대, 2층은 월세 임대, 3층에는 본인이 거주하며 월세를 받아 생활하는 노후는 상상만으로도 가슴이 뛸 것이다. 투자 가치가 높은 자산이란

① 월세가 나오면서도 자산가격은 계속 올라야 하고, (수익성)
② 언제든 현금화시켜 여러 형태로 바꿀 수 있으며, (유동성)
③ 지금은 자녀를 보호할 편안한 거주공간으로, (안전성)
④ 가능하면 수입 기간에 구매를 마무리할 물건이라야 한다.

지금은 금융자산 비중을 점차 늘리는 트렌드다. 베이비붐 세대 중 살아생전 월세를 받아 생활비를 쓰다가 자녀에게 상속해주기 위해 대출을 끼고 부동산을 2~3채씩 산 이들이 많다. 문제는 인구구조다. 매년 70~80만 명이 은퇴하고 있는 반면, 출생자 수는 36만 명 이하로 가파르게 내려가고 있어 이 추세가 10년만 지속되면 시중에 매물이 넘쳐나 가격 하락, 부동산 매각의 어려움, 임대소득은커녕 대출이자만 매월 꼬박꼬박 내야 하거나 정부 복지재원을 위해 부동산보유세가 오르는 시나리오에 대비해야 한다.

돈도 써 본 사람이 쓸 수 있다. 지금도 단돈 10~20만 원이 아까워 연금도 가입하지 못하는데 과연 노후에 움켜쥔 부동산을 팔 수 있을까? 70세 된 땅부자가 생활비를 벌기 위해 택시를 운전하는 사례도 있다. 부모는 자식을 살릴 수 있다면 집이라도 판다. 그러나 자식은 간병해야할 부모를 방치하는 경우가 많다. 노후는 전 생애 중 현금이 가장 많이 필요한 시기인데도, 과연 부동산을 팔 수 있을까? 이미 부모의 부동산은 자녀 마음으로 등기이전되어 배우자마저 매각을 반대할 것이기 때문이다. 요즘 67세를 누가 노인이라 할까? 초·중·고·대학까지 기간은 16년이고, [65세~100세=35년] 기간은 학창시절의 2배가 넘는 아주 긴 시간이다. 생각보다 길고, 돈도 많이 든다. 노후 일자리는 부족하고 저성장 시대로 자산증가속도도 느리다. 일부라도 현금화시켜 노후자금을 만들어 놔야 한다. 정원이 있는 단독주택에 사는 것은 모두의 꿈이지만 본인 능력으로 장만하기 쉽지 않아 대부분 20~30년 장기분할상환 대출을 받아 구입하게 된다. 보험도 일단 저질러야 한다.

자산의 위치이동 성경에 보면, 주인의 밭을 갈다가 보물을 발견한 농부 이야기가 나온다. 농부는 조용히 부동산 중개업소로 달려가 '자기 소유를 것을 다 팔아' 주인의 밭 전체를 샀다. 우리는 보물을 발견한 농부가 되어야 하고 그 보물이 바로 보험이라는 것을 깨달아야 한다. 보험은 돌아오는 소비다. 여력이 있어 사는 것이 아니고 통장을 바꾸는 것이다. 대한민국 90%가 간병보장과 80세 이후 보장이 없는 가운데 [80~100세 구간]은 보험료가 가장 비싼 구간이어서 그간 80세까지 보장을 위해 지출한 만큼 또다시 지출해야 하는 상황이다. 보험은 머니하우스를 짓는 일이므로 주택구입 시 20년 장기주택대출(모기지론)을 받듯 납입기간은 20년 납으로 길게 설정하자. 우선 5585구간에 종신보험을 배치하여 언제 죽어도 가족에게 億을 주는 준비된 7%의 엘리트가 되어야 한다. 모든 보장자산을 구입할 수 없다. 1억의 보장화폐와 1억의 추가 납입을 통한 총 2억원의 자산을, 55세 전 끝낸다면 아주 이상적이다.

저성장 시대 종신보험 (5색 볼펜)

1. 네가 자립할 때까지 어떤 상황에서도 아빠가 지원해줄 거야. (보험금)

2. 문제가 없다면 대학등록금으로 사용하고... (적립금)

3. 건강하다면 또 하나의 퇴직금으로... (연금전환)

4. 최종적으로는 '가문기획'으로... (상속자금)

5. 월 30만 원으로 아내(계약자=수익자)의 1억 비자금 만들기로!

보험으로 상속하는 시대

어프로치 1 최악의 시나리오는 60~70세 부모가 40대 자녀 병치레를 하면서도, 동시에 90~100세 부모를 수발하는 상황이다. 미래는 조부모중심 대가족 합가(合家)시대, 즉 Grand economy다. 이젠 손주를 다~공부시키고 죽어야 하는 시대다. 자녀가 집에 오면 가지 않는다. 갈 데가 없기 때문이다. 주식회사 시대가 가고 협동조합 시대가 되었다. 협동조합이 뭔가? 바로 보험이다. 우리는 죽을 때까지 일하다 죽는 생업사업가로 2050년까지 보유자산으로 3~5% 수익률을 내야 한다. 사회적 은퇴가 52.6세에 불과한 가운데 소득없이 인생 후반기를 보낼 위험이 있다면 보험에서 답을 찾을 수 있다. 들어볼 생각이 있는가?

어프로치 2 지금 젊은이들은 돈을 벌고 모으고 불리는 법보다 쓰고 즐기는 법부터 배운다. 학창시절, 회사, 가정에서 돈 관리법을 배울 기회가 없었고 부모로부터 편견, 재테크, 재무설계 실력도 그대로 전수받게 된다. 스스로 자립할 젊은이는 100명 중 2~3명에 불과한 지금, 자식들의 마음은 어떨까? 초등학교 5학년의 꿈이 7급 공무원이고 금수저, 흙수저를 따지며 부모 직업과 재산을 비교한다. 자녀는 대학입학부터 대출인생이 되어, 대출 받아 결혼하고, 결혼 후 하우스 푸어, 렌트 푸어, 부모로 인해 간병 푸어 등 온통 가난의 지뢰밭이다. 자녀들은 과연 집을 살 수 있을까? 부모는 은퇴 후 시골에 살아도 되지만 자녀는 직장을 구하거나 사업을 해도 도심에 있어야 한다. 불황기에는 더욱 도심으로 몰리므로 살고 싶은 곳의 주택가격은 여전히 고공행진일 것이다. 집값이 5억 원이라면 연봉 2천만 원을 25년간 고스란히 모아야 가능하다.

자녀 소득 중 [대출원리금+생활비+저축+보험] 중 한가지라도 어깨의 짐을 덜어 준다면 숨을 쉬고 날개를 펴지 않겠는가. 아무것도 안 하는 것(undoing)이 가장 큰 죄다. 자녀의 신분상승의 계기가 있을까? ①부모도움 (증여·상속) ②로또 당첨 (당첨확률이 있을까?), ③부자와 결혼(눈 먼 부자가 있을까?) ④재테크(그 부모의 그 자식) ⑤고소득, 맞벌이 (지속할 수 있을까?) 맞벌이의 최후는 외벌이이고 맞벌이 여성은 잠재적 실직자다. 결혼 후 10년간 자산형성에 집중하여 여유자금을 만들어야 한다.

어프로치 3 1자녀 가정이 많다. 지금은 설날 세뱃돈을 독차지하지만 시간이 지나면 받은 돈을 토해내야 한다. 예를 들어 딸은 결혼과 동시에 시부모, 친정부모, 본인까지 총 6명의 간병과 장례를 치르게 된다. 자녀에게 가장 큰 부채는 노후준비 안 된 양가부모이므로 그들의 보험가입 수준은 사실 자녀를 돕는 것이다. 자녀 대학졸업 후 정규직 취업은 10명 중 6명에 불과하고 짧은 수입기간과 자산가격 폭등으로 자산축적이 어려우므로 세대 간 협조, 공조가 절실하다. 큰 자산은 못 주어도 보험을 잘 활용하면 소액으로도 자산형성을 도울 수 있다. 보험은 나이가 어릴수록 저렴하고 가입도 용이하므로 부모는 좋은 조건으로 가입해줄 수 있다. 지금이 아니면 구입하지 못하는 상품이 무엇인가를 생각해야 한다. 가령 같은 종신보험이라도 예정이율 변동과 같이 가입조건이 달라지면 전혀 다른 상품이다. 자녀가 15세가 넘으면 1억 원의 종신보험을 가입해주고 10년 후 자녀가 소득이 생기는 시점에 계약자와 수익자를 자녀명의로 변경함으로 비용(사업비)처리가 끝난 통장을 넘겨주면 평생 종신보험에 관한 걱정을 덜 수 있고, 종신보험 가입과 더불어 100세 까지 보장받는 입원·수술비를 추가할 수 있다.

예) 주보험+입원특약(일반입원 5만+특정입원 2만)+수술특약(일반수술+특정수술)

집은 주택연금으로, 증여는 종신보험이란 머니하우스로 하는 패러다임 전환이 필요하다. 자녀가 30세 되기 전에 가격변동 위험이 있는 집보다 장부가 최저 5억 원의 종신보험으로 증여한다면 어떨까? 실제 종신보험으로 증여·상속하는 가입자가 많아지고 있다. 보험가입은 항상 사고를 쳐야 한다. 사고라면 거룩한 사고, 사치라면 거룩한 사치일 것이다. 보험은 항상 시간과의 싸움이다. 보험준비는 때가 있다. 고민 말고! 무조건 일찍! 과감히 저질러야 한다!(고무저)

어프로치 4 60세 홀어머니를 둔 30세 아들의 걱정은 가족력을 고려할 때 '치매간병' 상황이다. 어머니에게 무슨 일이라도 생기면 혼자 독박을 쓸 수 있기 때문이다. 어머니는 돈은 없어도 건강하다면 큰 재산을 가진 것이다. 이 보이지 않는 재산을 보이는 현금으로 바꾸는 것이 종신보험이다. 계약자와 수익자를 아들, 피보험자를 어머니로 하는 2억원의 CI종신보험에 가입한다면 어떨까? ①중대한 질병이 생기면 진단비를 받거나 LTC특약으로 치매간병보장을 받고, ②어머니가 건강하게 살다 90세에 사망하면 2억 원의 사망보험금은 자연스럽게 60세가 된 아들의 연금재원이 된다. ③부모가 치매로 장기간병상태가 되면 자녀가 많다고 모두가 효도하는 것이 아니다. 그중 효도하는 자식만 독박을 쓰게 된다. 간병이 지속되면 대출까지 받게 될 수 있다. 이때 50대부터 가입해둔 2억 종신보험의 수익자를 넘겨주면 어떨까? 자녀가 변심할 우려가 된다면 별도의 효도계약서를 받아 두면 된다. 이렇게 종신보험은 죽어서만 받을 수 있는 자산이 아닌 꺼내 쓸 수 있는 생존자산인 것이다.

보장카트 구매기준 마트에 가면 쇼핑카트를 챙긴 후 미리 준비한 구매리스트를 보며 쇼핑한다. 보장카트도 구매기준이 필요하다.

1. **암보장** : 70대 노인이 가장 후회하는 보장이다.
2. **치매간병보장** : 80대가 되면 가장 아쉬운 보장이다.
3. **반복보장. 사후보장** : 생존 기간이 늘어났기 때문이다.
4. **멀티플레이어 상품** : 다목적으로 준비한다.
5. **생.손보 세트플레이** : 비교하지 말고 결합시켜야 한다.
6. **타임브릿지 보장** : 지금은 '돌덩어리'지만 시간이 지나면 '황금'으로 변한다.
7. **헬스케어서비스** : 고액으로 가입해야 할 이유다.

※ 저축성 보험의 비과세 관련

순수보장성 상품은 '만기 시 환급되는 보험금'이 없는 보험이다. 그럼에도 보험차익이 발생하는 것은 장기보장을 단기납으로 납입하기 때문이다. 이것이 종신보험의 환급률이 발생하는 첫째 이유다. 기획재정부 공문을 밑줄을 치면서 확인해보자.

---

4. 장기저축성 보험의 보험차익 비과세 축소관련 세부사항 (소득규칙 §12의 2신설)
   ○ (월 적립식 보험료 합계액에서 제외되는 보험) 사망사고만을 보장하며, 만기 시 환급되는 보험금이 없는 보험. (순수보장성보험)
   ● 저축 목적의 보험료가 없으나 보험의 구조적 특성(단기 납입, 장기 보장)으로 중도해지 시 차익이 발생하는 점을 감안

소득세법 개정(2017.4.1.)으로 보험차익에 대한 비과세 기준(월 150만원,

총 보험료 1억 원)이 엄격해졌지만 종신보험만큼은 보험료와 관계없이 모두 비과세 혜택을 받을 수 있게 됐다. 앞으로 고액 자산가들이 절세 혜택을 위해 종신보험임에도 해지환급금에 확정금리 적용과 유니버설 기능으로 환급률을 극대화하는데 중점을 둔 금리확정형 종신보험 가입이 늘어날 것이다. 단, 납입기간이 끝나기 전 해지할 경우 해지환급금이 적다는 점을 유념해야 한다.

저축성 보험의 보험차익 중 비과세의 근거

소득세법 제16조 (이자소득)
① 이자소득은 해당 과세기간에 발생한 다음 각 호의 소득으로 한다.
  (개정 2016.12.20)
9. 대통령령으로 정하는 저축성보험의 보험차익, 다만, 다음 각 목의 어느
  하나에 해당하는 보험의 보험차익은 제외한다.
가. 최초로 보험료를 납입한 날부터 만기일 또는 중도해지일까지의 기간이
  10년 이상으로써 대통령령으로 정하는 요건(다음 도표)을 갖춘 보험
나. 대통령령으로 정하는 요건을 갖춘 종신형 연금보험

소득세법 시행령 제25조 : 장기저축성 보험의 보험차익 비과세

일시납보험	· 10년 이상	· 1인당 총 보험료 1억원 이하 (2013.2.15.~2017.3.31일 계약 한도 2억)
월 적립식보험	· 10년 이상, 5년납 이상 · 기본보험료 균등	· 1인당 월(평균) 150만원 이하 (2013.2.15.~2017.3.31일 계약.한도 없음.
종신형연금보험	· 55세 이후 사망 시까지 연금지급 · 사망시 보험계약, 연금재원 소멸	

적용시기 :2017.4.1일 이후 가입분부터

Coffee Break 노후생활백서

1. 변화란...

20대 겹쳐서 잔다

30대 서로 껴안고 잔다

40대 천장보고 잔다

50대 등 돌리고 잔다

60대 딴 방에서 잔다.

70대 어디서 자든 상관없다.

2. 65세에 만난 사람

남편 : 집에서 아내가 아닌 할머니가 기다림.

아내 : 남편 아닌 이사, 부장. 자영업자 경력의 실직자가 귀가.

3. 빈 둥지 증후군과 부부적응

남편 : 아내 바라기 (자존감 저하, 두려움 상승, 대인관계 거리)

　　　종.간.나 (종일 집안에서 뒹굴면서 간식까지 챙겨 달라 하는 나)

　　　삼식이의 언어 (당신이 해준 밥이 가장 맛있어~)

아내 : 이제 나는 무엇으로 살아가야 하는가? (절망감)

　　　또 다른 생동감을 가질 수 있는가? (우울감)

　　　급격한 신체적 변화 (신경질, 짜증)

4. 부부의 행복조건

아내 : ① 건강 ② 은퇴한 남편 양육하기 ③ 자신만의 시간 갖기

남편 : ① 건강 ② 사라진 아내로부터 독립하기 (밥, 국, 반찬만들기)

　　　※ 아내는 복지관 여자, 미장원 여자, 스포츠센터 여자가 됨.

자녀 : 연금에 빨대 꽂지 않기

05

I got it! 간병보장

- 간병(치매)보장
- 치매, 최악의 시나리오
- 간병보험 개념
- 간병보장, 어떻게 준비하는가?
- 간병보장, 카트에 담기
- 암 간병보장
- 심장질환 VS 뇌졸중

> 과거엔 70~80세 만기가 당시엔 종신보험이었다.
> 그러나 연장된 수명만큼 늘어난 보험기간과 질병 발병시기가
> 늦춰지면서 핵심보장이 바뀌었다.
> 치매와 같이 장기간병을 '지금' 준비해야 하는 전환기다.
> 80세 이후 '무지갑, 무보험 생존'에 대비한 새 보장카트에
> 기존보험을 씨줄, 날줄로 엮어야 한다.

간병(치매)보장

질문하라

100살까지 살 자신이 있어?

100살까지 안 아프고 살 자신이 있어?

침대에 누워 있을 때 누가 간병해줄까?

간병보험 들어 놨어?

배보다 배꼽이 더 큰 것이 간병비용이다.

단 3일만 간병을 해 보면 안다. 누가 할 건가?

상황1

2002년 6월, 월드컵 이탈리아와의 16강 경기 연장후반 12분에 안정환 선수의 골든 골(Golden Goal)이 승부를 결정지었다. 당시 감독은 연장전과 심지어 승부차기를 고려하여 교체선수를 준비했다. 100세 시대 골든골은 어떤 보험상품이 넣을까? 100세를 4등분으로 나누어 보면 75세~100세 구간이 연장전이고 골든 타임이다. 이때 남아있는 보험이 골든 골을 넣게 된다. 그러나 경기 중 지친 선수가 있다면 교체하듯 보험상품도 교체선수를 준비해야 한다. 이 교체선수가 '간병보장'이다. 경기 중 첫 골은 '3대 진단비'가, 마지막 골든 골은 '간병보장'이 넣게 될 것이다.

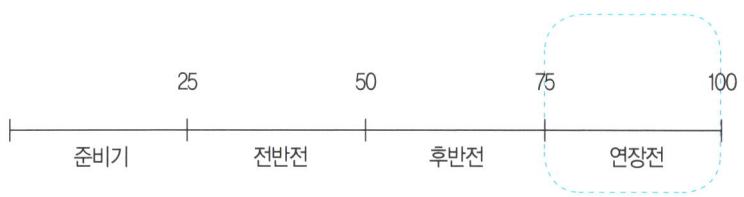

인생에도 '연장전'이 있다. 어떤 일이 벌어지고 있는가?

> "간병에, 수발에 정말 지쳤다. 빨리 편해지고 싶었다."
> (81세 부인, 85세 치매 남편 목 졸라 살해. 부인도 보살핌이 필요한 나이)
> "치매를 앓는 어머니의 간병에 지쳤다. 저금도 연금도 없다."
> (48세 딸, 10년 이상 간병한 치매 노모를 태운 차량 강으로 돌진)
> "아내를 목 졸라서 살해했다. 간병에 지쳤다"
> (70세 남편, 11년 간병 69세 부인 살해)
> "장남 부부에게 폐를 끼치고 싶지 않다는 생각이었던 것 같다."
> (87세 남편, 치매아내 살해, 3개월 뒤 남편도 사망 후 이웃의 말)

인생의 마지막 모습은 '간병'이고 인생의 20%를 침대에 누워 있을 수 있다. 100세 시대와 의료기술의 발달로 ①'간병기간'의 연장, ②'발병시점'이 늦

취지며, ③간병 생존기간이 늘어나게 되면서 간병 살인, 간병 자살, 간병 실직, 간병 독신이 늘어나는 간병 지옥이 되고 있다. 살아서 겪는 지옥이다. '간병'이 시작되면 지옥문이 열린다. 이 지옥문은 '나이 들고 아픈 여성'이 주고객이다. 간병인의 80%와 환자의 68%가 여성이기 때문이다. 결혼을 앞둔 신부의 마음은 이렇다. '난 배우자를 위해 간병할 수 있을까, 내 배우자가 날 간병해줄 사람인가'란 의문에 확신이 들면 결혼하는 것이다. 결혼 전 양가 가족력을 파악하는 것도 중요한 요소가 된다. 독신을 고집하는 무의식에도 간병이 있다. 실제로 여성은 결혼과 동시에 3가지 리스크를 안게 된다.

① 시부모 혹은 친정 부모의 간병인이 될 리스크
② 남편 간병할 리스크
③ 간병 살인당할 리스크 혹은 본인 간병 독신 리스크

일본 노인빈곤율은 19.4%(한국49.6%), 연평균소득 3천만 원, 이중 연금소득은 2천만 원이나 되어 80세 이상 80%가 경제적으로 큰 걱정이 없다. 그럼에도 연간 300건 이상 간병 자살과 간병 살인이 발생하고 있다. 장례비용이 높은 일본에서 여성 노인의 경우에는 오래 살면서 본인까지 6번의 장례를 치르게 된다. 요양병원에 가면 되는데 왜 가족이 간병하게 되는 것일까? 무한정 요양시설을 늘일 수 없고 국가 지원도 한계가 있기 때문이다.

상황2 막연히 꿈꾸어 왔던 노후가 이와 같을 수 있다.
기대를 품고 선물포장을 뜯는 순간 폭발물이 터졌다.
이메일 개봉 시 숨어 있던 바이러스로 인해 컴퓨터가 망가져 버렸다
군대에 간 아들이 발목지뢰를 밟아 두 다리를 잃고 돌아왔다.
남편(84세)이 치매에 걸린 아내(84세)를 위해 요양보호사 자격을 취득했다.

장수를 부정적으로 말하는 이들의 근본의식은 걱정, 두려움, 불안 등이다. 원인은 다가오는 실현 가능한 위험 때문이다. 이러한 걱정은 무의식의 기도이고, 기도는 반드시 이루어지므로 반드시 해결해놓아야 한다. 한국인이 가장 두려워하는 것은 치매(38.9%), 암(38.8%), 뇌졸중(11.2%)이다. 이 3가지 걱정의 본질은 의료파산으로 인해 가족 전체의 삶이 망가지는 간병이다. 최근 생존욕구 증가로 자살자는 줄고 있지만 노인자살은 오히려 증가하고 있다. 자존감이 무너지고 삶의 질이 떨어지기 때문이다. 젊은 가장도, 심지어 이제 막 정년 퇴직한 가장도 돈을 못 벌면 가족에게 무척 미안해 한다. 하물며 장기간 반신불수, 사지마비로 침대에 멍하니 누워 있다면 극단적인 선택에 이르는 경우가 많다. 간병 대책 없는 노후는 마치 폭탄조끼를 입고 뛰어 들어가는 것이다. 게다가 3대 진단비 지급으로 보장이 삭제된 후 질병이 닥치게 되면 어떤 기분일까?

'너희의 두려움이 광풍 같이 임하겠고
너희의 재앙이 폭풍 같이 이르겠고 너희에게 근심과 슬픔이 임하리니..._잠언1:27'

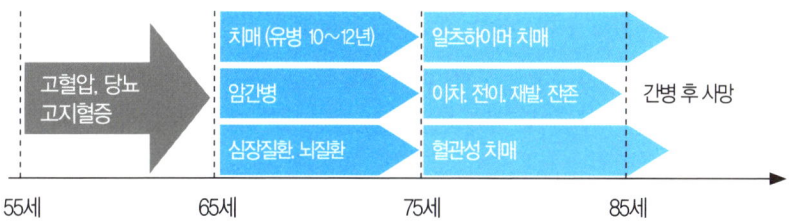

주요 질병 투병기간

사망원인	남자	여자
암	4.7년	2.8년
심장질환	1.3년	1.3년
뇌혈관질환	1.2년	1.3년
당뇨병	0.5년	0.5년
고혈압성질환	0.2년	0.3년
폐렴	0.6년	0.5년
만성하기도질환	0.4년	0.3년
간질환	0.5년	0.1년

통계청,2013년

노화를 보는 관점

중고차가 수리비가 많이 들어가듯 몸도 살아온 만큼 위험에 노출되므로 의료비용이 늘어난다. 노후가 본격화되는 30대 후반부터 100세가 가까워질수록 퇴행 자체가 중대질병이다. 40대 노안, 60대 노인성 황반 변성으로 20%가 실명하고, 보청기도 필요하다. 눈과 귀는 복구가 안 된다. 하물며 지휘본부인 뇌는 회복이 불가능하다. 따라서 100세가 될수록 보험금 탈 확률도 늘어난다. 장기요양보험이 인정하는 노인성질환 목록을 살펴보자. 대부분 뇌와 관련되어 있다. 아래 도표에 [뇌. 혈관] 관련 항목이 몇 개나 되는지 체크해보자.

장기요양보험 인정 노인성질환

질병명	코드	질병명	코드
1. 알츠하이머병에서의 치매	F00	11. 대뇌경색증을 유발하지 않은 뇌전동맥의 폐쇄 및 협착	I65
2. 혈관성 치매	F01	12. 뇌경색증을 유발하지 않은 뇌전동맥의 폐쇄 및 협착	I66
3. 달리 분류된 기타 질환에서의 치매	F02	13. 기타 뇌혈관질환	I67
4. 상세불명의 치매	F03	14. 달리 분류된 질환에서의 뇌혈관장애	I68
5. 알츠하이머병	G30	15. 뇌혈관질환의 후유증	I69
6. 지주막하출혈	I60	16. 파킨슨병	G20
7. 뇌내출혈	I61	17. 이차성 파킨슨증	G21
8. 기타 비외상성 두개내 출혈	I62	18. 달리 분류된 질환에서의 파킨슨증	G22
9. 뇌경색증	I63	19. 기저핵의 기타 퇴행성 질환	G23
10. 출혈 또는 경색증으로 명시되지 않은 뇌졸중	I64	20. 중풍후유증 21. 진전	U23.4 U23.6

　노년기 질병의 특징은 만성질환, 즉 지병(持病)이고 경증에서 중증으로, 1개에서 2~3개 복합질환으로 진행되다 75세 기점으로 '간병'상태로 돌입, 저축액을 '0'^{제로}로 만든 후 파산한다는 소설! 이 선물은 선택권이 없고 오직 대비할 수 있을 뿐이다. 75세 이후 자식 뒷바라지 후 혼자 살 확률은 30%다. 한 집에 부모님과 이모가 장기요양보험 수급자가 될 수 있다. 건강보험이 안 해주는 것이 간병이고, 병원에서 안 해주는 것은 간병서비스다. 투병기간이 긴 순서는 ①치매 ②뇌혈관질환 (중풍) ③암 ④사고 순이다. 3가지 경우를 예상할 수 있다. ①동시에 발병 ②순차적으로 발병 ③2차 합병증이다.

순차적으로 간병으로 연결된 경우

① 11년 전 중풍 (70세)

② 6년 전 치매 (경증→중증, 75세)

③ 4년 전 외상으로 와상 (77세)

④ 현재 (81세) = 치매 말기
1. 의사소통 불가능
2. 알 수 없는 소리

⑤ 폐렴 사망

사고 발병 시기가 빠른 경우

일하다 경추 손상으로 24시간 와상 (44세) → 현재 (61세) 지체장애 1급 → ?

치매, 최악의 시나리오!

치매는 '나'라는 인식이 없는, 살아서 겪는 죽음이고 가족들은 '차라리 암이었으면…'이라 말할 정도다. 치매 부모를 간병하다 부모를 살해하고 자살한 아이돌 가수의 부모님처럼 절반 이상이 노노(老老)간병이다. 치매는 75세를 기점으로 급격히 상승한다. 대부분 알츠하이머 치매(70%)이고, 나머지는 심장질환의 부정맥이 뇌졸중으로 이어져 발생하는 '혈관성 치매'다. 65세 이상 치매 환자는 10명 중 1명(65만)으로 제주도 전체 인구와 같고, 4인 가구 기준으로 볼때 가족은 인천시 인구, 환자와 가족을 합치면 부산시 인구와 맞먹는다. 본인 한 사람의 문제가 아닌 260만 환자 가족 중 78%(약 200만)가 실직 혹은 휴직하게 되는 사회·가족 모두의 문제다. 암은 본인이 실직하지만, 치매는 가족이 실직한다. 간병보험은 자녀가 부모를 위해 가입하는 것도 부모가 자신만을 위해 가입하는 것도 아니다. 오히려 ①부모가(간병으로 고통 당할) 자녀를 위해 ②자녀가(간병으로 고통 당할) 자신을 위해 준비하는 것이다. 그러므로 납입기간 20년 납이라면 10년은 부모가, 남은 10년은 자녀가 이어서 납입하는 [부모-자식] 간 긴밀한 합동작전이 필요하다. 사회적으로도 큰 문제이므로 국가와 공조하여 [건강보험&실손보장]처럼, [장기요양보험&간병보장]을 결합시켜야 한다. 2025년엔 치매환자 100만 대군이 탄생하고 간병 가족은 4배로 늘어나 총 500만 명이 것이다. 일본은 이미 요양원을 지을 땅과 수발인력 부족으로 대부분 가족이 집에서 돌보고 있다. 2030년 80세 이상 인구 중 10명 중 3~4명이 걸린다. 주목해야 할 통계는 85세 이상 미국 노인 절반이 알츠하이머 치매환자라는 것이다. 2050년에는 전 세계적으로 1억 3,500명의 알츠하이머 치매환자가 예상되는 상황에서 보건복지부 조사 결과를 보면, 우리도 같은 문제에 직면하고 있음에 놀라지 않을 수 없다.

> **2014 노인실태조사 결과. (보건복지부)**
> 65세 이상 노인 중 약 90%가 만성질환, 이중 70%가 2개의 만성질환을 가지고 있다. 노인 80%가 병원을 내 집처럼 드나들고, 20%가 1년에 한 번씩 입원한다. 주목할 만한 사실은 31.5%가 인지기능 저하(85세 이상 52.5%)로 나타났다.

예상	치매 환자	환자 가족	치매 환자+가족
2015년	65만	260만	325만
2020년	80만	320만	400만
2025년	100만	400만	500만
2050년	270만	1,080만	1,350만

- 매년 김제시 인구만큼... 뇌졸중 발생 (8.6만)
- 매년 무주군 인구만큼... 심근경색, 폐암사망
- 매년 세종시 인구만큼... 암 발생 (21만)
- 대전시 인구만큼... 암유병자 (160만)
- 제주도 인구만큼... 치매노인 (62만), 2030년 수원시 인구 (127만), 2060년 인천시(270만)

전국 도시인구

서울시	1,002만	용인.성남	각 97만
부산시	351만	안양시	60만
인천시	293만	남양주시	66만
대구시	248만	전주시	65만
대전시	151만	천안시	61만
광주시	147만	광명.진주	각 34만
수원시	118만	태백시	47만
울산시	117만	익산시	30만
창원시	107만	세종시	22만
고양시	103만	하남시	17만
화성시	60만	성주군	4.5만
평택시	63만	무주군	2.5만
제주도	63만	김제시	8.8만

행자부 통계, 2016.1월

만약 80~90세 시점에 간병이 시작되었다면, 10~12년의 간병기간을 고려할 때 100세까지 간병상태로 지내다 사망하게 된다. 미국인은 알츠하이머 치매에 걸렸을 때 평균 간병비용은 2억 원으로 저축의 3분의 1를 완전 소진한다. 보험료를 결정하는 통계는 언제나 '과거치'고 통계가 바뀌면 보험료는 상승하고 보장축소·삭제는 불 보듯 뻔하다. 그러므로 현재 보험료는 확실히 덤핑이다. 눈치 빠르게 삭제될 보장을 선점해야 한다. 결론적으로 70대는 암, 80세 이후는 치매로 귀결될 것이다. 이 확률을 내 것으로 받아들여야 한다. 치매는 상황이 좋아지지 않는다. 희망이 없는 상태에서 하루 7~8만 원(월 210~240만)의 간병부담으로 ①아들.며느리(54.8%) ②배우자 ③딸, 사위 순으로 관계가 악화된다.

- 사고
- 치매
- 뇌혈관성질환

- 여성 환자가 64% (남성의 2.58배)
- 12분당 1명 발병
- 80세 넘으면 60%가 치매
- 80세 이상 환자의 30~40%(老老간병)
- 독거노인 100만 중 4명 중 1명 치매
- 연간 의료비 1,387만(간병비 포함 2천만)
- 3년 간병에 2~6천만 원 소요
- 연간 168일 입원(알츠하이머)
- 하루 6~9시간 간병
- 치매환자 65만 (가족 260만)
- 환자 가족 78%가 실직 혹은 휴직

75세
치매 분기점

65세 이상 다빈도 질환 평균 입원일수

순위	질병	진료인원	1인당진료비	입원일
1	노년성 백내장	192,252명	1,203,160원	1.5일
2	상세불명 병원체의 폐렴	86,251명	2,661,094원	15.1일
3	뇌경색증	85,101명	6,573,684원	60.5일
4	알츠하이머병에서의 치매	69,199명	11,674,287원	168.5일
5	기타 척추 병증	53,313명	2,146,475원	16.6일
6	무릎관절증	51,705명	6,011,875원	26.5일
7	요추 및 골반의 골절	51,019명	1,773,085원	18.7일
8	늑골, 흉골 및 흉추의 골절	47,201명	1,556,259원	16.3일
9	협심증	45,394명	3,409,548원	6.7일
10	대퇴골의 골절	40,043명	5,495,767원	40.9일

중앙치매센터 연차보고서.2014

간병부터, 간병까지 오래 사는 것이 중요한 것이 아니라 어떤 모습으로, 어떤 환경에서 어떻게 사느냐가 더 중요하다. 젊다고 안전한 것도 아니다. 노인성 질환자의 20%가 40~50대. 50대가 노후에 가장 걱정하는 것은 [치매 59.7%, 암 17.1%, 뇌졸중 15.6%] 순이다. 간병보장은 40대부터 필요하므로 가성비(피보험이익)가 가장 높다. 언제든 간병을 할 수도 있고, 간병을 받게 될지 모르므로 '간병보장부터, 간병보장까지' 준비해야 한다. 간병보장을 준비했다면 선견지명이 있고 안목이 있는 수준 높은 구매자다. 안목(眼目)이란 속을 볼 줄 안다는 것으로 간병보장은 파산 위험을 제거한 보험의 진정한 졸업장이다. 자녀로 하여금 미래를 포기하지 않게 하고 가족에게 폐를 끼치고 생애를 마감할 위험을 방지하는 것이며 남은 재산을 지킬 히든 카드이자 가장 힘든 날의 구원의 손길이다. 과연 내 보험으로 간병위험이 어느 정도 해결되는가를 살펴보고 모든 보험의 컨셉을 '장기간병(LTC)'에 맞춰 수정하고 보장기간도 늘려야 한다. 평생 보험료를 냈는데, 정작 필요할 때 보험만기가 끝나 나올 보험금이 없다면 낭패다. 젊을 때 미리 여러 회사상품으로 '보장 쇼핑'을 해야 한다. 스스로 3가지 질문을 계속 던져보자.

난 침대에 누워 있어도 최소한 품위는 지킬 수 있을까?
난 마지막 쓸 돈(간병비)를 어디에 배치해야 할까?
난 마지막 쓸 돈(간병비)은 어떤 보험이 만들어 낼까?

간병보장, 타임브릿지

간병보장이란 단순히 간병보험만을 의미하는 것이 아니다. [80~100세 구간]에 간병비로 전용할 수 있는 모든 돈(보장)이다. 이 보장들은 가입 당시에는 보상 확률이 낮은 단순한 돌덩이일지 모르지만 시간의 강을 건너 노후 목적지에 도달하면 금덩이로 변하는 타임브릿지$^{Time\ bridge}$역할을 한다.(이하 '타임브릿지상품') 이중 시급한 보장부터 구입하면 된다.

1. 80~100세에 수령한 종신형연금과 LTC연금
2. 종신보험의 중도인출금, CI진단비, LTC종신보험, LTC특약 부가
3. 사후^{事後}반복보장 : 후유장해진단비, 입원비, 수술비
4. 국가요양등급과 연동되는 간병보험

타임브릿지상품의 공통점은 ①보장기간은 100세, ②환급률은 높고, 대신

③보험료가 높다는 것이다. 보험료가 높은 이유는 첫째, [80~100세] 구간 때문이다. 이 구간에서는 100세가 가까워지면서 보험금지급확률이 거의 100%이기 때문이다. 보험료가 보험금지급확률(손해율)을 가리키는 것이다. 보험금지급확률이 100%라면, 가입자는 해약만 하지 않으면 보험금을 받게 되는 가장 확실한 '재테크'이고, 회사는 가입자가 적절히 해약해주지 않으면 파산할 수 있는 위험한 도박이 된다. 가입자가 낸 보험료는 고정금리(예정이율)인 '책임준비금'이란 명목으로 오랜 기간 쌓이고 높게 쌓인 환급금은 [중도인출, 약관대출]의 재원이 되어 중간에 해지해도 목돈을 만질 수 있다. [80~100세] 구간에 간병상태가 아니라면 '연금재원'으로 전용할 수 있어 당장의 큰 위험을 대비하면서도 저축도 하는 셈이다. 저렴한 보험료를 원한다면 보험기간을 줄이면 된다. 종신보험도 80세 만기 정기보험으로 바꾸면 보험료가 절반으로 뚝 떨어지고, 100세 만기 상품을 [90세→80세→70세] 만기로 바꾸면 된다. 하지만 보험료만 떨어지는 것이 아니라 보험금지급확률과 환급률은 더 큰 폭으로 떨어진다. 100세 보험은 구조적으로 '자산축적을 겸비한 보장'인 것이다. 보험료가 높은 두 번째 이유는 보험료가 '비갱신형'이기 때문이다. 갱신형보험은 보험료가 '위험률'에 따라 변동한다. 최근 갱신형보험이 늘어난 이유는 '안전할증' 때문이다. 보험료를 결정하는 것은 위험률, 예정이율, 사업비 등 3가지이고, 보장성보험일 경우에 가장 큰 변수는 위험률이다. 보험사도 가입자처럼 100세 시대는 초행길이라서 위험률 예측이 어려워 [기본위험률+안전할증률30%]로 보험료를 산정한다. 보험기간이 길수록 위험률이 높아지므로 안전할증률을 올려야 하지만 보험규제로 과도하게 올릴 수 없어 급기야 상품판매를 중단하게 된다. 대표적인 것이 암보험이다. 암보험은 일정기간 판매 중단되었다가 다시 판매하는 것은 암종류별로 보장을 달리하고 보험료를 갱신

형으로 바꾸었기 때문이다. 암보험은 가장 오래된 선배 보험이고 이제 선배가 걸어온 길을 나머지 후배 보험상품들이 같은 길을 가게 될 것이다. IMF시절, 삼성전자 주가는 주당 몇 만 원에 불과했지만 20년이란 시간의 강을 건넌 후 '황금'으로 변했다. 보험상품도 20년 후 뜰 주식을 고르듯해야 한다. 이미 보험사는 손해율 상승이 예상되는 보장중심으로 가격을 올리거나 상품구조를 변경하는 등 바삐 움직이고 있다. 그것이 바로 간병보장이고 타임브릿지상품이다. 고령자상품이 나왔다고 광고가 나오면 안전할증율을 50%로 올리고 보장의 구조도 성형 수술했다는 의미로 받아들이면 된다. 때를 놓치면 전혀 다른 상품을 비싸게 구입하게 도되는 것이다.

간병보장, 어떻게 준비하는가?

질문하기

- 80대 부모를 간병하다 중년 아들이 실직과 이혼을 당하고…
- 홀어머니의 변화가 치매라는 것이 밝혀지면 아들의 충격은…
- 배우자, 며느리, 딸이 하루 10시간씩 간병하다 싸움이 나고…
- 불시에 찾아온 간병으로 가족 3명이 전담마크를 해야 한다면…
- 치매에 걸렸는데, 요양등급을 받기 어렵다면…
- 배우자에게 치매가 시작되었다면…

요양병원 노인이 사망 전 요양병원에서 지내는 기간은 평균 20개월이다. '요양병원'은 일반병원과 명칭만 다를 뿐 의료법 제3조에서 인정하는 의료기관이므로 건강보험과 실손보험 적용도 받는다.(장기요양보험 제외) '요양원'은 양로원과 같은 수용시설이고, 요양원 입소에 필요한 요양 등급을 받지 못했거나 요양병원 입원비용이 부담되면 '방문요양서비스'를 받으면 된다. 그러나 장기요양등급을 받기가 까다로워 신청자의 60% (47만)만 등급인정을 받고 있다. 40%는 인정되지 않는다는 말이다. 1~2등급자는 '요양원'(36%), 3등급 이상은 집에서 '방문요양서비스'를 받거나, '노인유치원'(데이케어)에서 서비스를 받는다. 노인유치원은 아침 8시~밤 10시까지 보호하는 주·야간 보호시설이다. 식사, 목욕, 진료, 문화활동, 물리치료, 재활운동까지 제공하고 차량으로 직접 모셔 가고 모셔다 드린다. 하는 일은 요양원과 비슷하나 밤에는 가족과 함께 지낼 수 있다. 월 이용요금은 대략 100~130만 원, 본인 부담금은 15~25만 원 선이다.

| 요양병원 (100~300만) | → | 요양원 (50~70만) 방문요양 (10~20만) | → | 중환자실 (하루 10~20만) |

구분	요양원 (돌봄)	방문요양서비스 (돌봄)	요양병원 (치료)
차이	노인장기요양보험 적용, 장기요양판정 필요		건강보험과 실손보험 적용
자격	요양등급 1.2급 (시설3등급)	요양등급 1~5급 판정	등급판정 필요 없음
비용	월 50~70만	월 10~20만	월 100~300만 (간병 : 월 80~150만)
기타	본인부담 20% 입원비 월30만, 식대 월30만 촉탁의 or 병원 외래진료	본인부담 15% 일 4시간, 주 5일 이용	진료비 20%, 식대 50%지원 입원/식대 : 월 35~110만 (상급병실 : 월 90~300만)

요양병원은 마지막 삶의 질이다. 치료와 재활, 물리치료 등 의료서비스를 받으며 24시간 보호가 된다. 건보 공단에서는 전체 병원비 중 소득수준에 따른 본인부담금 121~ 509만 원(2016년)을 뺀 나머지를 지원한다. 환자 가족은

'본인부담금'을 준비하면 된다. 즉 '1년간 본인부담금=1년간 입원치료권'인 셈이다. 간병기간이 20년이라면 20년 본인부담금이 필요하다. 실손보험으로는 본인부담금 한도 내에서 치료비와 약값이 나온다. 본인부담금과 더불어 ①선택진료비 ②상급병실료 ③간병비가 추가로 필요하다.

꼭 알아야 할 건강보험 3가지 혜택

1. **산정특례(신청)** 4대 중증 질환자(암·심장·뇌혈관·희귀난치질환)의 [고가수술비+장기치료비] 등 본인부담을 낮춘 제도로 입원, 외래진료비의 5%(희귀 난치 질환 10%)만 환자가 부담한다. (기타 질환 20~50% 부담)
2. **간호간병통합서비스** 간호간병통합서비스 병동 이용 시 전문간호인력(간호사, 간호조무사, 지원인력)이 환자 7~10명을 24시간 보호한다. 입원비에 5~20%의 비용 추가로 추가로 간병부담을 87%까지 줄였다. 그러나 서비스 제공 병원 수가 적어 간병 수요 해소엔 역부족이다. 단 요양병원과 정신병원은 제외된다.
3. **본인부담 상한제** 환자가 부담한 연간 본인부담금(비급여, 선별급여 등 제외)의 총액이 개인별 상한금액(2019년 기준 81~582만) 초과 시 환급된다.

단위 : 원, 기간 : 2018.1.1~12.31

소득기준	1분위	2~3분위	4~5분위	6~7분위	8분위	9분위	10분위
연소득	80~124만	100~155만	150~208만	260만	313만	418만	523만
직장보험료	~40,040	~56,000	~77,700	~115,770	149,160	~204,520	초과
지역보험료	~9,710	~20,570	~55,140	~112,230	~151,860	~212,820	초과
본인부담 상한액	125만 (81만)	157만 (101만)	211만 (152만)	281만	351만	431만	582만

※2018년부터 요양병원 입원일수 120일 초과 여부에 따라 1~5분위까지 상한액 차등 적용.

간병보장, 카트에 담기

1. 지금부터 저축한다.
2. 종신형연금 매월 500만 원
3. 종신보험의 고도장해특약(상해·질병후유장해80%이상'담보)
4. LTC연금보험, LTC종신보험, 종신보험엔 LTC특약
5. 입원특약 5만 원
6. 질병후유장해80%미만담보
7. 간병보험

고도후유장해(후유장해80%이상) 목표는 '간병보장 1억 만들기'다. 가장 저렴하고도 간단하게 만들 수 있는 방법은 종신보험 주보험에 '고도장해특약 1억'을 부가하는 것이다. 1억의 용도는 '20년 요양병원상품권'이다.(본인부담금 509만×20년=1억) 고도장해특약은 종신보험 주보험의 3배까지 설계할 수 있

어 [주보험 3,400만+고도장해특약 1억]으로 설계하면 ①주보험으로 사망보장을 올리고, ②치매로 CDR척도 3점(장해율60%) 시 '납입면제', ③치매가 심해져 CDR척도 4점(장해율80%)이 되면 1억 원의 보험금(목돈)을 받을 수 있어 소액으로 큰 위험인 간병보장을 준비할 수 있다. 손해보험 상품은 '상해·질병후유장해80%이상담보'를 각각 1억 원으로 설계하면 된다.

CDR척도 & 질병후유장해

장해분류	점수	증상	질병후유장해
극심한 치매	5점	기억력 없음	100%
심한 치매	4점	심한 기억장애마저 상실 (하는 말 해독 불가)	80%
뚜렷한 치매	3점	심한 기억장애	60%
약간의 치매	2점	반복된 과거 기억 (새로운 기억 망각)	40%
경증	1점	기억장애 (일상생활 지장 있음)	

보장실종사건 2008년 종신보험을 가입한 A씨는 사고로 80% 후유장해진단을 받았다. '영구적 장해'임에도 종신보험의 각종 특약을 잘 설계한 덕에 안심하며 진단서를 첨부하여 보험금을 청구했다. 보험사로부터 들은 대답은 사망보험금 지급 후 계약이 해지된다는 것이었다. 왜 죽지도 않았는데 사망보험금을 주고 해지시키는 것일까? 계속 치료받아야 하는데 특약을 유지할 방법은 없을까? 결론적으로 불가능하다.

2011.4월 이전 가입한 종신보험의 계약소멸조건은 '사망·장해80%(장해1급)'이었다. 고도장해(장해지급률80%이상)가 발생해도 피보험자는 생존해 있어 입원 및 수술 등에 대한 보장이 필요하나, 보험사는 사망보험금을 지급하고 계약을 소멸 처리함으로 보장을 받지 못하는 사례가 발생하게 된다.(금감원보도자료, '보험계약의 소멸조건 구체화'(생·손보), 2009.12.20.) 이 문제를 개선하기 위해 2010.4월 약관

개정을 하였고, 1년의 유예기간을 지난 2011.4월 이후 상품에는 계약소멸사유에서 '장해80%'조건이 삭제되었다.(상품별로 개별약관을 확인) 결국 2011.4월 이전(3.31일) 계약은 [후유장해80%이상]의 경우 계약 전체가 소멸되어 다른 질병이나 사고에 노출돼도 전혀 보장을 받을 수 없게 된다. 단, 실손의료비특약은 2009.10월 이후 특약소멸조건이 '사망'로 바뀌어 소멸되지 않고 여전히 살아 있게 된다. 또한 [2009.8월~10월] 실손의료비특약도 다음 갱신 시점에 표준화실손으로 바뀌므로 소멸되지 않는다. 2011.4월 이전 생명보험 약관으로 확인해 보자.

> **보험금 지급관련 특히 유의할 사항(소멸사유)**
> 주계약의 소멸시 선택특약도 소멸됩니다. 단, 무배당실손의료비보장특약(갱신형)의 경우 장해분류표 중 동일한 재해 또는 재해이외의 동일한 원인으로 여러 신체부위의 장해지급률을 더하여 80% 이상 장해가 되었을 때 주계약이 소멸되더라도 이 특약은 유지됩니다. 또한, 선택특약의 피보험자(보험대상자)가 주계약의 피보험자(보험대상자)와 다를 경우 해당 선택특약은 유지됩니다.

최근 의학기술의 발달로 '두개의 발목절단'(장해율80%) 시에도 의족을 착용하여 타인의 도움 없이 생활이 가능한 경우가 많기 때문이다. 계약소멸을 피하기 위해 어떤 방법이 있을까? 합산장해율80%를 넘지 않도록 2~3가지 장해항목 중 한 가지를 빼고 청구하는 방법이 있을 것이다. 그러나 이마저도 보험사가 알게 된다면 강제로 해지시킬 수 있다. 계약소멸조건은 '보험금의 지급사유가 발생한 경우'이지 '보험금청구'기준이 아니기 때문이다. 만약 보험사가 알지 못한 상태라 해도 가입자가 다른 보험상품의 후유장해보험금을 청구하게 되면 보험금지급정보는 보험사간 공유되므로 늦게라도 알게 될 가능성이 많다. 그러므로 막상 문제가 터져서 민원을 제기하거나 담당FP에게 따진다고 해결될 문제가 아니니 FP는 사전에 해당 가입자에게 문제점을 알리고, 가입자는 사전에 확실한 조치를 취해야 한다. 약관을 통해 차이점을 체크해 두자.

생명보험 약관(2011.4월 이전)

제16조 [보험금의 종류 및 지급사유] 회사는 피보험자가 보험기간 중 사망하거나 장해분류표 중 동일한 재해 또는 재해 이외의 동일한 원인으로 여러 신체부위의 장해지급률을 더하여 80%이상인 장해상태가 되었을 때에는 보험수익자에게 약정한 사망보험금을 지급합니다.

제8조 [계약의 소멸] 피보험자가 보험기간 중 제16조에서 정한 보험금의 지급사유가 발생한 경우에는 이 계약은 그 때부터 효력을 가지지 아니합니다.
제1조 [특약의 소멸] 주계약이 해지 또는 기타사유에 의하여 효력을 가지지 아니하는 경우

2011.4월 이전(3.31일) 손보 약관	2011.4월 이후 손보 약관
제9조 (손해보상후의 계약)	제7조 (계약의 소멸)
① (중략) 사망보험금 또는 고도후유장해보험금을 지급한 때에는 그 손해보상의 원인이 생긴 때로부터 해당 피보험자에 대한 회사의 책임은 소멸됩니다.	①회사가 제14조(보험금의 종류 및 지급사유) 제1호에서 정한 사망보험금을 지급한 때에는 그 보험금 지급사유의 원인이 생긴 때로부터 해당 피보험자(보험대상자)에 대한 이 계약은 효력을 가지지 아니합니다.
제6조 (특약의 소멸)	제5조 (특약의 소멸)
①보통약관 제9조 손해보상후의 계약 제1항에 의하여 피보험자에 대한 보통약관상 회사의 책임이 소멸된 때에는 그 손해보상의 원인이 생긴 때로부터 해당 피보험자에 대한 이 특약상 회사의 책임은 소멸되며…(중략)	①피보험자(보험대상자)가 보험기간 중에 사망하였을 경우에는 해당 피보험자(보험대상자)에 대한 이 특약은 더 이상 효력을 가지지 아니하며,(중략)

2011.4월 이후 종신보험은 사망과 장해가 분리되어 장해보장을 받으려면 고도장해특약(후유장해80%이상)을 별도로 가입해야 한다. 그러나 주계약만 설계하는 경우가 많아 고도장해특약 부가로 간병보장을 준비할 절호의 기회를 놓친 보험증권이 많다.

후유장해 50%이상 대부분의 보험계약은 [후유장해50%이상]이면 납입면제가 된다. 후유장해 판정은 한 부위가 50%가 아니라 여러 신체부위의 장해율을 더한 합산장해율이다. 나이가 들수록 19개 신체부위와 21개 장기가 모두 건강할 수 없고 '고혈압, 당뇨, 치매, 뇌졸중'으로 인한 실명, 안면마비(구안와사) 등을 동시에 일으킬 수 있다. 수명연장으로 중요한 보장으로 바뀌었다.

후유장해 80%이하 담보(일반후유장해) 일반후유장해담보의 강점은 입원비특약, 수술비특약과 같이 횟수제한없이 보험금을 받을 수 있되 보험금을 많이 받았다고 감액되지 않는다는 것이다.(수술비의 경우는 예외) 상식적으로 장해가 아닌데 '약관상 장해'라면 보험금이 지급된다. 대표적인 경우가 디스크로, '증상'만으로도 지급된다.(추간판탈출증:팽윤 혹은 협착, 팔·다리 저림) 그래서 장해보험금은 몰라서 못 받는 보험금 1위다. 남녀가 결혼하면 자녀를 낳듯 노후에 만나 사고·질병은 대부분 후유장해를 남기고 가벼운 질병·사고는 낮은 등급의 장해를, 중대한 질병·사고는 높은 등급의 장해를 남긴다. 그러므로 후유장해보장이 빠진 3대 진단비(암, 뇌, 심)는 반쪽짜리 보장이다. 인구의 10%가 장애인이고 이중 90%는 후천적이며 질병장해(55.1%)가 상해장해(35.4%)보다 많다. 노인이 많아지기 때문이다. '노인=예비 장애인'이라고 할 수 있다. 노인들은 3~5개의 만성질환을 가지고 있고 각각 후유장해로 연결된다. 대표적인 것은 암에 걸려 장기절제 후 생긴 질병후유장해다. 암은 손·발톱 머리카락을 제외하고는 어느 부위가 발생할 수 있다. 그러나 암진단비는 한 번 지급된 후 소멸되는 반면 [후유장해80%미만]담보는 약관상 13개 부위에 각각 지급규정이 있어 해당부위에 3~79% 장해판정 시 장해진단비를 횟수 제한 없이 반복 지급된다. 한 부위에 장해보험금이 지급되었다고 담보가 소멸되는 것이 아니고 다른 질병·사고 시 다시 보장이 시작된다. 가령 백내장 수술 후 후발성 백내장이 발병할 수 있는 것이다.(보장제외 추세) 특히 손해율이 가장 높은 질병후유장해80%이하]담보의 경우는 판매하는 보험사가 적어 몇몇 보험사 상품을 쇼핑하여 1억 이상 확보하는 사람이 늘고 있다. [질병후유장해80%미만]담보를 3천만 원 가입했을 때, 20대 디스크(10%-300만), 40대 위암으로 위절제수술(40%-1,200만), 50대 당뇨, 만성신부전(75%-2,250만), 70대 경증 치매(50%-1,500만)가 되면 총 5,250만 원이 지급된다.

폐암 → **호흡기장애(호흡곤란)**

대장암, 방광암 → **배변, 배뇨장애**

신장암 → **신장장애(혈액/복막 투석) 인공신장**

뼈암, 척수암 → **지체장애**

TIP. '장애'는 주로 국가기관에서, '장해'는 보험사에서 사용한다. 국민연금 장애연금은 공단 장애심사로 1~4등급으로 구분하고, 장애인등록증의 근거가 되는 '장애'는 1~6등급으로 구분한다. 과거 약관에서 장애 1~6급으로 나누는 것은 장애인복지법상 장애등급과 같고 후유장해는 보험사 장해분류표를 기준으로 의사의 지급률(%) 판정에 따라 보험금을 지급한다.

입원일당 젊을 때는 입원할 일이 없던 사람도 노후에 꼭 필요한 것이 입원비다. 입원일당이 매일 5만 원씩 나온다면 연간 총 600만 원(일5만 ×120일 한도=600만)을 받아 요양병원 비용 중 본인부담금을 커버할 수 있다. 건강보험은 6인실을 기준으로 지급되므로, 입원일당을 최대한 확보해 두면 요양병원에서 아주 긴요하게 사용할 수 있다. 2013년 지급된 보험금의 크기는 ①진단비 ②사망보험금 ③입원수술 ④실손의료비 ⑤후유장해급여금 순이다. 이 순서는 나이가 들수록 역전현상이 일어날 것이다. 환자 1인당 평균 입원일수 16.1일(보건복지부, 2012년), 고령화를 일찍 경험한 일본은 31.2일이다.

항목	금액
사망	2조2천억원
입원/수술	6조 8,600억원
후유장해	4,200억원
연금	7조 6,200억원
만기	5조 2,300억원

보험금 지급현황, 2013년

입원일당은 노인 환자의 '주거비용, 생활비'다. 건강보험이 적용되는 기준병실(6인실)과 건강보험이 적용되지 않는 상급병실(5인실 이하)이 있다. 상급병실료는 병원마다 천차만별이고 현재 상급종합병원 상위 5개 병원(서울대병원·서울아산병원·서울성모병원·삼성서울병원·세브란스병원)은 일반병상이 부족(62.3%)하여 환자의 84%가 2~3일 씩 입원하고 있다. 상급병실차액은 간병비·선택 진료비와 함께 건강보험의 3대 비급여에 포함될 정도로 비용이 만만치 않고 실손보험에서 상급병실 차액의 50%를 10만 원 한도로 비용은 턱없이 부족하다.

생각해보자. 지방 환자가 서울 대형병원에 고속버스를 타고 와 입원하려 한다. 대형병원은 항상 환자가 많아 비어 있는 입원실이 없어 대부분 소파에 앉아 순서를 한없이 기다려야 한다. 온갖 종류의 검사를 받으며 여기 저기 사람들 속을 헤집고 다니다 보면 점점 더 심한 환자가 되고 만다. 이런 상황에서 병원 원무과에서 전화가 온다. 특실이 비었는데 잡아 두는 것이 어떠냐고. 그런데 하루 이용료가 60만 원이고 그나마 특실 중 가장 저렴하단다. 마땅치 않아도 몸이 힘드니 그거라도 잡아야 한다. 특실에 들어가 보면 우선 전망이 기가 막히다. 벽걸이 TV를 혼자 마음껏 볼 수 있다. 전자레인지와 냉장고. 싱크대도 병실내부에 있다. 전동침대와 별도 테이블도 있고 보호자를 위한 침대도 넓다. 개인 물통, 치약·샴푸세트, 슬리퍼도 비치된다. 고가에도 2~3인실이라도 옮기지 않고 10일 이상 머무는 환자는 누구인가? 청소부는 혼자 생각한다. '도대체 어떤 사람이기에 비싼 1인실을 오랫동안 사용할까?' 아마 부자일 거라 생각하기 쉽지만 사실 아무리 부자라도 최고급 호텔을 자주 이용하진 않는다. 돈을 아꼈기 때문에 부자가 된 것이 아닐까? 정답은 고액의 입원특약을 가입해 놓았기 때문이다. 실제로 1인실 입원환자 중 FP가 많다. 1인실은 정신건강에 아주 좋다. 은근히 남이 봐주었으면 하는 기대와 자부심, 부러워하는 주변의 시선, 그리고 의사·간호사의 대접도 다르게 느껴진다. 현대인의 병은 쉬지 못해서 생긴다. 이왕 병원에 입원했다면 돈 걱정 없이 정말 푹~ 쉬고 오면 된다. 반면 6인실은 좁은 공간에 최대 [환자 6명+보호자 6명+간병인 6명=18명]에 문병까지 오면 정신이 없다. 그래서 문병오지 말라고 당부한다. 피하고 싶은 사람냄새와 소음, 혹여 거동불편 환자가 천으로 가리고 대소변을 받아 내기라도 하면 상황은 최악이다.

[입원일당 용도]

① 입원 시 자기부담금(3~6만)

② 상급병실료

③ 요양병원 입원비(생명보험 120일, 손해보험 180일 한도)

> **의료법 제3조(의료기관)**
> 의료인이 공중 특정 다수인을 위하여 의료, 조산의 업을 행하는 곳을 말합니다. 의료기관은 종합병원, 병원, 치과병원, 한방병원, 요양병원, 의원, 치과의원, 한의원 및 조산원으로 나누어집니다.

LTC보험 장기간병상태 발생 시 'LTC연금보험'은 연금액을 2배로 받을 수 있고, 'LTC종신보험'은 일시금과 일정기간 장해연금을 지급한다. 보험료가 부담되면 종신보험에 LTC특약을 부가하면 된다. 지급조건은 '일상생활장해' 또는 '중증치매상태'(CDR 3점)이다.

간병보험 간병보험은 ①기존의 보험사가 정한 기준(중증치매나 활동불능상태 진단)에만 보험금을 주는 상품과 ②최근 장기요양등급1~4등급을 받으면 보험금을 지급받는 상품으로 나눌 수 있다. 장기요양1~2등급(CDR3~4점, 질병후유장해80%)은 요양원 입소하면 되지만 3~5등급은 방문요양서비스를 하루 4시간씩 월 15회(3주) 정도만 이용할 수 있다. 15%의 본인부담(월13~15만)과 추가비용이 필요하다. 문제는 24시간 입주간병이 필요할 때다. ①집에서 침대 생활하는 경우, ②노인 배우자가 버겁게 간병하는 경우, ③배우자, 자녀의 직장생활로 혼자 있는 경우, ④독거노인 등이고 비용은 등급을 받지 못 한 경우 월170~월 200만 원 이상 들어간다. 이중 등급별로 [200만원－월급여한도액=차액]을 간병보험으로 해결하는 것이다.

장기요양등급기준

등급	심신기능상태	상태	월급여 한도
1등급	와상상태로서 일상생활이 불가능	완전도움. ADL 6개 이상	1,185,300원
2등급	일상생활이 곤란한 중증의 상태	휠체어 이용, 낮에도 주로 침대생활, ADL 5개	1,044,300원
3등급	부분적 도움 필요	보행보조기 통해 이동, 타인 도움으로 외출, ADL 3개	964,800원
4등급	일정부분 도움필요	가끔 도움 필요. ADL 1~2개	903,800원
5등급	치매(노인성질병)환자		766,600원

주목할 것은 정책변화다. 장기요양등급 판정은 신청자의 44%에 불과하였으나 2014년 기존 1~3급에서 1~4등급과 치매특별등급 신설 등 등급기준이 세분화되면서 3~4등급 판정인원이 증가하였고, 이는 간병보험 손해율 급등으로 이어져 상품내용이 급변하고 있다.

1. 보장축소와 보장내역 세분화
2. 간병연금 폐지
3. 주계약(1~2등급)과 특약(3~4등급) 분리
4. 납입면제 축소(1~4등급)→1~2등급(후유장해80%)
5. 중등치매만을 보장하거나 '갱신형'으로 변경

등급판정현황(2016.12.31일 기준)

단위 : 명

신청자	합계	1등급	2등급	3등급	4등급	5등급
848,829	519,850	40,917	74,334	185,800	188,888	29,911

후유장해 간단정리

구분	눈	귀	코	입	추상	척추	체간골
100%	두눈 실명			씹기 x & 말하기 x			
80%		청력 상실		씹기 x or 말하기 x			
60%							
50%	한눈실명					심한 기형	
40%		한귀 청력 완전 상실 & 다른 귀 청력장해(45%)		씹기, 말하기 뚜렷한 장해		심한 운동 장애	
30%	한눈교정시력 0.02이하 (35%)					뚜렷한 기형	
20%	한눈교정시력 0.06이하 (25%)	한귀 청력 상실(25%)		치아 14개 결손		심한 디스크	
15%	한눈교정시력 0.1이하	한귀 청력 심한장해	코기능 완전 상실		뚜렷한 추상	뚜렷한 디스크	어깨, 골반 뚜렷한 기형
10%	한눈안구운동/ 조절장애	한귀 귓바퀴 대부분 손실		치아 7개 결손		약간의 디스크	가슴, 갈비 뚜렷한 기형
5%	한눈교정시력 0.2이하	한귀 청력 약간 장해		치아 5개 결손	약간 추상		

구분	팔	다리	손가락	발가락	흉복부	신경
100%	두손목 절단	두발목 절단				극심한 치매 CDR5
80%					흉복, 비뇨 심한 장해	심한 치매 CDR4
60%	한손목 절단	한발목 절단			흉복, 비뇨 뚜렷한 장해	심한 간질 (70%)
50%						뚜렷한 치매 CDR3(60%)
40%				한발관절장해		약간치매 CDR2
30%	1 관절 x	1 관절 x 5cm축소	5개 뚜렷한 장해	5개 절단		
20%	1 관절 심한장해	1 관절 심한장해		5개 뚜렷한 장해	흉복부 비뇨기 약간 장애	
15%		3cm축소	첫째 손가락 절단			
10%	1 관절 뚜렷한 장해		한 손가락 절단	첫째 발가락 절단		약간의 간질
5%	한 팔 뼈기형	1cm 축소	손가락장해	발가락 절단		

CDR척도 검사결과표

구분	중증도(2점)	중증(3점)	심각(4점)
기억력	중증의 기억력 감퇴 : 고도의 숙련된 기억만 유지.	중증의 기억력감퇴 : 단편적 기억만 보유.	단편적 기억마저 상실:종종 해독하기 어려운 말이나 동문서답으로 기억력 검사를 실시 못함.
지남력	시간관계에 심각한 장애 : 대개 시간, 종종 장소에 대한 지남력 결여.	사람에 대한 지남력만 보유	자신의 이름에만 가끔 반응.
판단 및 문제해결	문제점, 유사점, 차이점 등을 다루는데 심각한 장애있음.	문제해결이나 판단을 할 수 없음.	간단한 지시나 명령에도 따르지 못함.
사회활동	집밖 활동을 외관상이나마 독립적으로 수행할 수 없음.가정 밖 활동을 수행 할 수 있을 것 같이 괜찮아 보임.	집밖 활동을 외관상이나마 독립적으로 수행할 수 없음. 너무 허약해 보여 가정 밖 활동이 불가능해 보임.	어떤 사회적인 모임에도 의미있게 참여하지 못함.
가정생활및 취미	단지 단순한 집안일만 하며, 매우 제한된 관심만 간신히 유지됨.	집안에서의 특별한 활동이 없음.	어떤 취미활동이나 가정 내 활동에도 관여 못함.
개인관리	착의, 위생상태 및 외모유지하는데 도움이 필요함.	개인관리에 더 많은 도움이 필요 : 빈번한 실금.	스스로 착의나 식사를 시도할 수 있음 : 도움 없이는 보행이 불가능함.

주요병원 1~2인실 입원비

병원명	1인실		2인실	
	최저가	최고가	최저가	최고가
삼성서울병원	200,000	480,000	172,000	184.000
세브란스병원	195,000	380,000	112,000	205,000
서울아산병원	260,000	420,000	169,000	224,000
고대안암병원	220,000	300,000	130,000	180,000
순천향서울병원	220,000	270,000	170,000	-
분당서울대병원	327,000	-	138,000	-
가천길병원	119,000	185,000	110,000	155,000
연세대원주병원	115,000	263,000	69,000	158,000
한림대춘천성심병원	140,000	180,000		
충북대병원	95,000	120,000	60,000	70,000
충남대병원	120,000	180,000	80,000	-
전북대병원	110,000	-	55,000	-
전남대병원	151000	-	59,000	76,000
경북대병원	156,000	287,000	65,000	142,000
부산대병원	155,000	-	57,000	65,000

암 간병보장

암=보험숙제 암보험이라도 잘해놓으면 기대수명까지 생존 시 보험숙제 중 3분의 1(36.2%)은 해결된다.(남자 38.7%, 여자 33.1%) 암 유병자 약 150만 명 시대다. 매년 28만 명의 암 환자가 생겨나(하루767명.2015), 한 해 출생자수(약44만)의 3분의 2에 해당하는 국민이 암환자이고, 가족을 포함하면 서울시 인구의 80%(800만)가 넘는다. 평균수명(82세)까지 3명중 1명(37%), 80세까지 절반(45%.남) 가까이 걸린다. 그러므로 인생드라마 중 [암환자]로서의 시나리오를 가지고 있어야 한다.

✓ 보험료가 오르는 이유는 예측보다 더 많이 걸리기 때문이다.
✓ 중대한 암의 기준은 1.5mm다. 암은 1cm 이상 되어야 MRI. CT. 초음파검사를 통해 발견되는데, 1cm가 되기까지 약 10년이 걸린다. 암환자란 조직검사를 통해 확진 판정을 받은 자다. 일반검진으로 발견되지 않아 보험사

는 긴장한다.
- ✓ 매일 5만개의 세포가 손상되고, 자가면역시스템이 세포를 치료한다. 그러나 40대 이후 술, 담배, 식습관, 스트레스, 환경 등으로 인한 면역기능 저하로 암환자가 급증한다. 건강검진에서 정상이 나와도 갑작스레 암세포가 증식할 수 있다.
- ✓ 53세에 대장암으로 사망한 최동원 선수. 방탕한 생활에 대한 천벌을 받은 것일까. 오히려 반대로 [독실한 기독교인, 비흡연, 채식 위주 식습관]에도 암이 발생했다. 채식을 하는 스님이 대장암에 걸리고, 평생 육식을 하던 노인이 건강한 경우가 생긴다. 누가 걸릴 지는 아무도 모른다.
- ✓ 국가에서 95%를 지원해준다해도 국민건강보험의 보장률은 63.2%다. [63.2%×95%=60%]란 말로 40%는 본인부담이다.

암=난치병 암은 불치병이 아닌 난치병이다. 암 발병률과 암 사망률은 다른 것이다. 2008-2012년 암 환자의 5년 생존율은 68.1%, 2010-2014년 암발생자 5년 생존율(상대생존율-일반인 대비)은 70.3%로 환자 3명중 2명은 5년간 생존(남 62.2%, 여 78.2%)하고, 절반은 10년간 생존한다. 암 완치 후에도 평생 추적 관리하며 살아야 하고 가족의 생활은 치료 중, 치료 후에도 지속되어야 하므로 암 발병 후 생활비 확보가 중요하다. 생존율이 높아진 이유는 갑상선암(100.1%)과 유방암(92.0%)때문이고 갑상선암의 생존율이 100%가 넘은 이유는 보통 사람보다 관리를 잘하기 때문이다. 갑상선암을 제외하면 63.1%(남 59.3%, 여 68.1%)로 내려간다. 그럼에도 1993-1995년 40.3%에 비해 대폭 상승한 결과다. 주변에 완치된 과거 암환자가 넘쳐 난다는 이야기다.

남녀 암 발생/생존율 순위(2014)

NO	전체	유병자(명)	상대생존율	남자	분률	생존률	여자	분률	생존률
1	갑상선암	30,806	100.2%	위암	17.8%	75.3%	갑상선	23.6%	100.1%
2	위암	29,854	74.4%	폐	14.8%	21.9%	유방	17.6%	92.0%
3	대장암	26,978	76.3%	대장	14.3%	78.1%	대장	10.4%	73.4%
4	폐암	24,027	25.1%	간	10.7%	33.1%	위	9.4%	72.7%
5	유방암	18,381	92.0%	전립선	8.7%	93.3%	폐	7.0%	32.4%
6	간암	16,178	32.8%	갑상선	5.5%	100.5%	간	4.0%	31.9%
7	전립선암	9,785	93.3%	췌장	2.8%	9.8%	자궁경부	3.4%	79.7%
8	췌장암	5,948	10.1%	방광	2.8%	77.5%	췌장	2.6%	10.5%
9	담낭/담도	-	29.2%	신장	2.8%	80.8%	담낭/담도	2.6%	28.4%
10	비호지킨림프종	-	69.1%	담낭/담도	2.5%	30.1%	난소	2.3%	64.1%

출처 : 국립암센터.2015

연령별 암 발생율 (남)

no	0-14	15-34	35-64	65↑
1	백혈병	갑상선	위	폐
2	비호지킨	비호지킨	대장	위
3	뇌.중추신경계	대장	간	대장
4	신장	백혈병	폐	전립선
5	고환	고환	갑상선	간

연령별 암 발생율 (여)

no	0-14	15-34	35-64	65↑
1	백혈병	갑상선	갑상선	대장
2	비호지킨	유방	유방	위
3	뇌.중추신경계	자궁경부	대장	폐
4	난소	난소	위	유방
5	갑상선	위	폐	간

출처 : 국립암센터.2014

암 병기별 생존율

병기	생존율	종양상태	생존율
1기	95%	국한 단계 (근치수술) 원발 장기를 벗어나지 않음 (2cm미만)	전립선암(100.9), 갑상선암(100.6), 유방암(98.1), 위암(95.9), 대장암(95.6), 간암(53.1), 췌장암(32.5%)
2기	70%	국소 진행 단계 주위 장기, 인접조직, 림프절을 침범	폐암(33.7), 간암(19.3), 췌장암(14.5), 갑상선암(100.4), 전립선암(97.4%), 유방암(90.6)
3기	50%	더 깊은 조직이나 림프절로 확대	
4기	5%↓	원격전이(수술불가) 골.폐.간 등 다른 장기로 전이.	갑상선암(71.6), 전립선암(42.1%), 유방암(37.3), 위암(6.3%), 폐암(5.9%), 간암(3.2%), 담낭.담도암(2.5%), 췌장암(1.7%)

암=유전병 나폴레옹 일가는 모두 암으로 사망했고 일란성 쌍둥이는 같은 암에 걸릴 확률이 높다. 엄마가 유방암일 때 딸도 2~4배의 위험하다. 즉 ①유전/가족력/생활습관 ②나이 ③흡연 ④방사선 ⑤전자기파 등이다. 가족력이란, 본인을 중심으로 직계 가족 3대의 병력을 확인했을 때 2명 이상이 같은 질병을 앓는 경우다. 가족력부터 확인하자.

국가 암 검진 프로그램

암종	검진대상	주기	검진방법
위암	40세↑	2년	위내시경. 위장조영
간암	40세↑ 고위험군	1년	간초음파. 혈청태아단백검사
대장암	50세↑	1년	분변잠혈 검사 후 대장내시경. 대장이중조영검사
유방암	40세↑	2년	유방촬영
자궁경부암	20세↑	2년	자궁경부세포검사

출처 : 국립암센터.2016

언제 필요한가 70대 노인이 가장 아쉬워 하는 것이 [암보험]이다. 친구들의 암 발병소식을 자주 듣게 되기 때문이다. 문제는 80~84세에도 암 발병 증가율이 17배가 넘는다는 것이다. 이 시기에 1~2,000만 원도 아주 큰 금액이다. 암보험이 가장 절실한 시기는 활동기다. 60세 이하 발병률은 10%에 불과하나 활동기에 발생한 암은 진행속도도 빠르고 직장을 잃은 채 생활을 지속해야 하는 어려움이 있다. 여력이 부족하면 [비갱신형+갱신형] 담보를 조합하여 저렴한 비용으로 보장받은 후 갱신형보장은 활동기 이후 보장을 삭제하면 된다.

암 사망 순위

NO	전체	분률	남자	분률	여자	분률
1	폐(C33-34)	22.6%	폐	26.6%	폐	16.2%
2	간(C22)	14.7%	간	17.6%	대장	12.5%
3	위(C16)	16.7%	위	11.6%	위	10.3%
4	대장(C18-21)	16.4%	대장	9.9%	간	10.0%
5	췌장(C25)	7.1%	췌장	6.1%	췌장	8.7%
6	담낭.담도(C23-24)	5.5%	담낭.담도	4.5%	유방	8.0%
7	유방암(C50)	3.1%	전립선	3.5%	담낭.담도	7.1%
8	비호지킨(C82-86)	2.3%	식도	2.9%	난소(C56)	3.6%
9	백혈병(C91-95)	2.2%	비호지킨	2.1%	자궁경부(C53)	3.3%
10	전립선(C61)	2.2	백혈병	2.1%	백혈병	2.5%

출처 : 국립암센터,2015

암종류별 1인당 비용

※ 교통비,간병비 포함

1.간암	6,623만	6.대장암	2,352만
2.췌장암	6,372만	7.유방암	1,769만
3.폐암	4,657만	8.자궁경부암	1,613만
4.담낭암	4,254만	9.방광암	1,464만
5.위암	2,686만	10.갑상선암	1,126만

출처:국립암센터,2009

암=보험 없어 죽는 병 이 시대의 암환자는 보험이 없어 죽는다. 보험개발원은 암보험가입자 중 진단보험금 차이에 따라 생존율이 전체 암환자 평균보다 1.4배 가량 높다고 발표했다.(아래) 현재 암보험 가입률은 67.1%지만 암진단비 확보는 3천만 원 미만으로 돈이 없어 50대 18.2%, 60대 27.6%, 70대 42.6%가 [치료포기→절망→우울] 과정을 거쳐 사망한다. 치료기술이 좋아지고 신약 개발로 비급여항목이 늘어나는 지금, 치료기간 길고, 비용이 많이 드는 [고액 암진단비] 담보는 반드시 보강해야 한다.

암진단보험금별 5년 상대생존율 (2008-2012)

구분	2,000만 이상	2,000만 미만	1,000만 미만	계
남자	54.4%	51.9%	47.6%	51.2%
여자	79.1%	75.1%	71.5%	76.0%
계	71.0%	66.3%	59.0%	66.1%

출처:보험개발원

암보험금을 높여야 하는 이유는 국민건강보험에 적용되지 않는 선택진료와 특징 때문이다. 아픈 환자는 의사의 말을 100% 신뢰하게 된다. 가령, 통증과 부작용이 적고, 짧은 회복기간, 수술 후유증이 적으나 건강보험이 적용되지 않는 치료를 받을 것인가, 아니면 건강보험에 적용되어 저렴하나 치료 효과가 적고 회복기간이 길며, 수술 후유증이 많은 치료를 선택할 것인가?

암보험 가입률

40대	59.6%
50대	75.0%
60대	65.3%
70대	42.3%

※삼성생명.2014

암사망보험금 생존율이 높아졌음에도 여전히 암은 사망원인 1위다. 전체 사망자 4명 중 1명이 암으로 사망(76,855명, 27.9%, 2015년)하고, 암사망자 중 5명 중 1명은 폐암이다. 암환자는 꼭 암으로 죽는 것이 아니라 치료과정 중 수술후유증, 항암후유증으로 사망한다. 암사망보험금은 조직검사 결과 암을 직접적인 원인으로 사망해야 한다. 만약 암진단이 확정되기 전에 사망, 암진단 후 합병증으로 사망, 사망원인을 모르거나 암에 걸려 비관 자살을 할 경우에는 분쟁소지가 있다. 치료 후 남은 치료비로 가족이 고통받지 않도록 일반사망(질병사망)보장을 별도로 확보해놓아야 한다.

연령별 암 사망순위

10대	20대	30대	40대	50대	60대	70대	80세~
뇌암	백혈병	위암	간암	간암	폐암	폐암	폐암
백혈병	뇌암	간암	위암	폐암	간암	간암	대장암
	위암	유방암	유방암	위암	대장암	대장암	위암

출처 : 국립암센터, 2015

완치 후 생긴 일 암 치료 시 전신CT(PET)촬영과 항암방사선치료로 인한 방사능 피폭은 흉부엑스선(1급 발암물질)의 200배로 새로운 암이 생길 가능성도 있고, 암은 심장, 뇌질환과 같은 뿌리이므로 완치 후에도 뇌졸중, 심근경색 등 다른 질병에 걸릴 가능성이 높다. 도둑 피하니 강도 만나게 되는 것이다. 암환자와 일반인 중 누가 치매나 기타질병에 많이 걸릴까?

> **암 후유증 = 심혈관계 질환 & 골다공증**
> 유방암이나 혈액암에 쓰이는 항암제 누적 시 심장기능을 약화시킨다. 항암제로 인한 심장 손상은 비가역적이고 치료도 매우 어렵다. 난소암으로 난소를 제거하고, 유방암·전립선암으로 항호르몬 치료를 받은 경우, 위 절제술을 받은 경우에도 칼슘의 흡수가 안 돼 골다공증이 생길 위험이 크게 증가한다. 이 같은 후유증은 서서히 진행되는 경우도 있다.

　암은 내부에 생기므로 장기를 적출하게 되면 대부분 후유장해로 연결된다. 질병후유장해는 [암, 심근경색, 뇌졸중, 당뇨합병증, 고혈압합병증, 치매, 간, 척추, 안구질환(시력저하, 실명), 관절질환] 순이다. 암 치료비는 통상 1~2천만 원, 평균 입원일수는 10.9일이다. 암보험의 핵심은 치료에만 전념하기 위한 생활비와 간병비 확보다. 만약 주부가 항암치료를 받는다면 진단비는 최소 2년 치 생활비가 필요하다.(월 300만×12달×2년=7,200만) 문제는 이 돈을 어떤 보장으로 준비하느냐. 암진단비는 진단만 받으면 지급되므로 별도 [암 전문보험] 가입을 통해 최대한 많이 확보해야 한다. 치료비 외에도 ① 병원까지의 교통비, ②대체요법 비용, ③영양보충을 위한 비용, ④간병비 ⑤ 충분한 휴식 등 간접비용도 만만치 않다. 물론 향후 암이 정복되거나, 국민건강보험의 보장성이 좋아진다면 보험금은 통장에 쌓아 두면 된다. 암 입원일당이 중요한 이유는 건강보험이 적용되는 6인실을 구하기가 하늘의 별 따기 같기 때문이다. 단, 암치료를 위한 방사선치료, 수술, 항암치료를 위한 입원은 인정하나 요양병원 입원은 인정하고 있지 않다.

[치료 포기 확률]

50대	60대
18.2%	27.6%

① 생활비 (암 발병으로 실직 83.5%)
② 간병비 & 요양비
③ 치료포기 혹은 충분한 치료 선택
④ 매년 추적 검진
⑤ 2차암, 재발, 전이 확률
⑥ 후유장해
⑦ 기타질병

암 발병 전   암진단

국립암센터 평균 치료비 및 평균 입원일수

암종	수술명	평균치료비	평균입원일수
간암	간절제술(간염/부분)	1,001/733만	20/15일
	혈관색전술	312만	5.7일
난소암	난소절제술(양쪽)	853만	19.2일
대장암	직장절제술	1,054만	22.9일
방광암	방광수술(요도내시경)	147만	5.9일
식도암	식도적제술	1,661만	23.8일
신장암	신장수술	451만	10.5일
유방암	유방절제술(전체/부분)	350/195만	7.4/7.0일
위암	위절제술(전체/부분)	689만/634만	14.5/14.6일
자궁경부암	자궁적출술(림프절포함)	454만	11.9일
전립선암	전립선정낭적출술	395만	11.4일
췌장암	췌장절제술(전체/부분)	1,223/81.3만	25.3/18.5일
폐암	폐절제술(흉강경이용)	916/873만	18.3/11.6일

출처 : 국립암센터,2017

※ 진료비는 [공단부담금+본인부담금]을 합한 금액
※ 진료비=특진료(선택진료비), 특실료 등 비급여대상과 환자본인 부담항목은 제외

암진단 이후에도 보장은 지속되어야 하므로 실효되지 않기 위해 암진단 시 ①납입면제 여부, ②재발방지를 위한 추적 검사비용과 헬스케어 서비스가 필요하다. 암진단비는 지급 후 삭제되므로 반복 지급되는 [암 수술, 암 입원, 암 입원일당, 질병후유장해담보]를 확보해야 한다.

2011.4월 약관개정 이후 가입한 암 보험은 최초 발생한 암(원발암)이 전이된 경우는 보장되지 않는다. 예를 들어 갑상선암이 림프절로 전이되어도 '갑상선암'의 치료비용만 보장된단 의미다. 이전까지는 가입금액 내에서 전이암까지 보장되었지만 이후 가입한 보험은 제외됨으로 반드시 '2차암 보장'과 '재발암 보장'을 추가해야 한다. 30~40대 유방암 확률은 절반(50%)이다. 소액암에 걸려도 재발할 확률이 높다. 항암방사선치료 후, 남은 암세포는 더 강해지는 반면 암환자는 면역력이 떨어져 갑상선암이라도 전이되거나 일반암도 재발할 경우 생존율이 낮은 말기암으로 진행될 수 있다.

2007.4.1일 이전	2007.4.1일 이후	2011.4.1일 이후
갑상선암=일반암	갑상선암=소액암	갑상선암=소액암
악성신생물 (C44기타피부암제외)	악성신생물 (C44기타피부암, C73갑상선암 제외)	악성신생물 (C44기타피부암, C73갑상선암 제외) [유의사항] C77~C80(불명확한.이차성 및 상세불명 부위의 악성신생물의 경우 일차성 악성신생물이 확인되는 경우 원발부위를 기준으로 분류합니다.

*2020.3.31일까지 암보험 : '체결 당시' KCD(한국표준질병사인분류) 적용.
*2020.4.1일 이후 암보험 : '진단 당시' KCD기준 적용.

- ✓ **2차암** 2차암 발병위험은 2.3배이고 폐, 유방, 대장, 자궁내막, 난소암에서 발병한다. 2차암 발병확률은 폐암 2.1배, 대장암 4배, 소화기계통 암(간,담도,췌장암)은 1.9배, 비뇨생식기암(전립선)은 2.6배나 된다. (국립암센터,96~02년 추적조사)
- ✓ **재발암** 5년 이내에 재발가능성이 높다. 반면 5년 이후는 재발과 전이될 확률은 떨어질까?
- ✓ **잔존암** 기존 암세포가 동일 부위에서 증식.
- ✓ **전이암** 원발암이 다른 부위로 전이된 암.

생존률 증가로 달라진 암보장

유사암	소액암	특정암(손보)	고액암(생보)	이차암	재진단암
1.기타피부암 2.갑상선암 3.대장점막내암 4.제자리암 5.경계성종양	1.전립선암 2.자궁암 3.유방암 4.방광암 5.난소암	1.뼈&관절연골 암 2.뇌&중추신경계통암 3.림프/조혈&관련조직암 4.식도암 5.췌장암	1.뼈&관절연골 암 2.뇌&중추신경계통암 3.림프/조혈&관련조직암	1.이차암 2.전이암	1.새로운암 2.전이암 3.재발암 4.잔존암

➡ 암 생존률 증가에 따른 추가보장 필요

CI보험의 포지션 CI보험은 질병보험이 아닌 기능이 확대된 종신보험이다. 질병보험이 아닌 종신보험의 시각으로 봐야 한다. 정리하자면 ①사망보험금을 목적으로 하는 종신보험이면서도 ②중대한 질병에 걸렸을 때 50~80%를 선지급 받아 치료비와 간병비로 활용하는 ③강력한 납입면제 기능이 있는 멀티플레이어보험이다. '중대한'이라는 자체 기준으로 지급되고, 질병보험은 '질병코드' 방식으로 보험금이 지급된다는 점이 다르다. 만약 CI보험에서 '중대한'이란 말이 빠지면 보험료는 더 올라야 할 것이다. CI보험에서 암보장은 다른 암보험과 큰 차이가 없고, 보장범위의 차이만큼 보강하면 된다. CI보험의 핵심은 '강력한 납입면제'다. 납입면제 받을 확률이 가장 높아 30년 납도 가능하다. CI보험의 납입기간은 '납입면제 받을 때'까지다. 과거엔 CI진단을 받으면 사망위험이 높았지만 지금은 납입면제 후 생존확률이 높아졌다. 보험사가 파산한다면 종신형 연금보험과 CI종신보험의 납입면제 때문일 것이다. 월 100만 원(20년납)의 CI보험료를 내던 중 2년 시점에 암 또는 심장질환이 발생한다면 무려 2억 1,600만 원의 돈을 보험사에서 대신 내 주게 된다.(총 보험료 2억4천만-낸 보험료 2,400만=납입면제 2억 1,600만) 납입면제를 기능으로 보지 말고 '보장(지렛대)'으로 봐야 한다. 다만 과거에 가입한 CI종신보험의 특약기간이 80세이므로 100세 보장으로 업그레이드해야 한다.

GI보험 GI보험(General Illness Insurance)은 CI보험의 '중대한', '치명적인'이라는 단서를 없애고 보장범위를 넓힌 것으로 주계약에서 보장하는 질병에 대해 질병코드 방식으로 보장받을 수 있다. 암보장 측면에서는 CI보험이 영구 신경학적 결손이 발생해야 하지만 GI보험은 질병코드만 받으면 된다. 그러나, CI보험이 보장 제외된 암을 제외한 모든 '중대한 암'을 보장하는 반면, GI보험은 열거된 암에 한정, 발병률 높은 유방암, 남녀생식기암, 기타 피부암, 갑상선암 등은 제외된다. CI보험은 '중대한 뇌줄중', GI보험은 '뇌출혈'만 보장되어 발병 확률이 80%인 뇌경색은 제외된다. 뇌경색이 영구적인 신경학적 결손은 장해율이 보통 50%가 넘으므로 쉽게 '25%장해율'을 넘을 수 있다.

암보험의 암 VS CI보험의 암

NO	암보험	코드	CI보험의 암분류
1	입술 구강 및 인두의 암 (악성신생물)	C00~C14	
2	소화기관의 암(악성신생물)	C15~C26	대장점막내암 면책(보상 제외)
3	호흡기 및 흉곽 내 장기의 암	C30~C39	
4	뼈 및 관절연골의 암	C40~C41	
5	흑색종 및 피부의 기타 암	C43~C44	C43 : 피부의 악성흑색종 (1.5mm미만) 면책
6	종피성 및 연조직의 암	C45~C49	C44 : 기타 피부의 암 면책
7	유방암	C50	
8	여성 생식기관의 암	C51~C58	
9	남성 생식기관의 암	C60~C63	
10	요로의 암	C64~C68	80 이하, T1c 이하인 모든 전립선암 면책
11	눈,뇌 및 중추신경계의 기타부위의 암	C69~C72	
12	갑상샘 및 기타 내분비샘의 암	C73~C75	
13	불명확한, 속발성 및 상세불명부위의 암	C76~C80	C73 : 갑상샘 초기암 및 갑상샘암(2.0cm미만) 면책. 크기 상관 없이 갑상샘 내 존재하면 면책(한화생명)
14	림프,조혈 및 관련조직의 암	C81~C96	
15	독립된(원발성) 다발성 부위의 암	C97	
기타			기타 HIV감염과 관련된 암 면책 중대한 질병 및 수술보장 개시일 이전 재발 OR 전이
제자리암 (D00~D07, D09)			D코드 진단시 면책, C코드가 '중대한 암' 보상
경계성종양 (D37~D44, D47.0, D47.2, D47.7, D47.9, D48)			

주요 비급여 수술

로봇치료와 첨단 치료시대가 열리고 있다. 문제는 수술비용이다.

[중입자 암치료]
- 120미터 크기의 초대형 중입자가속기 안에서 탄소입자를 빛의 속도의 80% 수준까지 끌어올린 후 초당 10억 개의 원자폭발을 일으키며 암세포만 파괴한다.
- 2~6회로 시술로 췌장암, 폐암 후유증 없이 완치율 80%

치료비 : 3천만 원(비급여)

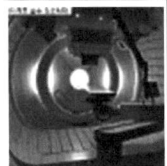

[양성자 암치료]
- 부작용 없는 꿈의 치료기로 양성자. 중입자를 생성, 빛의 60% 속도로 암을 타격하여 정상조직의 부작용을 최소화한다. (28~30회)
- 폐암, 간암, 뇌종양, 두경부암. 소아암

1회 30분 치료비 : 2,500만 원(비급여)

[고주파 열치료술]
- 암세포는 42도, 정상세포는 44도에 죽는다.
- 초음파나 CT검사와 더불어 고주파를 이용, 암세포 종괴 및 주변 온도를 70~80%로 올려 암세포를 제거한다.
- 복부.간.담도.골반 및 생식기 부위 치료에 탁월하다.
- 1시간 정도 시술 후 문제 없으면 24~48시간 내 퇴원 가능하다.

1회 치료비 : 350만 원

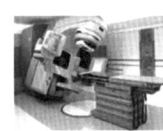

[사이버 나이프]
- 돋보기로 종이를 태우듯 방사선으로 암세포를 태운다.
- 움직이는 신체변화에 다라 초점을 맞춰 방사선 투여한다.
- 1~5회 치료 시 종양제거가 가능하다.
- 수술 불가능한 폐암, 췌장암.전이된 암에 탁월하다.(생보 3종수술)

목위 (2~3백만원-급여)
목 아래 (1천만원-비급여)

[하이푸 나이프]
- 고강도 초음파를 중앙에 집중으로 태워 제거하는 시술이다.
- 암세포만 집중 공격으로 부작용이 없다.
- 특히 유방암의 경우, 유방절제없이 치료 가능하다.

치료비 1천만 원 (비급여)

[로봇수술]
- 전립선 암치료에 탁월하다.
- 연세세브란스병원이 유일하다.

1회수술비 : 1,500만 원

주요 비급여 암치료제

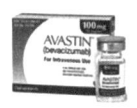
[아바스틴]
· 암 환자의 희망으로 대장암.직장암.결장암.폐암.유방암 표적치료제로 각광받고 있다. 비용은 살인적이어서 부자가 아니면 선택하기 어렵다.

한달 약값 500만 원

[넥사바]
· 진행성 신장세포암 치료제로 투약 후 생존율 39% 상승. 간세포성 암, 국소 재발성 또는 전이성의 진행성 분화 갑상선암

신장암 년 180만 원
간암 년 3,700만 원

[이레사]
· 폐암 말기환자들이 복용, 말기 폐암환자 210명 대상 결과 18%가 병세호전, 34%가 병세악화가 없었다.

한달 약값 160만 원

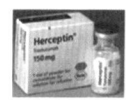
[허셉틴]
· 유방암. 위암치료제로 초기 환자들에게 획기적인 약으로 각광 받고 있다. 임상결과 생존율 12%증가, 재발 위험 150% 감소했다.

한달 약값 400만 원

[제바린]
· 악성 림프종 치료제로 방사선 치료 시 방사선이 암세포에 정확히 전달해 쉽게 사멸시킬 치료제

1회 투여 2,000만 원

암세포 증식 억제와 세포사멸을 유도하는 항암 표적치료제는 암세포가 가지는 특징적인 단백질이나 항원에 선택적으로 작용, 심장기능 저하, 탈모, 설사, 구토, 구역, 면역저하 등 부작용이 적고 치료효과가 잘 나타나지 않는 환자에게 긍정적인 효과를 기대할 수 있다.

암보장에 집중해야 할 이유

유방암	폐암
· 엄마가 유방암 일 때 딸도 [확률 2~4배] · 30세 이후 첫 출산 시 [확률1.5배] · 잦은 음주, 과음, 비만 시 [확률1.5배]]	· 암사망1위. 고액치료비 · 하루 담배2갑 [확률20배] · 석면취급직업 [확률5배] · 남편흡연 시 배우자 [확률2배]
간암	대장암
· 50세 여성 주의 · 간염바이러스 예방과 만성간질환에 대한 정기검진 중요 · B형 간염바이러스 경험 시 [확률20배] · 급성간염 경험자 [확률4-5배]	· 패스트푸드. 인스턴트. 트렌스지방 섭취 · 크론씨 등 대장염환자 [확률4-20배] · 육류과다섭취 [발생확률2-3배] · 대장폴립/선종성 대장폴립 [확률2-3배] · 40~50대 남성 40%는 대장용종 보유
위암	자궁경부암
· 째고 매운 식단 [확률 10배] · 불에 바싹구운 고기 [확률 6배] · 절인 생선,소시지 등 훈제 [확률4-6배] · 헬리코박터균 보유 40%, [확률 2-3배]	· 환자 99.7%↑ 인유두종 바이러스균 감염 · 성병감염자 [발생확률 5-10배] · 성관계 대상 자주 바뀔 때 [확률2-3배] · 20세 이전 결혼여성 [확률2-3배]

심장질환 VS 뇌졸중

심장질환 사망원인 2위(전체10.2%) 질병이다. 심장병은 미국에선 1위이므로 우리 나라도 1위가 되는 것은 시간문제다. 급성심근경색 환자는 매년 2만3천명(폐암 2만4천명)이 발생하고 생존비율(5%)이 낮다. 심근경색은 예고없이 찾아오고 일단 발생하면 4분 내 심폐소생술을 하지 않으면 뇌세포가 영구 손상되어 사망(30%) 혹은 뇌졸중(17배)과 후유장해로 연결된다.

분류	허혈성심장질환	급성심근경색	CI보험
협심증 I20	O		
급성심근경색증 I21	O	O	O
이차성심근경색증 I22	O	O	O
급성심근경색증에의한 특정현존합병증 I23	O	O	O
기타급성허혈성심장질환 I24	O		
만성허혈성심장질환 I25	O		

뇌혈관질환 뇌질환은 암과는 달리 어느 날 갑자기 찾아와 유언 한마디 남기지 못하고 사망하거나 혈관성 치매로 간병(장기요양)상태가 된다. 뇌졸중은 뇌혈관장해로 인한 질환을 포함하며 매년 8만6천명(갑상선암의 2.4배)의 환자가 발생하고, 10명 중 2명은 사망(18%), 1명은 완전 회복(9%), 나머지 7명은 후유장해(73%)가 된다. 30~40대 돌연사의 원인이고 40대 환자가 20%다. 치료비는 경미한 뇌출혈 약 200만 원, 중대한 뇌출혈 약 1,000~1,500만 원이 소요된다.(간병비+재활치료비)

질병분류	뇌혈관질환	뇌졸중	뇌출혈	CI보험
지주막하출혈 I60	O	O	O	O
뇌내출혈 I61	O	O	O	O
기타비외상성 두개내출혈 I60	O	O	O	O
출혈 또는 경색증으로 명시되지 않은 뇌졸중 I64	O			O
뇌전동맥의 폐쇄 및 협착 I65	O	O		
대뇌동맥의 폐쇄 및 협착 I66	O	O		
기타뇌혈관질환 I67	O			
달리 분류된 질환에서 뇌혈관장애 I68	O			
뇌혈관질환후유증 I69	O			

보험금 관련 TIP

1. 보험금 관련 주의
- 일상생활배상책임 : 증권에 기재된 주소와 거주 주소가 일치되어야 한다.
- 계약자, 피보험자가 다르면 반드시 자필서명을 해야한다.
- 사망 시 수익자 지정 : 이혼한 어머니의 27년만에 나타나는 경우가 있다.

2. 보험금 청구시효 3년
- 입원일당 : '퇴원일'로부터 3년 (사고일 아님)
- 수술비 : '수술일'로부터 3년 (진단일 아님)
- 암진단비 : '조직검사 통보일'로부터 3년 (진단확정일 아님)
- 후유장해 : '장해판정일'로부터 3년 (안구 – 12개월, 신경정신계 – 18~24개월)

3. 보험사고 조사 시 동의해야 할 사항
- 회사의 서면 조사요청 동의 : '의료기관, 국민건강보험공단, 경찰서 등 관공서에 대한 회사 서면에 의한 조사요청에 동의하여야 함. 다만, 정당한 사유 없이 동의하지 않을 경우 사실확인이 끝날 때까지 지급지연에 따른 이자를 지급하지 아니한다.
- 건보 급여내역, 국세청 연말정산 자료 등을 발급하여 제출해 달라는 요청에 응해야 할 의무 없다.(다만 지연이자만 포기)
- 진료기록 열람 위임장, 동의서에 '환자의 동행 없이 제3의료기관 의료자문 및 소견서 발급 불가함'을 기재한다.(분쟁 최소화)

4. 의료자문, 소견서 요청 시
- 의료법 제17조(진단서 등) 위반소지 : 환자를 직접 진찰하지 않은 의사는 환자에 대한 진단서, 검안서, 증명서 또는 처방전을 작성하여 교부할 수 없다.
- 의료자문을 해야 할 경우, 병원명, 자문의사명, 최근 2년 이내 해당 보험사로부터 의료자문 시행여부를 공개요청 (주치의 소견서 발급 시 가급적 병원에 동행해야 함)

5. 보험금 지급 거절, 계약 해지 등
- '보험업감독규정 9-20조 (보험회사의 의무) : 보험회사는 보험계약자, 피보험자, 보험금 청구권자가 요청할 때에는 보험회사에서 조사 의뢰한 손해사정회사에서 작성한 손해사정서를 열람 혹은 그 사본을 교부하여야 한다.

6. 금융감독원, 한국소비자원 민원 청구

- 보험계약에 대한 분쟁 시 금감원과 한국소비자원에 민원청구와 조정이 가능하다. 두 기관에 동시 민원청구 할 수 없으면 소송 중인 사안은 민원이 불가하다.
- 소요기간 90일, 충분한 자료준비 - 손해사정를 통한 반증자료 필요하다.
- 고지의무 위반사항이 중요한 사유인지 확인해야 한다.

보험금청구 관련

1. 보험가입자는 대부분 실효기간 내 일어난 사고는 청구하지 않지만 보험계약이 실효상태인데도 교통상해보험금이나 암진단비를 청구하면 회사는 보험금을 지급한다. 보험사는 실효 14일 전 등기로 실효사실을 안내해야 한다. 등기 안내장을 받지 않는 한, 실효상태에서도 여전히 보험이 살아 있다. 실제로 등기를 받는 것은 실효된 다음 일이므로 실효된 달은 조건 없이 부활을 해준다. 실효 후에도 실효 해당월 안에 미납금을 납부하면 된다.
2. 가입 당시 '전기간 부담보'라도 '청약일'로부터 5년이 지나면 보상이 된다. 단, 5년간 그 질병으로 추가진단(단순 건강검진 제외) 또는 치료사실이 없어야 한다.
3. 손해사정사가 건강보험 조회를 요구할 시에는 한국인터넷진흥원-개인정보침해신고센터로 신고한다. (5년 이하 징역, 5천만 원 이하 벌금)
4. 골절진단비 중 2007년 이전 상품은 치아파절이 보장되므로 적극적으로 신청한다.

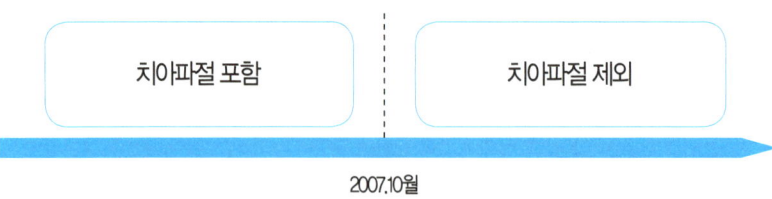

계약 전, 고지의무 위반으로 인한 해지

상법 제 651조 (고지의무위반으로 인한 계약해지) :
회사는 <u>계약일로부터 3년 내 해지가능</u>

✓ 사고와 고지의무 위반과의 인과관계 부존재에 대해서는 보험계약자측이 입증책임을 부담한다.

✓ 생명보험의 경우 청약서에 피보험자의 직업 또는 직종별로 보험가입금액의 한도액이 명시되어 있음에도 불고지, 부실고지한 경우에는 청약서상 직업 및 위험등급별 보험가 입금액 범위로 보상을 제한하고 인수거절 사유였다면 (손해보험과 동일하게) 면책한다.

✓ 계약자, 피보험자가 대리진단, 약물복용을 수단으로 진단절차를 통과하거나 진단서 위.변조 또는 청약일 이전에 암 또는 에이즈의 진단 확정을 받은 후 이를 숨기고 가입 하는 경우에는 <u>보장개시일로부터 5년 이내에 취소</u>.

보험금은 청구하지 않으면 단 한 푼도 나오지 않는다.

06

4장으로 끝내는 LC백지설계

◆ 백지설계를 마스터하라

◆ 우리들의 인생이야기

◆ LC 그리기

◆ 백지 보장설계

◆ 백지 은퇴설계

◆ 어린이, 120세 콜럼버스

◆ 손해보험, 실손 보상카트 만들기

> 아이든 어른이든 알게 된 것을
> 몸에 익숙해지도록 훈련하고
> 기꺼이 행동할 때 성장해간다.

백지설계를 마스터하라

맛집은 다소 불친절해도 손님이 끊이지 않는다. 식당의 본질은 맛이다. AS가 잘 되는 제품과 AS가 필요 없는 제품 중 소비자는 어느 쪽을 선택할까? 후자일 것이다. 의사가 넘쳐나도 명의에게로 환자가 몰려들듯, 재무주치의인 FP 일의 본질은 AS가 필요없는 '설계능력'이다. 다소 고객관리가 부족하다 해도 설계에 강해야 만족한 고객으로부터 추천과 소개가 이어질 수 있다.

재무설계란, 인생지도(LC)를 펼쳐 돈이 절실한 시기를 살펴보고, 필요한 크기의 돈의 구름(목돈)을 만들어 '국지성 호우'를 내리게 만드는 일, 돈 가뭄에 대비하여 저수지(통장)도 만들고 댐(보장)도 쌓아 살아생전 지갑에 돈이 떨어지지 않도록 하는 일, 그러기 위해 돈을 만들고, 모으고, 불리고 지키는 방법을 고객과 함께 의논하는 일이다. 이 과정을 좀 더 쉽고 효과적으로 도우려면 명확한 전달 도구가 있어야 한다. 지금부터 다룰 4장 백지설계가 FP를 훈련하는 교재이자 고객과 소통할 도구다. 특별한 자료 없이도 종이와 펜, 계산기만으로 고객의 인생을 논하고, 설계할 수 있다면 멋지지 않을까. 백지설계란 종이에 쓴 재무설계이므로 백지설계를 내 것으로 체득한다면 신인이라도 일의 핵심을 잡은 것으로 연속적인 고액판매가 가능해진다.

첫째, 스토리텔링으로 컨셉세우기

대학교수가 유치원생과 소통하려면 어떻게 하는가? 먼저 무릎을 꿇어 눈높이부터 맞추고, 하고 싶은 말을 재미있는 스토리로 바꿔야 할 것이다. FP도 고객의 눈높이에서 소통하기 위해 익혀야 하는 것이 '우리들의 인생이야기' 스토리텔링이다. 짧은 시간에 고객에게 전해야 할 보험의 핵심 개념들을 스토리로 정리해놓은 '컨셉덩어리'이므로 고객에게 그대로 전해도 좋고 백지에 그림을 그려가며 설명해도 좋다. 먼저 ①전체 내용과 논리를 이해한 후 백지에 그림을 그려가며 소리 내어 읽자. ②매일 활동 전 반복하여 안 보고도 술술 풀어내도록 하여 '훈련된 입술'을 만들자. 이 스크립트를 내 것으로 만든다면, 매일 보험인으로서 일의 방향을 잡는 것은 물론이고 상담 중 스크립트 속 개념들이 살아 움직이며 자기도 모르게 개념들을 조각조각 활용하고 있는 자신을 발견하게 될 것이다.

둘째, LC그리기로 상담의 첫 단추 열기

아직 인생경험이 부족한 20대 신인이 나이가 지긋한 고객의 인생문제를 지적할 수 있을까? 아마 만만치 않을 것이다. 고객의 인생문제를 직접적으로 건드릴 수 없다면 고액 판매는 접어야 한다. 방법이 있다. FP인 내가 이야기하는 것이 아니라, 전달된 LC가 대신 이야기하도록 하면 된다. LC에는 보험이야기가 전혀 없고 오직 고객의 이야기만 들어 있어 보험냄새 없이 상담의 첫 단추를 풀 수 있다. 추가로 전달할 내용은 포스트잇을 붙여 전달하면 된다.

나이 많은 FP도, LC를 통해 젊은 고객과 소통할 수 있다. 지휘자는 수많은 연주자와 한 장의 '악보'로, 의사는 환자와 X-레이 사진으로 소통한다. 의사는 환자에게 어떤 말을 해야 할지 특별히 고민하지 않는다. X-레이 사진이면 충분하기 때문이다. FP에게 X-레이는 LC다. LC를 통해 친숙단계를 거치지 않고도 본론으로 바로 들어갈 수 있다. LC가 상담과정을 인도하고, 고객을 집중시키고 기 때문이다. 세상에서 가장 관심 있는 이야기가 자기 인생시간표요, 가족의 스토리 아닌가. 처음 소개받은 고객이라도 사전에 LC를 그리며 상담의 윤곽을 잡고 '고객의 현재 재정상태는 어떤지, 어떤 위험이 있을 수 있는지, 어떤 해결책이 있는지' 등을 고민해보고, 고민한 내용을 백지와 포스트잇에 정리하면서 자연스럽게 상담준비가 되고, 그 고민과정 자체가 FP의 진심 眞心이 된다. 즉 '상담준비'란 'LC그리기=진심을 만드는 과정'이고, '상담'이란 진심과 함께 LC를 브리핑하는 과정인 것이다.

우리는 매일 똑같이 보험정신에 충만할 수 없고 감정과 컨디션도 달라질 수 있다. 하지만 고객의 인생이란 한마디로 과거.현재,미래로 구성된 '시간'일 뿐이고, 모든 고객은 LC선상에 위치하고 있는 것이다. LC를 무기로 상담을 진행하게 되면, 우왕좌왕하지 않고 같은 수준의 상담 품질을 유지할 수 있게 된다. 그 결과 실적의 등락도 사라진다. 대부분의 사람들은 현재 자신의 나이를 인식하지 못하고 살다가 전달된 LC를 통해 자신의 '시간'을 보게 된다. 다가올 미래와 인생이벤트, 미래까지 남은 준비기간 등을 생각하며 손 놓고 있던 재무포인트와 잘못된 가정들을 바로 잡게 된다. 다음 질문들은 LC 전달과 함께 던지는 시간의 이슈들이다.

"지금 나이에 10년을 더하면 몇 살이 되시나요? 그럼, 배우자와 자녀도 몇 살이 되죠?"

"10년 후는 어떤 모습이실까요? 지금처럼 행복하고 성공가도를 달리고 계시겠지요. 그런데 그 행복과 성공의 걸림돌이 있다면 어떤 것이 있을까요?"

"10년 후 미래를 위해 혹시 어떤 준비를 하고 계시나요? 그 준비들이 꿈꾸는 목표를 이룰 수 있다고 보시나요? 구체적으로 지금 가진 통장으로 노후에 어느 정도 생활이 될까요?"

셋째, 고객을 고민시키는 부족자금 계산

　누구나 노후를 걱정하고 있다고 말한다. 그러나 막상 아무 준비도 못 하고 있는 경우가 대부분이다. '막연'하기 때문이다. '숫자'로 구체화시켜야 한다. 인생의 5가지 부채와 노후자금을 숫자로 바꾸면 그제야 잠이 안 올 정도로 고민하게 된다. 고민이 보험의 씨앗이고 고민시키는 것이 백지설계다. 이 과정이 생략된 보장분석이나 가입 제안은 계약부터 서두른다는 오해를 일으키기 쉽다. 또, 보장분석만으로는 보장을 조금 늘리거나, 보험료를 줄이는 것이 전부이고 근본적인 문제를 지적하기에는 부족하다.

우리들의 人生이야기

자산의 위치이동^{전반부}

우리는 지금 현재에 있습니다. 언젠가는 반드시 목적지에 가시죠. 목적지를 다른 말로 '노후'라고 합니다. 목적지에서의 삶은 4가지입니다. 1.(탄탄대로인) 아스팔트가 될 수도 있고, 2.(울퉁불퉁한) 맨땅이 될 수도 있습니다. 3.(치매에 걸려 고생하는) 진흙탕이 될 수도 있고, 4.(암이나 질병에 걸려 고생하는) 자갈밭이 될 수도 있습니다.

우리는 누구나 다 이 탄탄한 아스팔트에서 벤츠를 타고 다니고 싶어하죠. 하지만 뜻대로 될까요? 티코가 될 수도 있고, 혹시 아세요? 11번 버스라고. 마을 버스가 아니라 두 다리 버스입니다. 몸이 아프면 휠체어를 탈 수도 있습니다. 그런데 목적지까지는 그냥 가는 것이 아니죠. 반드시 건너야 할 큰 바다가 놓여 있습니다. 그 바다 이름을 '인생'이라고 합니다.

인생은 생방송이란 노래를 아세요? 인생은 재방송이 있을까요? 없겠죠. 한 번 가면 돌아올 수 없는 바다죠. 그런데 이 바다를 건너려면 어떻게 해야 할까요? 걸어갈 수도 없고, 헤엄쳐 갈 수도 없고, 날아갈 수도 없습니다. 어떻게 해야 할까요? 배가 필요하겠죠. 그 배 이름을 바로 '보장'이라고 합니다. 이 보장이라고 하는 배는 선장이신 가장이 (선박제조전문가의 도움 받아) 준비하는 것인데요. 선장님은 이 배 위에 선장님과 부선장인 엄마, 자녀와 심지어 부모님까지… 이런 승선인원과 보물을 싣고 갑니다. 배는 목적지까지 가서 쓰고 버리죠. 보물은 목적지까지 가서 현찰로 바꿔서 벤츠를 살 겁니다.

문제는 보물의 현재 형태죠. 현재는 주식과 채권과 같은 유가증권, 예금, 적금, 저축성보험, 특히 부동산과 실물자산이 90%에 육박한다는 것입니다. 문제는 목적지에서 가치가 폭락한다는 것이죠. 그래서 2005년부터, 금융자산으로 자산의 위치이동이 시작된 것입니다.

점검이 필요한 이유 _{후반부}

그리고, 이 보장이라는 배는 보물을 일부만 팔아서 구입합니다. 다~ 팔면 벤츠를 못 사겠죠. 그래서 이 보물을 좀 아끼고자, 싼 맛에, 인터넷이나 홈쇼핑에서 나룻배를 구입했습니다. 어떨까요? 문제가 있겠죠. 이번에는 (보물을) 싹~ 팔아서 럭셔리한 항공모함을 구입(해서 크루즈로 개조)했습니다. 이번엔 어떨까요? 더 큰 문제가 생겼죠. 보물을 다 팔았으니 벤츠를 살수 없겠죠. 결론적으로 손가락만 빨고 있게 되거나, 평생 일해야 한다는 것입니다. 65세 이상, 한국남자의 절반이상이 생계를 위해 일하고 있는 현실이죠. 그러면 어떤 배를 구입해야 할까요? 맞춤배죠. 당연히 전문가의 도움이 필요할 겁니다. 하지만 현재까지 아무런 문제가 없다손치더라도… 여기는 바다잖아요. 상황변화가 극심하죠. 지도에도 없던 새로운 암초가 생겨나거나, 승선인원이나 보물이 커져버리면 마치 고속버스에 티코바퀴, 벤츠에 티코엔진, 뭐 이런 상태가 되는 것이죠. 그래서 점검이 필요합니다. 점검받지 않고 운행하다가, 풍랑을 만나 좌초해버리고 난 다음, '아! 설계가 잘못되었구나, 점검받아볼 껄'…하지만 때는 이미 늦었죠. 마찬가지로 구입하신 점검이 필요합니다.

지금 저와 함께 점검해보시지 않아도 또 한 번의 기회는 남아있습니다. 언제인지 아세요? 바로 죽었을 때입니다. 암에 걸렸을 때죠. 하지만 때는 이미 늦었죠. 그래서 미리 점검해보셔야 합니다. 점검방법은… (사전에 저와 함께) 죽어보는 겁니다. 암에 걸려보는 것이죠. 물론 가정한다는 겁니다. 진짜 죽고, 진짜 걸리기 전에, 시급히 저와 함께 '해' 보셔야 합니다.

> 누구나 인생에 있어 미숙한 초보 항해사다. 어떠한 경우라도 가족의 항해는 지속해야 하고, 안전하게 목적지에 도착해야 한다. '보험가입=항해준비'다. 암초지대와 같은 위험지역이 그려진 항해지도도 없는 출항은 결과적으로 '미필적 고의에 의한 기획 침몰'이다. 내 보험이 침몰기획인지, 안전기획인지, 아니면 중간에 연료가 떨어져 망망대해 가운데 서 버릴지도 예상해야 한다.

TIP. 사고 실험思考實驗이란 실체나 개념을 이해하기 위해 가상의 시나리오를 이용하는 것.

LC 그리기

LC를 활용하여 한 가정에 6~7건을 체결하는 부산에서 활동하는 안철용 FP, 고객을 떠올리면 머릿속에서 LC 곡선이 올라간다고 한다. 그에게 있어 모든 고객은 LC선상에서 존재한다. 내일 새로 소개받은 가정과의 상담준비를 위해 사무실로 돌아온 그는 책상에 앉아 LC부터 그리기 시작한다. 이것은 출근 후 컴퓨터를 켜는 것처럼 그가 프로세스를 시작했다는 뜻이다. 이 거룩한 작업은 10년 이상 변함없이 지속해온 습관이다. 가입설계서는 어떻게 판매할까를 알려 주지만, LC는 어떤 문제인지$^{What\ to\ do}$, 어떤 조치가 필요한지 $^{how\ to\ do}$, 어떤 말부터 시작해야 할지$^{what\ to\ say}$를 알려 주기 때문이다. 처음 소개받은 예비 고객과의 상담도 겁나지 않는다. LC를 그리면서 상담 전략을 수립할 수 있고 재무정보를 몰라도 전화로 막내나이까지만 물어보면 그릴 수 있기 때문이다.

분당에 사는 정광현(43세)씨는 40세 아내와 유치원에 다니는 두 자녀 (6세 아들, 3세 딸)를 둔 중소기업에 근무하는 외벌이 직장인이다. 아내(40세)에게는 비정규적인 수입이 있다. 월수입은 350만 원, 한 달 보험료는 90만 원으로 부담에 비해 보험료가 적절한지 궁금한 차에 지인을 통해 상담을 요청해 왔다. 우선 톡으로 보험증권을 받아 정리한 후 LC부터 그리기 시작했다.

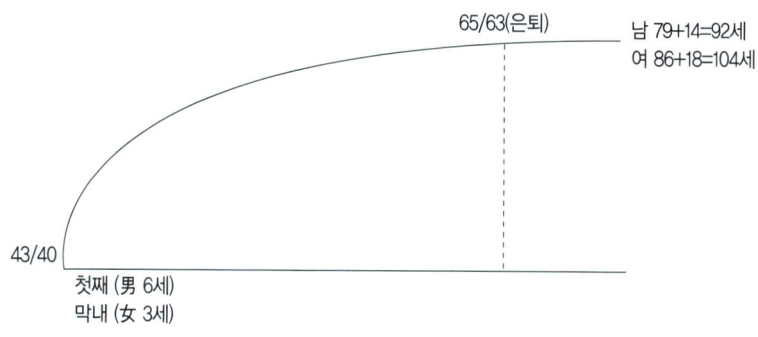

- 백지에 '시간의 곡선'을 그린 후, 가족 나이와 은퇴시점을 표시한다.
- 수명은 10년 당 4년씩 증가하므로 남편은 36년(79세-43세) 후 약 14년, 부인은 46년(86세-40세) 후 약 18년이 증가한다.

안철용FP는 기본 라인(line)을 그린 후 생각에 잠긴다. '참~행복한 가정이겠다. 해맑은 아이의 웃음소리가 끊이지 않겠네. 자녀들이 아직 어린데 부모 나이는 40대니 건강해야 하고, 65세 은퇴까지 22년 남았으니 그 사이에 노후준비도 끝내야 하는 상황이구나. 이 4식구가 변함없이 행복했으면 좋겠다'라고 말이다. 그런 다음 여러 가지 궁금증이 떠올랐다.

1. 부부의 꿈은 무엇일까?
2. 어떤 가정假定을 가지고 있을까?
3. 가장 큰 걱정거리는 무엇일까?

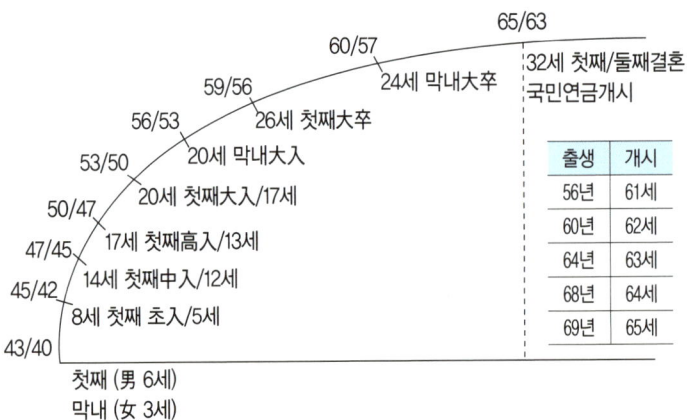

- 자녀의 입학과 졸업시점에 따라 가족 연령을 기재한다.
- 첫째(아들) 대학기간은 [대학 4년+군대 2년= 6년], 결혼은 [남 32세, 여 30세]로 잡는다.
- 국민연금 개시연령을 기재한다.

3가지가 파악되었다. ①첫째 대입시점은 53세, ②국민연금 개시연령은 65세, ③할아버지(손주)가 되는 시기는 65세 이후다. 질문이 떠오르면 포스트잇에 써서 붙여 놓는다. 이제 LC에 형광펜으로 화장을 할 차례다.

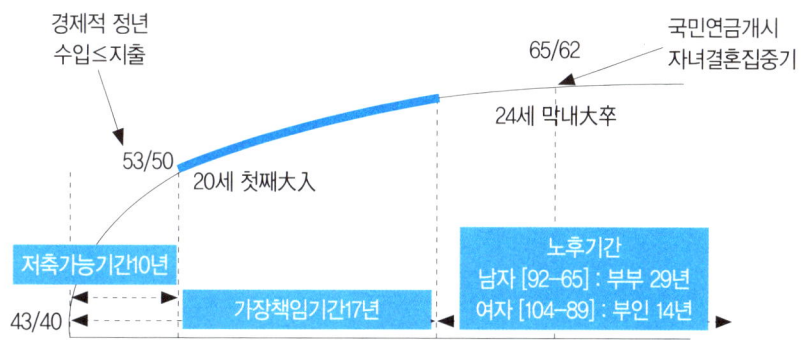

- ☞ [첫째 대입 시점] 위에 '경제적 정년'이라고 표시한다. 이때부터 '수입·지출의 역전현상'이 나타난다.
- ☞ [첫째 대입~막내 대졸]까지를 형광펜으로 칠하고 '자금 집중기'라고 기재한다.
- ☞ [현재~첫째 대입]까지 '저축가능기간 7년' 기재한다.
- ☞ [현재~막내 대졸]까지 '가장책임기간 17년' 기재한다.
- ☞ 노후기간 : [남편 92세-65=부부 27년], [부인 104세-남편사망 시 89세=홀로 15년]

50대는 10년 뒤 노인, 40대는 20년 뒤 노인이고, 60세까지 남은 기간이 납입기간이다. 특히 보험은 주택구입 혹은 늦둥이를 키우는 것과 같아서 최소 10년~30년까지 할부로 구입하게 된다. 설계도 없이 집을 지을 수 없듯 계획(plan)부터 세우는 것은 당연하고, 수시로 부족한 부분은 없는지 점검해야 한다. 포스트잇에 적힌 질문을 엿보자.

- 어떻게 살고 싶은가?
- 어떤 노후를 맞이할 것인가?
- 언제까지 일하고 싶은가?
- 자녀가 유학가고 싶다면 어떻게 할것인가?
- 자녀 결혼식은 어떤 모습일까?

짧은 저축기간(10년)에 비해 책임기간은 17년이고, 자녀결혼 후 긴 노후가 시작된다. 일반적으로 40대 이후는 대부분 노후에 관심이 많다. 주목할 것은 [건강수명]이다. 건강수명이란 '장애없이 살아갈 수 있는 기대수명'으로 통계청 사이트는 '유병기간 제외 기대수명'으로 표현한다. 한마디로 [기대수명-건강수명=유병기간]이란 뜻이다. (69p 도표 참고) 수명은 유전이 된다. 부계와 모계 중 한쪽에서 100살을 넘게 사는 사람이 1명이라도 있으면 장수의 가능성이 높다. 질병도 유전이다. 가장에게는 3가지 플랜이 필요하다.

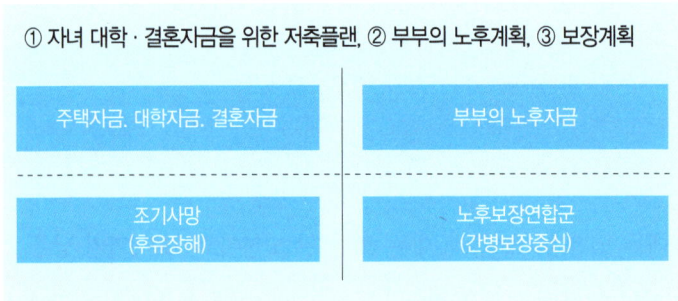

☞ 대학자금을 계산한다.

- 대학 : 년 1,500만×4년= 6천만×2명= 1.2억×1.2(인플레2%)= 8,640만÷120개월= 월 72만

초·중·고까지는 감당한다 해도 두 자녀의 대학자금은 년 1,500×4년=6천만 원, 물가를 반영하면 8,640만 원, 이를 120개월로 나누면 월 72만 원씩 매달 모아야 한다. 이~만큼 많이 들어가는 것이다. 별도 통장이 없다면 노후를 앞둔 60세 전후에 ①퇴직연금 혹은 연금보험을 깨서 쓰거나, ②집을 줄이거나, ③신규대출을 받게 된다.(장학금 받을 확률 7%)

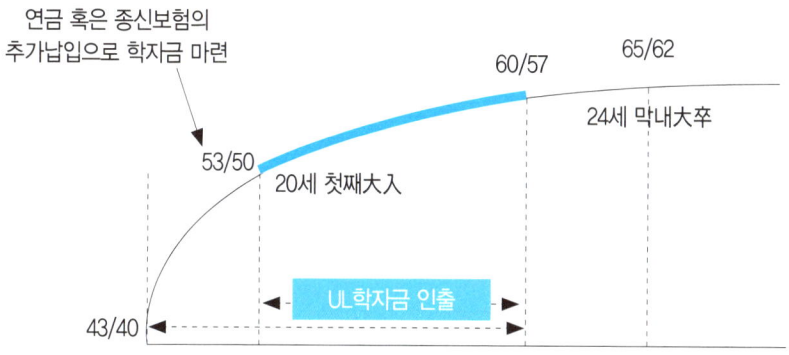

10년 이상 장기 저축하려면 [은행.증권.보험] 중 어디로 와야 할까? 그중 [UL종신보험의 추가납입]을 선택하면 보장은 지속되는 가운데 중도인출로 학자금을 준비할 수 있다.

☞ 기대수명까지 노후 밥값을 계산한다.

· 부부 : 월 120만×12달×14년(79-65) = 2억 160만×1.6(인플레 2%) = 3억 2,256만
· 아내 : 월 60만×12달×10년(86-76세) = 7,200만×1.6(인플레 2%) = 1억 1,520만
합계 = 4억 3,776만 (÷ 22년 ÷12달 = 월 166만)

설렁탕 3그릇(7천 원)이면 하루 밥값은 2만 원선이다. 기대수명까지 4억 원이 넘고, 지렛대(금융상품)를 활용하지 않으면 22년간 매월 166만 원씩 꼬박 모아야 한다. 그나마 기대수명(82세) 이후는 저축으로 커버할 수 없다. 연금카트(pension cart)를 만들어야 한다. 연금카트의 전제조건을 반드시 '종신보험'이어야 한다는 것이다. ①국민연금 ②퇴직연금 ③종신형연금 ④주택연금 등이다. 인생의 진정한 승부는 기대수명(82세) 이후다. 분명 80대에 통장에 돈이 떨어진 친구들이 있다.

기대수명 82세
(자녀 45/42세)

노후연금은 [국민연금+개인연금]이 세트가 되도록 부부 각각 통장을 준비해야 한다. 자녀는 부모의 부실한 노후준비로 인한 피해자이기에 부모 노후준비에 관심이 많다. 노후준비에 실패한 부모나 홀로서기에 실패한 자녀 모두 서로에게 '민폐'가 됨을 알려 협조체계를 구축하자. 연금의 기본은 20년 납이다. 오늘이라도 당장 시작하면 20년 납이 아니다. 19년 11개월, 19년 10개월... 내년이면 18년 11개월... 이런 식으로 줄어든다. 연금은 10년이 넘으면 해약하라고 사정해도 해약하지 않는다. 잠자는 순간에도 복리로 굴려 가기 때문이다. 노후준비에 앞서 넘어야 할 산이 있다. 바로 [5가지 부채]다.

☞ 5가지 부채를 간단 계산한다. [생활비+교육비]만으로도 7억 원이다.

1부채. 생활비 : 막내 대졸까지 [인당 50만×4명×12달×17년=4억 800만]
2부채. 교육비 : 첫째 1.4억, 둘째 교육자금 1.5억 (합 2.9억)

[첫째 교육자금 1.4억]

유치	월30만×12달×2년	720만
초등	월30만×12달×6년	2,160만
중학	월50만×12달×3년	1,800만
고등	월150만×12달×3년	5,400만
대학	년1,500만×4년	6,000만
합계		1억4,080만

[둘째 교육자금 1.5억]

유치	월30만×12달×5년	1,800만
초등	월30만×12달×6년	2,160만
중학	월50만×12달×3년	1,800만
고등	월150만×12달×3년	5,400만
대학	년1,500만×4년	6,000만
합계		1억 5,160만

3부채. 대출 받은 집 : 대출이나 할부금은 얼마나 될까?
4부채. 의료비 : 진단비를 비롯 노후 보장준비는 어떻게 하고 있을까?
5부채. 노후준비 안 된 부모 : 양가 부모의 노후준비는 어떤가?

어프로치 한 가정의 행복은 수입과 지출이 균형을 이룰 때 이뤄진다. 아마 이런 모습일 것이다. 아빠 기둥과 엄마 기둥이 굳건히 버티고 있어야 한다. 히트치는 드라마에서 아빠, 엄마 역할을 맡은 주연배우가 갑작스런 사고로 사라지면 어떻게 될까? 드라마는 배우를 교체할 수 있지만 실전은 다르다.

만일 이 균형이 깨지는 경우는 어느 때인가? 아마 '사망, 장해, 질병' 이렇게 3가지 경우다. 가장은 3가지 모습을 가지고 있다. 아빠로서, 남편으로서, 수입원으로서, 만일 가장이 사망하면 가족은 3종류의 죽음을 동시에 맞게된다. ①신체적 죽음 ②정신적 죽음 ③경제적 죽음이다. 신체적 죽음은 피할 수 없는 신의 영역이다.

그러나, 수입원으론 결코 죽으면 안 된다. 방법이 있다. 보험금으로 부활하여 수입원으로 가족을 떠나지 않는 것이다. 보험의 목표는 가장의 월수입을 지키고 가난의 대물림을 끊어내는 것이다. 완벽하게 준비할 수 없다면 차선책이라도 세워야 한다. 40대 가장이 사망하면 변변한 영정사진도 없고, 장례식장에서 어린 자녀들이 뛰어 노는 모습을 볼 수 있다. 보험금이 전달된 장례식장은 곡소리가 많이 들리지 않는다. 보험증서에 새겨진 가장의 서명은 가족의 머리와 가슴 속에 새겨지고 신체적으로만 가장을 잃었을 뿐, 생활은 아무런 변화가 없고 가족의 기억 속에서, 수입원으로서는 계속 존재하게 된다. 가장은 막내홀로서기까지 죽을 자격이 없다. 그러나 현실적으로 존재하는 단 1%의 위험이 실현되면 가족에겐 100% 현실이다. 여러 건의 보험을 가입하여, 오래 유지해왔지만 막상 사망보장 없이 사망했다면 유가족은 참으로 민망하다. 보험을 가입했다고 일찍 사망하는 것이 아니다. 만약 사망하지 않는다 해도 가족만을 위한 배려에 가족은 든든해하고 감사할 것이다. 사망보장은 가장의 자부심이고 가장의 분신을 만드는 것이다. 한마디로 가장면허증$^{marriage\ licence}$

이다. 우리는 스스로 순간순간 답을 준비해야 한다. '당장 수입이 끊어지면 몇 달을 버틸 수 있는지'.

4가지 수입상실 대책

 Ⅰ 사망하는 경우	1. 본인 사망 혹은 부부 동시 사망 2. 가족은 지금 집에서, 현 생활 수준을 유지 가능? 2. 생활비와 비상자금 대책 3. 자녀 양육비와 교육자금 대책 4. 대출금과 할부금 상환 대책
 Ⅱ 고도의 장해상태	5. 장해 시 재활 대책 6. 가족이 간병 혹은 간병인 고용 7. 사후 재산정리
 Ⅲ 암, 기타 질병으로 시한부판정	1. 의학이 허락하는 데로 치료 혹은 포기 2. 수입상실 시 생활비 대책 3. 5년 생존 후 사망 시 쌓인 각종 청구서의 지불은? 4. 입원은 몇 인실을 쓸 건가? 장기 입원도 가능한가?
 Ⅳ 장수하는 경우	1. 언제까지 일할 건지? 2. 어디서 살 건가? 현재 집. 양로원, 실버타운(평) 3. 의료비와 치매대책 4. 남은 부인의 노후대책

만일 가족의 힘만으로 살아가야 한다면...

앤 랜더 씨에게

작년 이맘 때 나는 여유있고 행복한 아내였습니다. 그러나 오늘의 제 모습은 어떻게 하면 전기와 가스가 끊기기 전에 밀린 사용료를 낼 돈을 벌 수 있을까? 하고 걱정하는 모습이 되고 말았습니다. 그나마 슈퍼 아저씨는 외상을 잘 주는 편입니다. 내가 다섯 살짜리 쌍둥이를 부양해야 한다는 것을 알기에 동정하는 것이 틀림없습니다. 14개월 전 나는 병원에서 급한 전화를 받았습니다. 남편이 위급한 상황이라는 전화였습니다. 자동차로 집에 오던 중에 심장쇼크가 발생해서 급히 병원 응급실에 옮겨졌다고 합니다. 그러나 남편은 내가 병원에 도착할 때쯤에 이미 숨을 거두고 말았습니다. 나는 믿을 수 없었습니다. 남편은 건강했고 전에는 결코 아픈 날이 없었기 때문입니다. 참으로 이상한 것은 남편이 사망하기 한 달 전에 나는 생명보험에 가입하자고 말했었지만 남편은 이자가 발생하는 은행 적금에 가입하는 것이 좋은 방법이라며 보험에 가입하는 것을 반대했다는 점입니다. 그러자 남편이 사망했을 때 은행에서는 그 때까지 남편이 저축한 돈이라며 나에게 2,200달러를 주었습니다. 만일 남편이 생명보험을 가입했다면 나와 우리 가족은 5만 달러를 받을 수 있었을텐데... 나는 진심으로 남편을 사랑하지만 이 점에 대해서는 분노를 느끼지 않을 수 없었습니다. 남편이 나와 아이들에 대해서 너무 무책임했다는 생각이 들기 때문입니다. 남편은 우리를 돌보아야 했습니다. 나는 이 편지가 공개되기를 원합니다. 아마도 많은 사람들이 이 편지에서 많은 것을 배우게 될 것입니다. 그리고 나와 우리 가족의 전철을 밟지 않게 되기를 바랍니다.

미망인에게

남편이 불행하게도 실수를 해서 이제 당신과 아이들이 그 대가를 치러야 하는군요. 그러나 어떻게 하겠습니까? 분노를 눌러 두십시오. 남편이 가정에 대한 애착이 없거나 사랑이 없는 것은 아니었다는 사실을 받아들이세요. 그는 단지 몰랐을 뿐이에요.

Think!

　미망인이 공개한 '작년 이맘 때' 사건이 우리에게 일어난다면… 생각하기도 끔찍하지만 통계를 보면, ①30~49세 남자는 하루 41명(연간 1.5만,2015년)이 사망하고, ②가장 5명 중 1명(20%)은 자녀의 결혼식장에 못 들어간다. 이 '재수 없는 확률'은, 무시한다고 없어지는 것이 아니라, 엄연히 존재하는 현실이다. 대부분의 가장은 가족에 대한 애착이 있지만 미망인의 남편처럼 '죽는다'는 가정 자체가 없기 때문에 그중 일부만이 사망보험금을 남기고 세상을 떠난다. 보험이 없어 겪는 가난이 '가장 질이 나쁜 가난'이다. 주목할 것은 이런 남편에 대해 미망인의 내린 평가다. '무책임'하다는 것! 그에 따른 감정은 보험금에 대한 '아쉬움', 사려 깊지 못했던 남편에 대한 '원망', 최종적으론 '실수는 남편이 했는데, 그로 인한 엄청난 대가는 남은 가족이 치워야 하는 현실'에 대한 '분노'의 감정이다.

　인생은 한 권의 책이고, 책을 펼친 순간 슬픈 시나리오가 나오면 그대로 역할연기를 해야 한다. 이 이 '운명'이라는 시나리오는 사전에 얼마든지 변경할 수 있다. 절실한 시기의 가장이 보유한 사망보장은 가족에겐 비교할 수 없는 가치를 지닌다. 그래서 영원히 빛나는 '다이아몬드'로 부른다. 현명한 가장은 이 시기에 사망보장을 집중 배치함으로 ①남은 가족에게 '365일 산타크로스'가 되고, ②자녀에게 공부만 열심히 하라'는 말의 책임을 죽어서까지 지킬 수 있게 된다.

　한 해 2조 원 이상의 사망보험금이 '누군가'에게 소리 없이 지급되고 있다. 피할 수 없는 죽음이라면 보험금을 선물한 후 천국을 당당히 바라보는 그 '누군가' 중 하나가 되어야 한다. 지금부터 가장의 갑작스런 사망으로 인해 어떤 대가가 치러야 할 것인지 구체적으로 계산해보자. 바로 '부족자금 계산'이다.

백지보장설계

[필요자금] 핵심은 '생활비+교육비'다. LC를 그리면서 계산한 금액(303P)을 그대로 기재하면 된다. '생활비+교육비'는 가족 수가 늘어날수록 커진다.

[필요한 자금] 7억 8,200만

생활비	@ 4억 800만	대출할부금	@ 5천만 (주택대출)
교육비	@ 첫째 1억 4,080만 @ 막내 1억 5,160만	긴급예비비	@ 200×6개월=1,200만 (6개월치 생활비)
		합계	@ 2천만
		주택자금	@ 주택보유
합계	7억 40만	합계	8,200만

[준비자금] 핵심은 '배우자소득'(맞벌이)이다. 배우자소득이 많을수록 준비자금이 커져서 부족자금이 줄어든다. 이런 경우 부부가 동시에 사망했을 때를 고려해야 한다. 다음은 국민연금에서 나오는 '유족연금'이다. 유족연금은 국민연금을 20년 납입했을 때 받는 연금을 '기본연금액'으로 하여 이 기본연금액에 가입년수 20년(×60%), 10~20년(50%), 10년 미만(40%)로 차등해서 받을 수 있고 여기에 소액의 '부양가족연금'이 추가된다.(배우자+자녀나이 만 25세까지)

[준비된 자금] 2억 1,336만

배우자소득	@ 연 2천만 (비정규소득)	퇴직금	@ 350만×근속10년=3,500만
국민연금 (유족연금)	@ 80만×50%×12달× (막내25-3세)=1억 560만 @ 58만×(막내25-3세)=1,276만	준비재산	@ 5천만
		부조금	@ 2천만
합계	1억 836만	합계	1억 500만

[부족자금] 필요자금-준비자금

7억 8,200만(필요자금) - 4억 1,376만(준비자금) = 5억 6,864만원(부족액)

가장이 사망했을 때, 일반적으로 자녀 1명당 3억 원 정도의 부족자금이 나온다. 자녀가 2명이므로 6억 원에 가까운 부족자금이 나왔다. 뱃속에 막내가 있다면 부족자금은 9억 원으로 올라갈 것이다. 부족자금이 많이 나왔다고 놀랄 필요는 없다. 막내 독립시기까지 필요한 금액을 모두 더한 금액이므로 [부족자금×60~70%] 정도로 준비하면 된다. 그러면 약 4억 원으로 줄어들고, 막내 대학졸업 시까지 나누면 매월 150만 원 꼴이다.

5억 6,864만(부족액)×70%=3억 9,805만÷12달÷(막내25-3세)= 월 150만

복권과 보험 부족자금을 숫자로 확인한 고객의 첫마디는 "복권에라도 당첨돼야지"이다. 복권과 보험의 공통점은 확률이다. 복권은 당첨되지 않아도 되지만 가장의 수입에만 의존하고 있는 가족은 보험금에 당첨되지 않으면 날벼락이다. 복권에는 없고 보험에만 있는 것이 바로 피보험이익이다. 피보험이익이란 보험에 들어서라도 꼭 보호받아야 할 이익, 반대로 보험에 들지 않아 손해 볼 금액이다.(피보험손실) 피보험이익은 한마디로 가장의 '목숨 값'이고 보험에 가입해야 할 진짜 이유다.

피보험이익은 수입이 늘어날수록, 자녀가 어릴수록 증가한다. 그래서 매년 달라지는 피보험이익을 체크하고 보험금을 증액하는 것이다. 왜 보험을 가입했는가, 보호할 것이 많기 때문이다. 가장 중요한 것은 가족의 수입이다.

피보험이익(손실)

연령	~60세	연봉			
		2천만	3천만	4천만	5천만
30세	30년	6억	9억	12억	15억
35세	25년	5억	7.5억	10억	10.3억
40세	20년	4억	6억	8억	10억
45세	15년	3억	4.5억	6억	7.5억

사망보장 디자인 이 부족자금은 가장이 오늘 당장 사망했을 경우이고, 오늘 이후 하루라도 늦게 사망하면 '부족액'(피보험이익)이 계속 줄어들다가 막내 홀로서기(대학졸업) 시점이 되면 0^{제로}가 된다. 즉 지금이 피보험이익이 가장 높을 때고 언젠가는 피보험이익이 0^{제로}가 되는 시점이 오므로 그때까지 사망보장을 가지고 있어야 한다. 그림으로 그려보면 커브^{CURVE}가 생기는 것이다. 현실적으로 존재하는 이 빈 공간을 놔둬야 할까, 채워야 할까? 이 공간은 보장이 잠깐이라도 없으면 안 된다. 단 1%의 확률이라도 위험이 존재한다면 처리하고 넘어가야 한다.

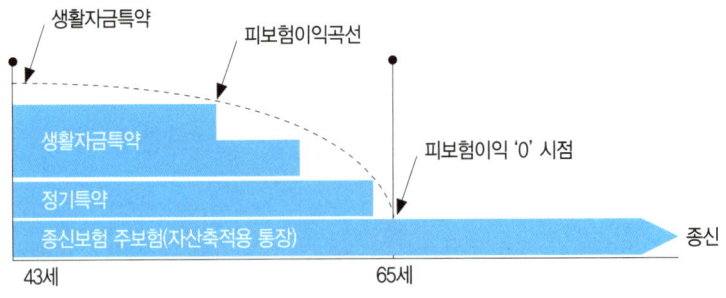

고객은 주계약 1억 원인 CI종신보험에 가입하여 매월 37만원(20년납)을 납입하고 있다. 문제는 사망보장도 부족하지만 [본인 생존보장+배우자 보장

+ 저축액]이 모두 부족하다는 것이다. 안철용FP는 종신보험의 주계약을 높이면 보험료 부담이 크므로 고민 끝에 일반사망 3종세트(종신보험 주보험+정기특약+생활자금(수입)특약)를 활용하여 보험료 10만 원대로 '활동기 사망보장' 중심으로 디자인을 시작하였다.

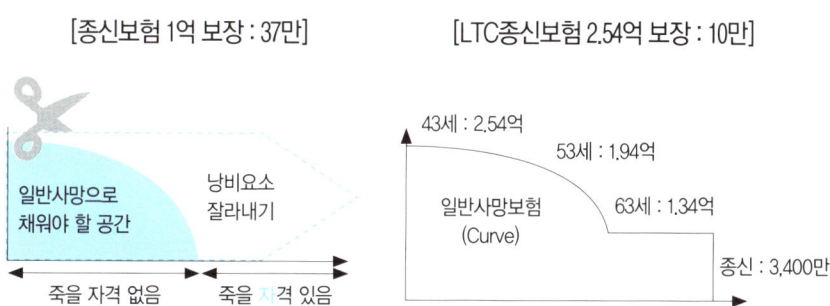

커브를 채울 재료는 사망과 간병보장을 동시에 충족하는 'LTC종신보험'을 선택하여 '주보험 3,400만'에 보장기간이 20년인 정기특약을 6,000만원으로 사망보장을 들어 올린 후 마찬가지로 보장기간이 20년인 생활자금(소득)특약으로 매월 60만원의 생활비가 나오도록 하였다. 즉 [주계약 3,400만+정기특약 6,000만+생활자금특약 1.44억(60만×240개월)= 총 2.38억 원으로 커브를 채웠다. 여기에 주보험의 3배까지 설계가 가능한 고도장해특약(후유장해 80%)을 추가하여 간병보장을 강화했다.

회사별 사망보험금

구분	사망		
	건수	금액	건당평균
한화생명	10,969	2661억	2,426만
알리안츠	3,682	752억	2,042만
삼성생명	18,169	4376억	2,408만
흥국생명	3,628	656억	1,808만
교보생명	9,778	2259억	2,310만
DGB생명	637	121억	1,900만
미래에셋	2,894	553억	1,911만
KDB생명	4,136	712억	1,711만
동부생명	735	212억	2,884만
동양생명	2,943	562억	1,910만
메트라이프	1,089	403억	3,700만
푸르덴셜	703	392억	5,576만
신한생명	2,913	477억	1,637만
PCA생명	268	86억	3,209만
에이스생명	75	34억	4,533만
ING생명	1,034	440억	4,255만
KB생명	152	40억	2,632만
현대라이프	754	148억	1,963만
라이나생명	24,879	2874억	1,155만
AIA생명	6,058	786억	1,297만
NH농협생명	9,270	1656억	1,786만
전사합계	104,923	2조 257억	1,931만

※생명보험협회,2015

그대, 다름 아닌 바로 나

너는 내 분신 내 삶을 이어받아 살고 있다는 걸.
어느 순간 발견한다. 넌 어쩜 나네!
네가 슬프면, 네가 행복하면 왜 또 다른 나도 그렇게 되고 마는 걸까.
내가 웃으면 너도 웃지, 네가 웃으면 나도 웃지 넌 나의 거울이니까.
이렇게도 저렇게도 살고 팠던 나의 과거. 하지만 다시 시작할 수 있다는 걸.
그리고 연결된 현재와 현재로부터 연결될 미래.
아! 이젠 알겠어 너로 인해 다시 살고 있단 걸.
또 죽어서까지 나를 연장하고 널 통해 영원히 존재한단 사실을...
난 네가 왜 웃고 있는지. 알지 나의 유전자요, 글쎄 다름 아닌 넌 바로 나니까.

아직 걸어가지 않은 내 인생길 무한한 책임감을 느낀단다.
왜냐고? 그 길을 나인 네가 그대로 따라올지 모르기 때문이다.
아직 가보진 않았지만 그 길이 발자취가 되어버린다면.
난 지금 어떻게 살아가야 할까?
나의 선조의 삶과 죽음을 목격한 그 질기고 질긴 가난과 인연의 사슬에서
벗어나려고 얼마나 노력했던가.
하지만 그것이 끊어질 수 있다는 걸 알게 되었다.
역사는 창조될 수 있다는 걸 너를 통해 알게 되었다.
더 크고 넓은 세상에서 자유와 이상을 만끽하기를. 또 다른 나에게 말했다.

나 혼자 할 수 없고 이미 지나가 버린 짧고 짧은 인생 지울 수 없는 시간들과
살아갈 나날들을 이제 나 1/2, 너 1/2 그리고 합이 1이 되겠지.
인생은 생방송일지라도 난 널 통해 영원히 존재하고,
네가 낳을 또 다른 널 통해 계속 이 세상에 존재한다는 믿음.
꽃은 피고 져도 그 씨앗을 통해 항상 이어 갈 이 세상의 법칙이 존재하기에
이 한 장의 증권으로 영원히 내 삶을 이어 갈 증거를 남기고 싶다.

20__년 __월 _____의 자랑스러운 아빠(엄마)이길 바라면서_____

백지은퇴 설계

　노후생활비는 인생에서 가장 큰 돈이 들어가는 일이다. 정광현 씨(43세)가 22년 뒤인 65세부터 100세까지 월 100만원의 생활비를 쓴다면 4억 2천만원(월100만×12달×35년)이 필요하고 여기에 22년 후 물가상승(2%)까지 감안하면 6억 5,100만원(4억 2천만원×1.55배)이나 된다. 이 돈을 65세까지 모으려면 월 247만원(6억 5,100만÷12달÷22년)을 꼬박 모아야 한다. 노후생활비를 아끼려면 일찍 죽어 주시는 수밖에 없다. 한마디로 저축으로는 '불가능'하고 종신형연금이라는 지렛대를 이용할 수 밖에 없다. 물론 주택연금을 고려할 수도 있을 것이다. 그러나 상황은 언제든 변할 수 있어 '히든 카드'로 남겨두어야 하고 퇴직연금도 대부분 해약해서 사용하는 경우가 많다. 결론적으로 [국민연금+개인연금]의 조합이 가장 이상적이다. 우선 어느 정도 금액이 필요한지 알아보자. 노후생활비는 1인당 월 50만원을 잡아야 한다. 부부라면 100만원, 여기에 의료비를 포함하면 월 150만원(마지노선이다), 가끔 국내여행도 다니고 싶다면 월 200만원, 매년 1회씩 해외여행을 다니고 싶다면 월

300만원, 젊을 때처럼 골프를 치려면 월 400만 원이면 된다. 통계를 보면, 젊을 때 희망하는 연금액수와 노후의 현실은 분명히 다르다는 것을 알 수 있다. 65세 이상 노인빈곤률이 약 49%, 65세 이상 평균진료비는 월 360만원, 은퇴 후 생활비 부족을 느낀 경우가 35%, 은퇴를 위해 장기저축을 한다가 49%로 월 53만원 정도였다. 천리길도 한걸음부터다. 노후준비는 한방에 해결할 수 없기에 기회가 되는대로 월 연금액을 50만원 단위로 증액하는 작전을 세워야 한다. 연금은 부부각각 준비하는 것이므로 인당 100~150만원의 연금확보로 부부합산 200만~300만원이 되도록 해야 한다.

연령별 부부/개인 노후생활비

만/원

구분		50대	60대	70대	80대	평균
부부	최소	193	167	146	138	174
	흡족	260	228	201	192	237
개인	최소	114	100	89	82	104
	흡족	159	140	125	117	145
만성질환치료 중		32.1%	60.7%		76.5%	68%
월평균 소득		409	259	150	100	230

국민연금공단.2016

한국인의 은퇴준비. 2018

구분	예상	50대	60대	70대	평균
실제노후생활비	288	225	179	145	190

※삼성생명 은퇴연구소

[필요자금계산] 부부의 노후생활비는 총 250만원(남편 150만＋ 배우자100만)을 설정하였다. 이제 남편의 연금부족액을 계산해보자.

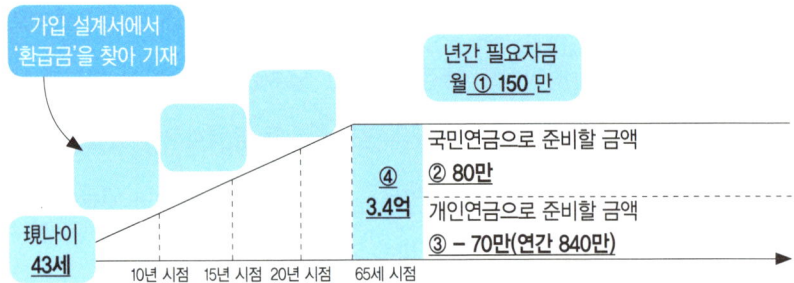

①노후생활비 목표는 '150만원'이다. ②1355(국민연금 콜센터)로 전화하거나, 국민연금 노령연금표를 통해 확인한 예상수령액 '80만원'을 기재한다. ③부족자금은 매월 70만원(150만-80만)이다. ④매월 70만원이면 연간 840만원이고, 연금보험에 가입한다면 현 생명표 기준, 65세 연금준비금 1억원 당 연 400만원의 연금수령이 가능하므로 2억 1천만원(2.1배)이 필요하다. 이 금액에 다시 물가상승(2%)을 반영하면 총 3억 2,500만원의 연금준비금을 모아야 한다.(2억1천만원×1.55배) 3억 2,500만원의 연금준비금을 22년으로 산술적으로 나누면 월평균 123만원(3억 2,500÷12달÷22년)이 나온다.

이제 가입설계서로 금액을 확인할 차례다. 65세 시점에 연금준비금 3억 2,500만원이 나오도록 설계를 한 후 10년, 15년, 20년 시점별 해지환급금을 빈칸에 적어주면 된다. 해지환급금은 다목적으로 전용될 수 있다. 연금보험에 가입하지 않았을 때 월 123만원이라면, 연금보험으로 준비한다면 이자가 발생하는 만큼 월 부담액이 줄어들 것이다.(월129만-연금보험료=이자)

같은 방식으로 배우자의 연금부족액도 계산해볼 수 있다. ①노후생활비 목표는 100만원, ②국민연금 납부유예자인 전업주부이거나, '임의가입'을 하기로 했을 때 예상연금액을 30만원으로 잡았다. ③부족자금은 남편의 부족자금과 같은 금액이다.(100만원-30만원=-70만원 부족) 매년 840만원의 연금을 받으려면 2억 1천만원(2.1배)이 필요하고 물가상승(2%)를 반영하면 3억 4,440만원이 필요하다.(2억 1천만원×1.64배)

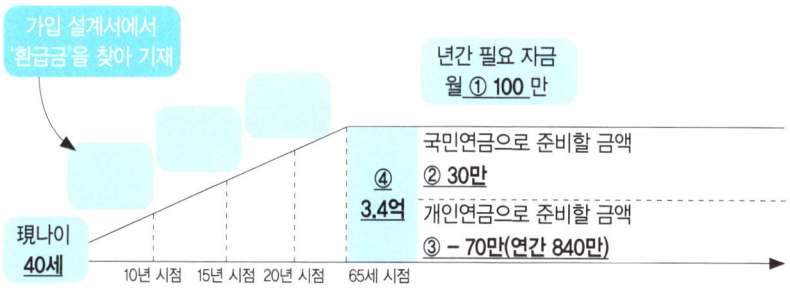

국민연금 노령연금표

순번	기준소득월액 평균값	연금보험료 (9%)	가입기간					
			10년	15년	20년	25년	30년	35년	40년
1	310,000	27,900	143,610	212,330	281,050	310,000	310,000	310,000	310,000
2	400,000	36,000	148,320	219,280	290,250	361,220	400,000	400,000	400,000
3	500,000	45,000	153,540	227,010	300,470	373,940	447,410	500,000	500,000
4	600,000	54,000	158,770	234,730	310,700	386,670	462,630	538,600	600,000
5	700,000	63,000	163,990	242,460	320,920	399,390	477,860	556,330	634,790
6	800,000	72,000	169,220	250,180	331,150	412,120	493,080	574,050	655,020
7	900,000	81,000	174,440	257,910	341,370	424,840	508,310	591,780	675,240
8	1,000,000	90,000	179,670	265,630	351,600	437,570	523,530	609,500	695,470
9	1,100,000	99,000	184,890	273,360	361,820	450,290	538,760	627,230	715,690
10	1,200,000	108,000	190,120	281,080	372,050	463,020	553,980	644,950	735,920
11	1,300,000	117,000	195,340	288,810	382,270	475,740	569,210	662,680	756,140
12	1,400,000	126,000	200,570	296,530	392,500	488,470	584,430	680,400	776,370
13	1,500,000	135,000	205,790	304,260	402,720	501,190	599,660	698,130	796,590
14	1,600,000	144,000	211,020	311,980	412,950	513,920	614,880	715,850	816,820
15	1,700,000	153,000	216,240	319,710	423,170	526,640	630,110	733,580	837,040
16	1,800,000	162,000	221,470	327,430	433,400	539,370	645,330	751,300	857,270
17	1,900,000	171,000	226,690	335,160	443,620	552,090	660,560	769,030	877,490
18	2,000,000	180,000	231,920	342,880	453,850	564,820	675,780	786,750	897,720
19	2,100,000	189,000	237,140	350,610	464,070	577,540	691,010	804,480	917,940
20	2,200,000	198,000	242,370	358,330	474,300	590,270	706,230	822,200	938,170
21	2,300,000	207,000	247,590	366,060	484,520	602,990	721,460	839,930	958,390
22	2,400,000	216,000	252,820	373,780	494,750	615,720	736,680	857,650	978,620
23	2,500,000	225,000	258,040	381,510	504,970	628,440	751,910	875,380	998,840
24	2,600,000	234,000	263,270	389,230	515,200	641,170	767,130	893,100	1,019,070
25	2,700,000	243,000	268,490	396,960	525,420	653,890	782,360	910,830	1,039,290
26	2,800,000	252,000	273,720	404,680	535,650	666,620	797,580	928,550	1,059,520
27	2,900,000	261,000	278,940	412,410	545,870	679,340	812,810	946,280	1,079,740
28	3,000,000	270,000	284,170	420,130	556,100	692,070	828,030	964,000	1,099,970
29	3,100,000	279,000	289,390	427,860	566,320	704,790	843,260	981,730	1,120,190
30	3,200,000	288,000	294,620	435,580	576,550	717,520	858,480	999,450	1,140,420
31	3,300,000	297,000	299,840	443,310	586,770	730,240	873,710	1,017,180	1,160,640
32	3,400,000	306,000	305,070	451,030	597,000	742,970	888,930	1,034,900	1,180,870
33	3,500,000	315,000	310,290	458,760	607,220	755,690	904,160	1,052,630	1,201,090
34	3,600,000	324,000	315,520	466,480	617,450	768,420	919,380	1,070,350	1,221,320
35	3,700,000	333,000	320,740	474,210	627,670	781,140	934,610	1,088,080	1,241,540
36	3,800,000	342,000	325,970	481,930	637,900	793,870	949,830	1,105,800	1,261,770
37	3,900,000	351,000	331,190	489,660	648,120	806,590	965,060	1,123,530	1,281,990
38	4,000,000	360,000	336,420	497,380	658,350	819,320	980,280	1,141,250	1,302,220
39	4,100,000	369,000	341,640	505,110	668,570	832,040	995,510	1,158,980	1,322,440
40	4,200,000	378,000	346,870	512,830	678,800	844,770	1,010,730	1,176,700	1,342,670
41	4,300,000	387,000	352,090	520,560	689,020	857,490	1,025,960	1,194,430	1,362,890
42	4,400,000	396,000	357,320	528,280	699,250	870,220	1,041,180	1,212,150	1,383,120
43	4,500,000	405,000	362,540	536,010	709,470	882,940	1,056,410	1,229,880	1,403,340
44	4,600,000	414,000	367,770	543,730	719,700	895,670	1,071,630	1,247,600	1,423,570
45	4,700,000	423,000	372,990	551,460	729,920	908,390	1,086,860	1,265,330	1,443,790
46	4,800,000	432,000	378,220	559,180	740,150	921,120	1,102,080	1,283,050	1,464,020
47	4,860,000	437,400	381,350	563,820	746,280	928,750	1,111,220	1,293,690	1,476,150

주)
연금액산정 : {1.32*(A+B)*P15/P+...+1.2*(A+B)*P23/P}(1+0.05n/12).
"A"- 연금수급전 3년간 전체가입자의 평균소득월액의 평균액 (2020년도 : 2,438,670원)
"B"- 가입자 개인의 가입기간 중 기준소득월액의 평균액.
"n"- 20년 초과 가입월수
부양가족연금 : 배우자 연 261,760원, 자녀/부모 1인당 연 174,460원 가산

_____님의 5585구간 Ticket

구분	보장목록	상품1	상품2	상품3	상품4	합계 ~80세	합계 ~100세
사망	· 질병사망						
	· 재해사망						
후유장해 (간병)	· 재해 후유장해 80%이상						
	· 재해 후유장해 3~79%						
	· 질병 후유장해 80%이상						
	· 질병 후유장해 3~79%						
	· 간병보험						
3대 질병 진단	· 일반암 진단						
	· 고액(특정)암 진단						
	· 뇌졸중 진단						
	· 급성심근경색 진단						
입원 일당	· 질병 입원비						
	· 재해 입원비						
	· 암 입원비						
	· 2대질환 입원비						
수술 비용	· 질병 수술비						
	· 재해 수술비						
	· 암 수술비						
	· 2대질병 수술비						
	· 주요질환 수술비						
골절	· 골절 진단						
	· 골절 수술						
손해 보험 카트	· 실손보험						
	· 배상책임						
	· 운전자보험						
	· 법률비용담보						
	· 기타(자동차부상치료)						
보험료							

위 양식이 노후 크루즈(보장의 배) 입장권이다. 현재 보험증권을 보고, 고객 스스로 준비도를 체크해보자. 혼자할 수 없다면 담당FP가 돕고, 함께 개선점을 고민하는 시간을 가져야 한다.

어린이, 120세 콜럼버스

2003년 옥스포드대 데이빗 콜먼 교수는 인구감소로 소멸할 국가 1호로 한국을 지목했다. 세계 최저출산율 때문이다. 이 문제는 남의 일이 아니다. 2016년 신혼부부의 15%는 난임(불임.유산)이다. 내 자녀, 손주가 아이를 출산하지 못하거나, 출산 후 온갖 질병에 시달릴 위험이 있다는 것이다. 식재료는 글리포세이트(GMO식품)를 비롯한 농약과 화학비료, 항생제와 화학첨가물, 방사능과 전자파 등으로 결혼적령기 남녀의 인체독성은 세계 최고 수준이다. 기형정자와 건강하지 못한 자궁상태의 난자의 결합, 양수와 탯줄, 모유를 통해 독성물질이 태아에게 전달되어 선천기형과 소아암(백혈병 22.1%) 통계는 전 세계 최고로 외국학자가 보기에 체르노빌과 후쿠시마 통계라고 착각할 정도다.

소아암은 86년에 비해 20배가 늘어났다. 또 맞벌이 부부가 증가하면서 임산부의 장시간 노동, 미세먼지, 환경호르몬과 같은 유해물질 및 중금속 등은 태아의 발육부진으로 저체중, 조산아도 늘어나고 있다. 저체중, 조산아는 대부분 아동청소년기에 [아동청소년 비만, 청소년 자폐증, 학습능력 저하, ADHD, 정신질환, 자살]로 이어지고, 40대 성인이 되면 [고협압, 동맥경화증, 인슐린저항성 2형 당뇨] 등 심혈관질환과 대사증후군, [간, 신장, 폐질환] 등 각종 장기가 망가지고, 면역력 약화, 조기 노화, 암 등으로 이어진다. 천식은 어린이의 13%가 앓고 있는 만성질환이고 크론병은 가수 윤종신 씨가 소장을 60cm 잘라낼 정도로 고통이 심한 염증성 장질환으로, 대장에만 생기는 궤양성 대장염과 달리 소장·대장 모두에 생길 수 있고 염증이 깊은 부분까지 침투하여 장이 뚫릴 수 있다. 최근에 급증하는 추세로 20대에 많이 일어난다. 또 질병·사고로 인한 후유장해에 대비해야 한다. 아동은 중증장애가 경증보다 훨씬 높다. 장애인 60%가 4~6급 경증이나, 아동은 87.8%가 3급 이상 중증, 장애아동 90% 이상이 후천성이다. 뇌 및 중추신경계의 이상도 대비해야 하고, 성장하면서 전자파로 인해 40대에 늘어나는 조기 치매도 많이 발생한다. 부모가 70~80대에 이르렀을 때, 30~40대 자녀의 병간호를 하게 될 가능성이 커서 임진왜란보다 더 큰 환란이 예상된다.

자녀보험이 중요한 이유는 2가지다. 첫째, 의료민영화 시대를 살아야 할 세대다. 아무 선택권이 없는 상태에서 겪게 될 의료비 폭등을 어떻게 감당할 것인가의 문제다. 만약 깬 부모가 멀리 내다보고 준비해둔 정액보험은 최고의 선물이 될 것이다. 자녀가 성인이 되면, ①보장한도 축소와 ②불필요한 부가조건이 붙고 ③부모의 경제능력도 줄어든다. 부모가 한시라도 젊고, 자녀가 어릴 때 눈 딱 감고 질러야 한다. 30세 결혼선물로 며느리에게 3대 진단비를 각 3천만 원씩 보장받는, 납입이 완료된 보험증서를 내 놓는다면 어떨까? 사교육비가 많이 드는 고등학교 입학 전까지 기초보장을 탄탄히 한 후, 만 15세가 넘으면 종신보험과 연금보험, 만 19세가 넘으면 국민연금을 가입해두자. 둘째, 시간의 이익이 있다. 지금은 유병자 1,000만 시대다. 그만큼 가입거절이 많다는 이야기다. 그래서 어린이보험을 보험상품의 꽃이라고 한다.

① 보험사가 미래 고객 선점을 위해 가장 신경을 많이 쓰는 전략상품이고
② 적은 돈으로 큰 보장을 살 수 있어 가성비가 가장 높다.
③ 성인이 가입할 수 없는 알짜 보장을 심사 없이 가입할 수 있다.

3단 분리 로케트 2가지를 생각해야 한다. ①30세 이전까지 집중 보장인지, 100세 만기인지. ②생명보험 or 손해보험인지. 결론은 [30세 이전 만기+100세 만기]와 [생명보험+손해보험]의 조합이 다 필요하다. 각각의 장점을 결합시켜 수술·입원 등의 보장을 중복시키는 것이 이상적이다. 흔히 [30세 이전 만기] 상품으로 저렴하게 가입 후 자녀가 성년이 되면 그때 가서 더 좋은 보험상품이 있을 것이란 생각을 갖는다. 차량은 출고 즉시 중고가 되듯 자녀도 태어나는 순간부터 사고·질병통계 안에 포함되어 중고가 되고, 시간이 갈수록 보험료는 올라가고 사고이력이 있으면 재가입이 불가능하게 된다.

자녀를 키우다 보면 10년은 금방이다. 어느덧 22~26세 만기가 되어 또 다시 보험고민을 하게 된다. 그때가 되면 기본보험료는 20년 납 기준 최소 10~15만 원 이상 필요하다. 처음부터 100세 보험을 준비했다면 계속 조금씩 업그레이드하면 되는 것이다. 자녀보험은 기본 스케치에 덧칠을 하는 것이 매

번 새로 설계하는 것보다 이익이다. 30세 미만 만기 상품일 경우 6~7만 원, 100세 만기는 조금 더 부담하여 10~15만 원이면 괜찮은 설계를 할 수 있다. 어린이보험은 3단 분리 로케트와 같다. 기본 통장은 100세까지 보유할 핵심 보장인 [뇌혈관질환, 허혈성심장질환, 질병·상해 후유장해진단비, 입원·수술비] 등을 확보한다. 이 보장의 가치는 시간이 지나면 알 수 있다. 자녀홀로서기 이후 보장을 미리 준비하는 것이 아니라 보험으로 증여·상속하는 개념이다. 상가주택을 증여하는 대신 보장화폐로 주는 것이다. 특히 종신까지 보장되는 생명보험 상품은 더더욱 그러하다. 이 위에 저렴한 [30세 이전 만기] 상품으로 아동청소년기 상해부분과 입원비보장을 추가한다. 고액 입원비가 필요한 이유는 가격이 비싼 2~4인실을 사용할 수 있기 때문이다. 소액으로 고보장을 받기 원한다면, 우선 25세 만기(전기납) 보험으로 보험료를 줄여 가입한 후, 2세 이후 문제가 없다면 다시 5만 원 이상으로 재설계할 수 있다. 태아 시기가 고위험률로 보험료가 가장 높기 때문이다.

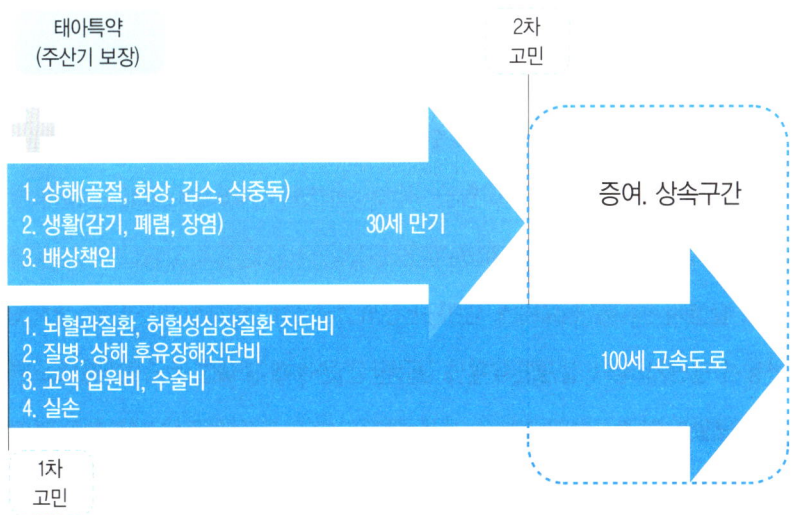

① 출생 1년 후 태아특약 자동 분리

② 성인이 되면 아동청소년기보장 분리 (30세 이전 만기)

③ 100세 보장 지속

구분	생명보험 상품	손해보험 상품
입원 일당	주로 4일 이후	첫 날부터 지급
특징	고액 진단비 중심 (큰 사고 대비)	치료비 중심 (소소한 혜택)
가입	임신 16~23주	임신~22주
배상책임	없음	있음
만기	주로 100세 만기	100세만기 / 30세 이전 만기

태아보험

임신 사실을 확인했다면, 단 0.0001%의 불확실한 가능성도 간과해선 안 되므로 하루라도 빨리 태아와 산모가 건강할 때 준비해야 한다. 가장 위험한 순간은 '출생시점'(임신, 출산질환, 유산 등)이고 최근 35세 이상 고령산모 증가로 질병을 가지고 태어날 확률이 60%나 된다.

가입 시기와 주요 보장

태아보험의 가입시기	태아보험의 주요 보장
· 태아특약 가입시기는 '임신~22주 6일' · 신생아질환 특약은 임신~35주 · 1차 기형아 검사 & 유산방지 주사 전	① 저체중아(2.0kg or 2.5kg이하) 보장 ② 선천질환(기형아 포함) 보장 ③ 출산 전후기(주산기) 질병보장 ※주산기 : 임신 29주~출산1주

태아는 유전자의 '계승자'로 선천질환은 양수·기형사검사의 정확도 30~60%에 불과하고 대부분 출산 후 검사에서 발견된다. 한마디로 태어나 봐야 알

수 있는 것이다. 후유장해로 연결된다면 '태아보험=생애 마지막 보험'이 될 수 있다. 선천질환은 기존 입원·수술특약 등에서 보장되지 않는다. 환경오염, 특히, 미세먼지는 저체중아·기형아의 원인이다. 35세 이상 산모의 절반은 자궁근종이 있고, 이중 절반은 증상이 없다. 3개 이내, 크기는 5센티 미만, 태반에 미치는 영향이 없어야 가입이 된다. 검사 결과 산모 출혈, 유산기, 유산방지 주사투약, 자궁 이상, 임신성 고혈압, 당뇨, 빈혈 등 이상 소견이나 치료 이력이 생기면 가입이 거절될 수 있다.

선천질환의 원인
① 35세 이상 임신의 선천이상 확률은 25세 이하의 약 2배
② 환경호르몬 오염, 미세먼지, 스트레스
③ 독감으로 39도 이상 지속 시 태아 뇌질환, 유산, 조산 가능성
④ 임신 3개월 초기 감염 시 출생 후 정신분열증 가능성 7배
⑤ 임신 중 복용 약물로 인한 기형아 출산
⑥ 기생충이 태반을 통해 뇌와 눈에 치명적 장애
⑦ 임신상태에서 X-RAY, CT로 인한 방사능 과다노출
⑧ 건강하지 못한 아빠의 정자
⑨ B형 바이러스 - 만성 B형바이러스 감염자의 25%가 태아기 전염
⑩ 풍진 바이러스 - 태반을 통해 선천성 기형의 원인

대상질병	분류번호	대상질병	분류번호
1. 신경계통의 선천기형	Q00~007	7. 생식기관의 선천기형	Q50~056
2. 눈.귀.얼굴 및 목의 선천기형	Q10~018	8. 비뇨계통의 선천기형	Q60~064
3. 순환계통의 선천기형	Q20~028	9. 근골격계통의 선천기형 및 변형	Q65~079
4. 호흡계통의 선천기형	Q30~034	10. 기타 선천기형	Q80~089
5. 구순열 및 구개열	Q35~037	11. 달리 분류되지 않은 염색체 이상	Q90~099
6. 소화계통의 기타 선천기형	Q38~045		
단, Q00~07, 선천성뇌질환(의료실비에서 보상 안함)			

저체중아 합병증 및 후유증

저산소증.허혈증	지능저하 경직성 양측 마비, 소두증, 경련, 학습장애
뇌실내출혈	지능저하, 경직, 경련, 소두증
감각신경계 손상	농·맹·미숙아 망막증, 사시, 근시
호흡부전	만성폐질환, 폐인성 심부전, 기관지수축, 반복성폐렴, 성문하협착
괴사성 장염	단장증후군, 흡수장애, 영양실조, 감염성 설사
담즙정체성질환	간경화, 간부전, 영양실조
영양부족	골감소증, 골절, 빈혈, 성장장애
사회적문제	아동학대, 아동방임, 성장장애, 이혼
기타	영아돌연사 증후군, 감염, 서혜부탈장, 피부반흔, 위식도역류

※출처 : 국가건강정보포탈

태아특약의 구성방법

수술.장해	저체중아	입원	치료비
선천기형수술특약 선천장해특약	인큐베이터일당	선천성입원일당 중환자실입원일당	선천치료비 신생아질환 의료실비

신생아 관련	질병 관련
· 선천이상수술 · 신생아 장해진단비 · 뇌병변장애진단비 · 실손미보장 신생아질병 입원일당(주산기) · 저체중아 입원일당(실손.인큐베이터)	· 응급실 내원비 · 질병입원일당 · 질병중환자실 입원일당 · 의료사고 법률비용

손해보험, 실손 보상 카트 만들기

실손보상카트는 자동차보험을 중심으로 정리한다. 자동차를 움직이는 것은 사람이다. 자동차에게는 자동차보험이, 사람에게는 운전자보험이 필요하다. [자동차보험+운전자보험]이 태극의 중심이다. 운전자보험 없이 달리는 자동차는 마치 지붕 없는 자동차와 같다. 자동차와 사람 중 누가 더 소중한가? 사람이다. 교통사고로 하루 14명 (5,092명), 900여명이 부상(328,711명.2013년)하고 있다. 사고가 나면 자동차는 폐기하면 되지만, 사람은 사망이 아니면 영구장해상태로 살아가게 된다. 자동차 사고의 30%는 여름 휴가철이다. 운행이 많으면 많을수록 사고가 늘어나기 때문이다. 최근 트렌드는 자동차 안전에 대한 기술향상으로 인적 피해는 줄고, 대신 경제적 피해는 커지는 경향이다. 자동차 사고는 운전자(가해자&피해자)와 동승자, 2대의 자동차 등 4가지 부분이 문제가 되어 피보험이익이 가장 높다. 그래서 가장 신경을 써서 잘해둬야 한다. 운전자보험에 정액치료비를 보상하는 [자동차부상치료비]를 추가하고 이를 바탕으로 [실손보험, 배상책임, 법률지원담보]를 추가하면 실손보상카트가 완성된다. 자동차보험에 비해 기타 실손보상특약이 다른 점은 사고가 나도 보험료 인상이 없다는 점이다.

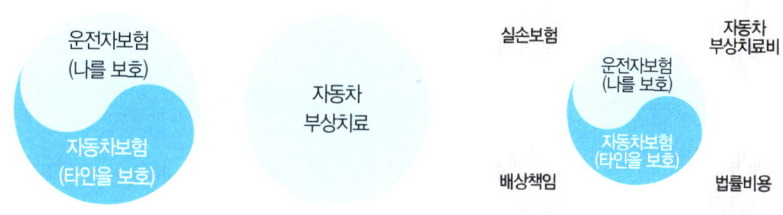

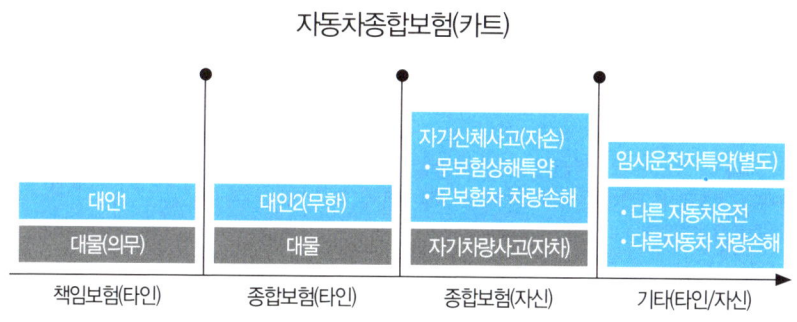

책임보험 자동차는 매일 2,000만 대(2005.12월)가 굴러다니고 이중 120만 대(6%)는 종합보험에 가입하지 않고, 책임보험 없이 배짱 운행하는 건수가 매월 1,000건이 넘는다. 이륜차(약 172만)의 미가입률도 73%다.(보험개발원) 도로 위에는 폭탄들이 돌아다니는 것이다. 책임보험은 단 하루라도 미가입기간에 따라 ①과태료 부과 ②미가입차로 운행 시 1회 범칙금, 2회 적발 혹은 교통사고 시에는 1년 이하의 징역 또는 1천만 원 이하의 벌금을 받게 된다.

책임보험 과태료

구분	담보	10일 이내	초과 1일당	한도
자가용	책임	1만	4,000원	60만
	대물	5천	2,000원	30만
영업용 및 건설기계	책임	3만	8,000원	100만
	대인2	3만	8,000원	100만
	대물	5천	2,000원	30만
이륜차	책임	6천	1,200원	20만
	대물	3천	600원	10만

영업용차량 소유자가 3가지 특약 미가입 시 최대 230만 원의 과태료가 부과된다.

자동차종합보험 카트 종합보험에 가입해야 하는 이유는 교통사고를 내도 공소제기 등 민사책임을 지지 않기 위해서다. 종합보험은 타인을 위한 것과 자신을 위한 것으로 구분된다.

구분		보상
타인 위해	대인1	· 사망 1.5억 / 부상 3천만 / 후유장해 의무가입
	대인2	· 5천,1억, 2억, 3억, 무한 중 선택 · 장례비, 치료비, 위자료, 상실수입액, 휴업손해, 간호비
	대물	· 2천만 원 의무가입 · 2천만 원 이상 임의가입 (3~5억 무한), 외제차 증가로 중요
자신 위해	자기신체사고 (자손) OR 자동차상해	· 급수등급별 보상 · 가입한도 내 실손보상 (치료비, 위자료, 휴업손실 등)
	무보험상해	· 무보험, 뺑소니 피해 실손보상
	자기차량손해 (자차)	· 본인차량, 무보험차량에 파손, 도난사고 보상 · 수리와 직접관련 된 비용 (수리비, 견인비용 등)

자기신체손해 vs 자동차상해 자기신체사고(자손)특약을 가입하는 경우가 대부분이나 최근 자동차상해특약으로 갈아타는 추세다.

구분	보상범위	과실상계	보상대상	안전띠 과실	대인접수기피
자손	치료비만 보상 (1~14등급)	과실상계 (본인부담금 발생)	운전자만 보상	앞좌석 20% 뒷좌석 10%	피해자가 직접청구
자상	치료비 외 (위자료.휴업손해, 향후치료비, 합의금) 기타 손해 배상금	과실상계 없음 (본인부담금 없음)	동승자도 보상	안전띠 과실 없음	보험사가 선 보상 후 구상청구

무보험 차량사고 무보험차상해특약은 [대인1,2, 대물, 자기신체사고(자상포함)]까지 가입했을 때 가입된다. 만일 자차보험에 가입하지 않고 무보험차사고가 나면 자기신체사고(자손)는 무보험차상해특약에서 보상된다. 이때 자기차량손해(자차)는 [무보험차 자기차량손해특약]을 별도로 가입해놓으면 된다. 만약 보복운전을 당했다면, 가해자의 보험사에는 배상책임이 없어지므로 피해자는 직접 가해자의 보험사에 청구(피해자 직접청구권)하고, 피해자는 본인 보험으로 우선 처리한 후 보험사는 가해자에게 구상권을 청구하게 된다. 이때 무보험차상해, 자기차량손해담보를 반드시 가입하고 있어야 한다. 차량 탑승 여부를 따지지 않고 지방에 계시는 부모님이 무보험차 사고를 당해도 서울에 있는 아들이 가입한 무보험차상해특약으로 보상이 가능하다.

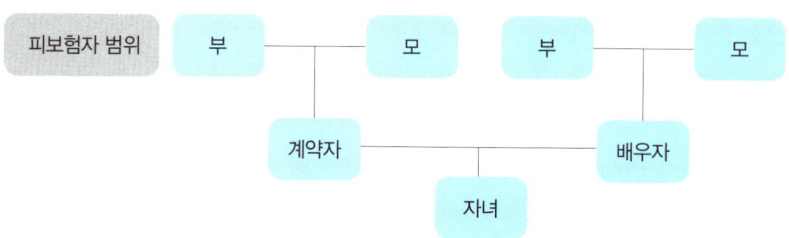

다른 자동차운전 무보험차상해에 가입하면 '다른자동차운전'은 자동으로 가입되어 동종의 다른 차량운전 시 [책임보험, 상대방차량손해]를 제외하고 보상을 받을 수 있다. 다른 자동차의 차량손해를 보상받으려면 [다른자동차차량손해특약]을 추가하면 된다.

> 예) 회식 후 직장상사나 친구 등 다른 사람의 차를 대신 운전하다 추돌사고.
> *피해자 (상대방) – '다른자동차운전특약'에서 보상
> *가해자 (운전자&탑승자) – 자손에서 보상
> *다른자동차손해 – 자차에선 미보장, 대신 '다른자동차차량손해특약' 가입 시 보상

임시운전자특약 명절날 잠시 다른 차량을 운전할 경우, 운전할 기간만큼 별도 보험료를 내고 자동차보험을 추가로 가입하는 것이다. 이 특약의 보장은 가입 후 익일 0시부터 시작되므로 반드시 출발 전날 가입해두어야 한다.

음주. 무면허 보상범위

구분	음주	무면허	기타
대인1	○	○	300만 본인부담 (보험사 선입금)
대인2	○	×	
대물	○	× (의무보험내 지급)	100만 원 본인 부담
자손	○	○	
무보험차상해	○	○	
자차	×	×	
운전자보험	×	×	본인 부담
법률비용	×	×	본인 부담

※2020년 6월 이후, 음주·뺑소니 사고 시 본인부담금 : 대인 1억원(대물 5천만원) 추가부담

운전자보험

자동차보험은 상대방을 보호하는 보험, 운전자보험은 운전자 스스로를 보호하는 보험이다. 피해자가 사망 혹은 중상해 사고를 내면 형사처벌로 연결될 수 있는 경우는 2가지다. 바로 ①피해자와 미합의 시, ②뺑소니, 음주측정 불응, 12대중과실의 경우다. (5년 이하 금고(물적피해 :2년) 또는 2천만원 이하 벌금, 면허정지, 범칙금)

[12대 중과실사고]
1. 신호위반
2. 중앙선 침범 또는 횡단 · 유턴 · 후진 규정 위반
3. 과속운전 (제한속도를 20km 이상 초과운전)
4. 앞지르기 · 끼어 들기 규정 위반
5. 건널목 통과방법 위반
6. 횡단보도 보행자 보호의무 위반
7. 무면허운전 (면허정지 · 취소 포함)
8. 음주운전 또는 향정신성 약물 중독
9. 보도침범 또는 보도 횡단방법 위반
10. 승객 추락방지 의무 위반
11. 어린이 보호구역 내 안전운전 의무를 위반하여 어린이를 상해한 경우
12. 화물고정조치 위반

형사처벌을 피하기 위한 합의, 12대 중과실 시 처벌수위를 낮추기 위한 합의를 위한 합의금은 대체로 정해져 있고, '거액의 현금'을 마련하지 못하면 구속된다. 이때 꼭 필요한 것이 운전자보험의 3대특약으로 ①형사합의를 위한 '교통사고처리지원금(1억원 한도, 2019.6월 확대), ②합의 후에도 피할 수

없는 '벌금'[스쿨존 내 어린이 치사상 가중처벌대비 3천만원 한도(대물 500만원), 2020.4월 확대], ③형사합의 실패로 구속(공소제기) 시 '변호사비용'(2천만원 한도, 2019.4월 확대)이다. 음주, 무면허, 뺑소니사고는 보장하지 않는다. 과거 '형사합의지원금'특약은 정액보상(중복보상)으로 사망/12대중과실만 보장하나, '교통사고처리지원금'은 실손보상으로 중상해지원금(1~3급부상)과 동승자까지 보장되는 포괄적인 보장이다.

최근 핫 이슈는 '어린이보호구역 내 〈시속 30킬로 이상 주행〉과 〈운전자 과실〉로 만 13세 미만 어린이 사망,상해사고 시 가중처벌'하는 '민식이法'이다.(사망 : 3년~무기징역, 상해 : 1년~15년 징역(500만~3천만원 벌금)

보상	형사합의금 12대중과실	형사 합의금+ 중상해 지원금	교통사고 처리지원금
사망	○	○	○
중상해	×	○	○
12대 중과실	○	○	○
동승자(탑승)	×	○	○

자동차부상치료비 교통사고 시 1~14등급에 따라, 통원하면서 받는 정액보장으로 바퀴를 가진 모든 자동차사고 시마다 반복 보장받는 미니 상해 후유장해 보장이다. 자동차운전 중, 탑승 중, 보행 중 다 보장된다. 자동차부상 1~3급 확률은 상해후유장해 80%의 13배, 50%의 8배, 교통사고 시 상해등급 8~14등급이 될 확률은 97%다. 경미한 사고는 14급(단순염좌 및 긴장, 타박상 진단 등)에 해당되어 보험금지급 확률이 높다.

자동차부상등급

부상등급	상해내용
10급	1. 외상성 슬관절내 혈종(활액암염을 포함한다) 2. 손바닥뼈 지골간 관절 탈구 3. 손목뼈 손바닥뼈간 관절 탈구 4. 상지부 각 관절부(견관절, 주관절, 완관절) 염좌 5. 척골 · 요골 경상돌기 골절, 제불완전골절 [비골(코) 골절 · 수지 골절 및 발가락뼈 골절을 제외한다.] 6. 수지 신전근건 파열 7. 9치 이상 10치 이하의 치과보철을 필요로 하는 상해 8. 그 밖에 10급에 해당한다고 인정되는 상해
11급	1. 발가락뼈 관절 탈구 및 염좌 2. 수지 골절 · 탈구 및 염좌 3. 비골(코) 골절 4. 손가락뼈 골절 5. 발가락뼈 골절 6. 뇌진탕 7. 고막 파열 8. 6치 이상 8치 이하의 치과보철을 필요로 하는 상해 9. 그 밖에 11급에 해당한다고 인정되는 상해
12급	1. 8일 내지 14일간의 입원을 요하는 상해 2. 15일 내지 26일간의 통원을 요하는 상해 3. 4치 이상 5치 이하의 치과보철을 요하는 상해
13급	1. 4일 내지 7일간의 입원을 요하는 상해 2. 8일 내지 14일간의 통원을 요하는 상해 3. 2치 이상 3치 이하의 치과보철을 요하는 상해
14급	1. 3일 이하의 입원을 요하는 상해 2. 7일 이하의 통원을 요하는 상해 3. 1치 이하의 치과보철을 요하는 상해

법률비용특약(실손)

예상치 못한 소송으로 정신적, 금전적 손해가 늘어난다. 최근 암발병율, 교통사고보다 많이 발생하는 것이 소송이다. 한 번 소송을 하려해도 비용때문에 포기하는 경우가 많다. 피보험자의 법적분쟁이 소송으로 번지면, 약관이 정한 소송이 제기되어 판결이 종료됨에 따라 법률비용(변호사 수임료, 인지대, 송달료)을 가입한도 내에서 실제 부담비용을 보상하는 보험이다. 국내에선 생소하나, 미국·독일 등에선 대표적인 생활필수보험으로 자리잡고 있으므로 손해보험상품 가입 시 놓치지 말고 추가해야 한다. 운전자특약까지 3만 원 내외로 가입이 가능하다. 특약은 [화재벌금 2천만 원 + 과실치사 상벌금 2천만 원+ 민사소송 법률비용 2천만 원 + 행정소송 법률비용 2천만 원]으로 구성하면 된다.

> 1. **의료소송 비용** 의사의 치료 중 또는 치료의 결과로 의료사고가 발생하여 소를 제기한 경우 변호사 착수금의 80%를 1사고 당 가입금액을 지급한다.(단, 1심에 한함)의료사고가 발생할 경우 피해자가 얻은 정보는 이미 병원이 수정한 정보일 수도 있다. '자신이 10년간 근무해 온 종합병원 중환자실에서 남편을 떠나보낸 한 간호사는 2년 뒤 전자의무기록 진단서에서 남편 사망 당시 볼 수 없었던 새로운 내용을 발견했다.' 이런 경우 의료소송법률비용담보가 필요하다.

> 2. **민사소송 법률비용** 생활 속에서 일어나는 각종 소송에서 변호사 비용 1,500만 원, 인지대와 송달료 500만 원 한도 내 보장한다. 가령, 묻지마 폭행을 한 가해자가 선처를 바라면서 합의를 안 해 줄 때, 연간 1개 사건에 대해 자기부담금을 제외, 변호사비용 최대 1,500만 원, 인지대/송달료 최대 500만 원 보상. 3심까지 진행 시 최대 6,000만 원 보상한다.

3. **행정소송 법률비용** 보험기간 중 원인이 발생하여 법원에 소송제기 시 보상한다.
- 부당해고, 부당징계 및 업무상 재해인정 관련 소송
- 잘못된 과세 처분 관련 소송
- 재개발 등의 토지보상금액, 수용 관련 소송
- 의사·약사에 대한 제재처분, 자동차 운전면허 취소, 정지 관련 소송
- 영업정지·취소, 과징금, 업종제한 등 행정처분 관련 소송

[보상하지 않는 손해]
- 가사소송(이혼), 특허, 저작권, 상표권, 실용신안, 지적재산권 소송
- 금융투자상품 관련 소송, 구두계약, 소음·진동, 흡연, 방사능 소송
- 선거소송과 선거무효, 당선무효, 패소로 인해 상대 측에서 부담할 소송 비용

배상책임 보험 없이 살아가기 힘든 세상에서 1,000원 수준의 저렴한 금액으로 다양한 혜택을 누릴 수 있는 가성비 높은 보험이다. 법률상 손해배상금 외에도 계약자나 피보험자가 응급처치나 긴급호송 등 손해방지 및 경감을 위해 사용한 비용, 소송비용과 변호사선임비용, 중재·화해·조정에 관한 비용 등도 보장된다. 일상생활에서 발생하는 각종 사건사고에 대한 보상을 폭넓게 보장한다.

1. 가족일상생활배상 : 본인, 배우자, 자녀 (연령제한 없음), 생계를 같이 하는 동거친족
2. 일상생활배상 : 본인, 배우자, 자녀 (만 13세 미만)
3. 자녀일상생활배상 : 본인, 자녀

자기부담금(20만)은 대물보상 때만 발생하고 빌린 물건을 사용하다가 망가뜨린 경우와 보험증권에 기재되지 않은 주택은 제외된다. 가족 구성원 중 배상책임보험이 2개 이상 가입돼있으면 자기부담금이 사라진다. 만약 커피를 상대방 노트북에 쏟아 수리비용이 100만 원이 나왔다면 A배상책임보험에서 50만 원, B배상책임보험에서 50만 원씩 지급받고 자기부담금 20만 원은 사라진다. 그러나 2개의 배상책임보험이 있다면 40만 원, 3개가 있다면 30만 원 이상일 때만 자기부담금이 면제된다.

자기부담금 2만	갱신형 신설 (대물 자기부당금 20만)

2009. 6월

가족일상생활 배상책임 보상사례

사고	보험금	사고내용
자전거	30,000,000원	자전거를 탄 자녀가 브레이크를 잡지 못해 앞서가던 할머니를 충격.
주택화재	25,000,000원	화재로 이웃집에 불이 번져 가재도구 등이 소실. (20만 공제 후)
골프장	300,000원	골프 치던 중 피보험자의 배우자가 친 공에 앞사람 무릎에 맞음.
식당	29,000,000원	식당 종업원이 들고 간 찌개 국물을 피보험자 자녀가 건드려 종업원 화상.
스키장	3,000,000원	스키를 타던 피보험자의 자녀가 앞서 가던 사람을 충격하여 상대방 치골 골절.
누수	800,000원	전세로 얻은 2층에서 온수배관 누수로 1층 및 지층 침수. (20만 공제 후)
할인점	790,000원	할인점에 전시된 LCD TV를 피보험자 자녀가 뛰어다니다 파손. (20만 공제 후)

☞ 여학생이 대학스탠드에 앉아 있다가 야구공에 맞아 치아 3개가 부러짐.
☞ 아이가 아파트 지하 주차장 승용차에 차체 손상을 일으킴.
☞ 관리부실로 창문이 떨어져 손해를 끼침.
☞ 자녀가 놀다가 친구를 다치게 하거나 기르던 애완견이 타인을 다치게 함.
☞ 자녀가 친구집에서 놀다가 장난감을 던져 고가의 전자제품을 망가뜨림.
☞ 백화점에서 물건을 고르다 깨뜨림.

07

전략 & 자기소개

◆ 프로세스 세우기

◆ 일의 철학

◆ 실전, 자기소개 만들기

◆ 보험人철학

◆ 나가는 글

> 보험인의 심장이 있는가?
> 보험 일에 목숨을 걸 이상이 있는가?
> 보험으로 사람을 행복하게 만들 수 있을까?
> 고능률이 되기 위해 반드시 넘어야 할 산은 무엇인가?

프로세스 세우기

프로세스는 크게 5단계로 구분한다. 이중 가장 중요한 것은 2단계 자기소개다. 한국은 타인에 대한 신뢰 수준이 낮고, 특히 저성장 시대에는 낯선 사람과 거래하지 않기 때문에 자기소개는 일머리를 잡는 것이다. 보험 일은 신뢰가 생기면 나머지는 '다~알아서'가 되어 고객은 믿고 맡긴다.

Prospecting	사전AP	AP	PT & 클로징	협력자 만들기
관계형성	자기소개+씨뿌림	증권수집	브리핑	추가, 소개계약

씨는 봄에 뿌리는 것이고, 지금 시장은 수확기다. 이 성숙기 수확시장에서는 'One 클로징'도 가능하므로 수확에 맞는 일꾼이 되어야 한다. 그러기 위해

생사문제를 다룰 '차원'을 만들어야 한다. '난 차원(차별화)이 달라, 수준이 달라졌어'라고 말할 수 있어야 고액보험을 다룰 수 있다. 유교의 8조목으로 프로세스를 살펴 보자. FP의 수준은 [지식→철학→도덕단계]를 거쳐 보험정신을 만나는 4단계와 모세가 십계명을 받아 내려오듯 사명^{Mission}을 깨닫고 내 보험부터 제대로 해놓는 수신^{守身}, 가까운 지인을 돕는 제가^{齊家}, 지인 주변까지 돌보는 치국^{治國}, 연쇄소개로 이어지는 평천하^{平天下}의 4단계, 총 8단계다.

FP의 4가지 수준을 정리해보자.

1단계 · 지식 단계(격물^{格物}). 대부분의 FP가 몰려 있다. '든 사람'이다. 문제는 지식이 정리되지 않아 횡설수설, 우왕좌왕하는 것이다. 아주 '격'(格)하게 보험지식(物)과 부딪치고 파고 들어 2단계로 올라가야 한다.

2단계 · 철학 단계(치지^{致知}). 정리된 지식으로 현명한 조언을 하는 전문가로 '난 사람'이다.

3단계 · 도덕 단계(성의^{誠意}). 직업관이 바로 선 단계로 불완전 판매에 대해 심지어 '죄의식'까지 느끼는 수준이다. 할 일^{doing}과 해선 안 될 일^{undoing}을 스스로 구분하는 '된 사람'이다. 고객은 이 3단계를 요구하고 있다. 일단 직업적으로 믿을 수 있는 사람을 찾는다. 고객주변에는 몇 명의 설계사가 없는 사람이 없고 정보획득 채널도 다양하다. 그래서 생기는 병이 결정장애! 선택지가 많을수록 필요한 정보를 선별해줄 믿을 만한 사람을 필요로 한다. 2가지 자기소개가 필요하다. 잘못된 정보를 선별하는 ①팩트 체커$^{fact\ checker}$이자 ②보험가입의 마지막 '통로'로서 인식시켜야 한다. 고객이 누구를 만나 상담하든 상관없이 클로징의 길목을 지키면 된다.

4단계 · 직업정신으로 일하는 단계(정심^{正心}). 강력한 영감^{insight}을 던질 수 있는 '깬 사람'이다. 부처가 보살이 되듯 '나=보험'이 되어 살아 움직이는 화법을 생산해낸다. 내 말이 내 말이 아니라 보험정신이 화법을 만들고 보험으로 노래한다. 자동차 성능은 엔진이 결정하듯 FP도 4단계로 올라가 보험정신이란 엔진을 달아야 한다.

구분	FP수준	대학	관점변경	고객평가	수준별 행동
1단계	지식	격물(格物)	-	'든' 사람	수신
2단계	철학	치지(致知).	보험관	'난' 사람	제가
3단계	도덕	성의(誠意)	직업관	'된' 사람	치국
4단계	정신	정심(正心)	인생관	'깬' 사람	평천하

사명감이 생겼다는 말은 순수한 보험정신을 깊이 생각했단 말이다. 산정상의 공기와 아래 공기는 천양지차다. 보험인은 높은 데로 올라가야 한다.

하늘^天에서 사명^{Mission}을 깨달았으니 천사^{天使}이고,
하늘^天에서 명^命 받았으니 천명^{天命}이고 천직^{天職}이며 소명^{Calling, 부르심}이다.

명命, 받았습니다 FP를 누가 불렀나? 설계사 자격증은 국가자격증이니 나라의 명을 받았고, 수익자가 부른 것이다. 이렇게 말하자. '자녀에게 명^命 받았다, 미래의 당신에게 부탁받았다'라고 말이다. 이 일은 아주 희한하다. FP는 보이지 않는 것_{Something}을 말하고, 고객은 보이지 않는 보험금을 보고 20년 동안 낼 청약서에 척척 서명한다. 서로 보이지 않는 것을 본다는 것이다. 그래서 파는 자나 사는 자나 모두 '수준'이 있어야 한다. 그래서 FP도 고객도 훌륭한 사람들이다.

새로운 관계 맺기

3단계(도덕단계)의 고객은 잡초를 뽑는 농부와 같다. FP를 착한 자와 나쁜 자라는 선악(True or false)으로 구분한다. 이 기준에 맞추다간 '갑을 관계'가 되어 끌려 다니며 아랫사람으로 취급받기 쉽다. 한마디로 세일즈맨 취급이다. 신하가 왕(고객)을 가르치거나 설득할 수 있을까? 더욱이 한국인은 '선생질'(?)하는 것을 싫어한다. 이 수준을 넘어 관계를 끌어 올려야 한다. 산 정상은 푸른 초원이다. 푸른 초원에서는 잡초도 아름다운 풍경의 일부가 된다. 고객과 재무친구가 되면 실수도 용납된다. 친구는 동등한 관계로 1촌이다. 1촌은 가족이다. 고객이 아닌 친구를 만나러 가는 설레임이 시작된다. 고객이란

말은 [고객-회사]간 용어다. 친구란 파트너^{Partner}, 즉 'part(역할)를 나눈다는 말이다. 보험공부가 독학이 가능한가? 보험을 잘 가입하려면 등록시험을 봐야 한다. 그러지 않으려면 괜찮은 보험 친구를 사귀어 두면 된다. 그것이 재산이고, '재물복 =인복^{人福}'이다. 부동산 부자이기도한 YG엔터 양현석 대표는 투자성공의 비결로 중개인을 잘 사귀어 둔 것이라고 말한다. 각 분야의 전문가를 친구로 사귀어 두는 것은 무척 중요하다. 보험이라면 더더욱! 체결 당시만이 아니라 기존 가입상품의 활용, 보험금 지급 등 계속 물어야 하는 일이 많다. 허심탄회하게 대화할 친구가 되어야 맞춤설계를 편하게 해줄 것 아닌가. 친구는 목에 칼이 들어 와도 직언을 한다. 또 하나의 가족으로서 부족한 부분을 정확히 짚어 주며 때에 맞는 상품을 지체없이 가장 먼저 권유한다.

요즘 사람들은 관계가 형성되지 않으면 절대적인 것을 부정하고 모든 것을 상대적으로 평가하려 한다. 관계란 소통창구이고, 관계가 없으면 비즈니스도 없다. 파느냐 못 파느냐는 친구를 만들고 유지하는 관계능력에 있다. 진실한 우정의 경험을 쌓기 위해 손을 먼저 내밀어야 한다. 잊지 말 것은 고객이 더 원한다는 것이다.

Coffee Break
함부로 인연을 맺지 마라

진정한 인연과 스쳐가는 인연은 구분해서 인연을 맺어야 한다. 진정한 인연이라면 최선을 다해서 좋은 인연을 맺도록 노력하고 스쳐가는 인연이라면 무심코 지나쳐버려야 한다. 그것을 구분하지 못하고 만나는 모든 사람들과 헤프게 인연을 맺어 놓으면 쓸만한 인연을 만나지 못하는 대신에 어설픈 인연만 만나게 되어 그들에 의해 삶이 침해되는 고통을 받아야 한다. 인연을 맺음에 너무 헤퍼서는 안 된다. 옷깃을 한 번 스친 사람들까지 인연을 맺으려고 하는 것은 불필요한 소모적인 일이다. 수많은 사람들과 접촉하고 살아가고 있는 우리지만 인간적인 필요에서 접촉하며 살아가는 사람들은 주위에 몇몇 사람들에 불과하고, 그들만이라도 진실한 인연을 맺어 놓으면 좋은 삶을 마련하는 데는 부족함이 없다. 진실은, 진실된 사람에게만 투자해야 한다. 그래야 그것이 좋은 일로 결실을 맺는다. 아무에게나 진실을 투자하는 건 위험한 일이다. 그것은 상대방에게 내가 쥔 화투패를 일방적으로 보여 주는 것과 다름없는 어리석음이다. 우리는 인연을 맺음으로써 도움을 받기도 하지만 그에 못지 않게 피해도 많이 당하는데 대부분의 피해는 진실 없는 사람에게 진실을 쏟아 부은 대가로 받는 벌이다.

– 법정스님

일의 철학

직업적 자존

FP는 친구(고객)가 주인공으로 출연하고 있는 인생 드라마가 해피엔딩으로 마감되도록 조언하는 사람이다. 단 한 달을 공부했어도 보험에 있어서 만큼은 변호사보다, 의사보다 나은 것이다. 과거엔 머리를 써서 일했지만 이젠 마음을 써야 한다. 친구는 30만 명의 설계사가 있어도 '검증'된 자에게 증권을 맡길 것이다.

> **보험 일이란…**
> 꼭 필요한 보험금을 배치하고
> 여력에 맞춰 효율적인 준비를 돕는 것

노후문제의 중대함은 고객이 더 잘 알고 있다. 니즈환기가 아닌 현명한 준비방법을 조언하면 된다. 가격비교가 아닌 가치비교, 가격흥정이 아닌 가치흥정이다. 최종 결정권자는 고객이기에 보험을 잘못 가입했다면 고객에게도 책임이 있다. 은행원은 오는 손님만 상대하고, 쇼호스트는 장점만 부각시키지만, FP는 고객의 속내를 파악해서 진단해준다. 고객은 누구를 선택해야 하는가? 보험 일은 결국 사람이 하는 일이고 보험의 변치 않는 특성은 비자발성이다. 온라인 보험은 한계가 있다. 고객 스스로 보험을 찾는다면 이미 보험의 부적격자(유병자)일 가능성이 크다. 각 가정의 보험증권은 누군가 열정을 일으켜 권유하고 납득시켜 주었기 때문이다. FP는 돈 만드는 방법을 함께 고민하고 숙제를 함께 푼다. 암에 걸려 진단보험금을 수령한 고객이, 자기 아내가 똑똑해서 미리 보험을 잘 들어 두었다고 한다면, 이 말이 맞을까? 과거로 돌아가 보자. 몇 번의 거절과 보험료 대납요구... 그럼에도 FP가 직업적 사랑으로 손을 내밀었기 때문이다. FP는 ①보험가치와 일에 대한 열정 ②고객에 대한 연민으로 일한다. 내 안의 소중한 보험가치를 먼저 깨우쳐 자존이 살아나야 남을 돌볼 수 있다. FP가 없으면 이 세상에 단 한 건의 보험증권도 존재할 수 없다. 고객도 없다. 어떠한 보험회사도, 어떠한 보장도, 보험금 지급창구도 존재할 수 없다. 그러므로 대한민국은 FP가 살아나야 한다. 고객 스스로 보험가치를 알 수 낼 수 있다면 온갖 부품을 섞어 놓고 흔들다 보면 언젠가 시계가 스스로 조립될 수 있다고 믿는 것과 무엇이 다른가. 보험가입으로 가장 이익을 볼 사람은 [회사, 고객, FP] 중 누구인가? 첫째는 고객이고 회사다. FP는 아주 소액의 수수료만 받을 뿐이다.

직업관 세우기 전문가 시대라는 말은 공부가 90% 이상이라는 말! 전문가라는 자부심이 있어야 누굴 만나도 당당할 수 있다. 전문가보단 전문인이 되어야 한다. 사람의 실체는 정신이다.(키에르케고르) 전문인은 전문 지식만이 아닌 직업정신을 가진 사람이다. FP의 자존은 '보험으로 돕는 재무친구'라는 것이다. 의사면허를 땄다고 의사인가? FP경력은 협회등록일이 아니라 직업의식을 가진 순간부터, 그 정신으로 상담을 시작한 순간부터가 진짜 경력이다. 이왕 시작했다면 되돌아 갈 다리를 불태워야 한다. 죽을 힘을 다하고 있는가? 그 다음, 수준이하의 고객 혹은 멘탈을 붕괴시키는 일명 '싸가지' 없는 고객은 과감히 정리해야 한다. 식당 주인은 손님을 가려 받을 수 없지만, FP는 고객을 선택할 수 있다. 그들에게 시간을 낭비하면 선량한 친구(고객)와 만날 시간이 줄어든다. 실적은 다른 곳에서 만들면 된다. 모든 이를 고객으로 모든 이를 친구로 만들겠다는 집착을 내려놓아야 한다.

고객이 타 FP를 비난해도 맞장구치면 안 된다. 결과적으로 일종의 테스트가 되어 똑같은 취급을 받을 수 있다. 시대의 아픔을 안고 업계대표가 되어 대신 사과하고 위로해주자. 수준 높은 태도를 본 고객은 당신을 '기호 1번'으로 받아들이게 된다. 또한 빈정대는 고객은 반드시 짚고 넘어가야 한다. 싸움닭이 될 수도 있다. 그간 홀대와 거절 속에서도 각 가정에 보험증권을 만든 이는 누구인가? 은행원도 쇼 호스트도 아닌 과거 보험인의 노고다. 이 또한 인정받아야 한다. 그 고비를 넘기면 충성고객으로 변할 것이다. 보험과 보험인에 대한 편견이라도 바꿔 주고 와라. 싸가지 없는 고객도 진짜를 만나 제동이 걸려야 정신 차릴 것이고, FP를 바로 대할 줄 알아야 그나마도 준비할 수 있다.

FP라는 직업을 선택한 이유 중 하나는 근로소득세가 아닌 사업소득세 때문이다. 사업자는 근로자에 비해 적은 소득세(3.3%)를 낸다. 일이든 투자든 최종 수익률은 세금이 결정한다. 정부든 부동산 거품을 잡기 위해 세금을 올려 수익률을 떨어 뜨린다. FP 일은 근로자보다 빠르게 돈을 모을 기회다. FP 일이란...

1. 가장 큰 장점은 '무자본 창업'이다.
2. 전문직이기에 사회 트렌드를 따라가며 성장한다.
3. 초기에 돈보다 미래 가능성을 보고 단계별 성장으로 평생직업이 된다.
4. 직장은 한계가 있지만, 직업은 정년이 없고 능력에 따라 꾸준한 고소득이 가능하다.
5. 모르는 것을 새롭게 알아 가는 것은 무척이나 흥분된다.
6. 재무설계와 보험을 먼저 알고 준비할 수 있기에 선택한 일이다.
7. 보험을 매개로 다양한 사람을 만나 한층 더 넓은 시야를 가지게 된다.

퇴역일 정하기 고객들의 찬사를 받으며 후배들에게 선례가 될 명예로운 퇴역일을 미리 정하자. 이 일의 매력은 높은 수수료와 더불어 친구를 골라 사귈 수 있다는 점이다. '가망고객 확보'란 퇴역일까지, 일을 그만둔 후라도 사귐을 지속할 300명의 친구를 만드는 일, '판매과정'은 우정을 쌓는 과정이다. 고객은 갑(甲)도 아니고 왕(王)도 아니다. 설령 갑질을 해도 체결과정에 한정될 뿐, 그 후로는 '을'로 변하여 끝까지 간다. 무엇이 두려운가. '을'을 만나는 일인데... 친구의 자격도 점검하자. 매월 100만 원 수수료를 30년간 벌지 말고, 15년간 200만 원, 7년간 400만 원, 3년간 800만 원을 받아 조기 퇴역하자. 퇴역 결정은 그때 가서 하면 된다. 장기근속이란 결과일 뿐, 단기 복무군인처럼 집중적으로 일해야 폭발력을 얻게 된다.

보험을 보는 관점 가입설계서의 숫자는 단순한 숫자가 아니라 꿈을 실현시킬 숫자다. 재무설계의 99%는 보험이니 말 돌리지 말고 보험이야기로 바로 들어가자. 보험 잘 해놓으면 재무설계는 성공한다. 보험은 금융의 꽃이고 재무설계의 완성이다. 차량 구매도 보험가입을 끝내야 마무리되는 것처럼!

공무원, 교사, 군인, 경찰… 이들의 공통점은 연금이다. 중요과목에 강해야 한다. 가장이 비가 오나 눈이 오나 직장을 나가는 이유는 생활비 확보 때문이 아닌가. 보험은 가장을 가장답게 만들어 준다. 3040세대가 보험을 가입하는 이유는 최소한의 안전판을 마련하여 불확실한 미래를 확실하게 만들기 위함이다. 한국이 복지국가라면 보험은 필요없을 것이다. 복지국가가 아니라면… '잠깐'이라도 고민하면 안 된다. 저성장 시대가 되어 보험의 값어치가 상승하는데도 여전히 보험과 보험인에게 부정적이면 가난예약이다. 보험을 바라보는 시각(보험관)부터 바꿔야 한다. 보험가치는 보험상품을 통해서만 구현되므로 상품을 소개받고 검토하는 일이 중요하다. 모든 보험상품은 '필요'가 있기에 나온 것이고, 보험 자체가 미래트렌드 아닌가? 회계사는 회계장부로, FP는 보장분석으로 진단한다. 보험은 힘을 만들자는 것이고, 늦둥이를 키우는 것과 같다. 자식을 보면 부모를 알 수 있듯 보험가입내역은 고객의 인격과 태도를 반영한다. 삽과 포그레인이 하는 일이 다르듯 보험도 명품설계가 있고 작품이 있다. 이왕 설계하려면 작품으로 만들어야 한다.

보험료에서 보장으로 소액보험은 서로 죽는 일이다. 가령, 암보장을 위해 월 2만 원씩 별도 통장을 만들어 '암보험'이라고 쓴 후 10년을 모았다면 [2만×120개월=240만]이다. 20년이면 480만 원으로 이자(1.5% 가정)를 포함해도 540만 원이다. 또 실손보험을 가입하지 않고 적금을 40세부터 90세까지 50년 모아도 이자를 포함해도 약 1,580만 원에 불과하다. 과연 이 돈으로 할 수 있는 일은 무엇인가? 봄,가을에 날아오는 청첩장은 서로 부조^{扶助}하자는 것이다. 보험은 이미 생활 속에 있다. 저축방식과 보험방식이 혼재되어 있는 것이다. 보험가입은 큰 일부터, 중요과목부터 해야 한다. 그간 젖을 먹었으면 밥도 먹어야 하지 않겠나, 잔돈으로 노후준비가 될까? TV,인터넷,전화기를 묶듯 각각의 보험도 묶어 시너지를 만들자. 보험료는 FP가 정하는 것이 아니라 통계가 만든다. 보험상품은 회사별로 대동소이하므로 저렴하고 좋은 보험은 없는 것이다. 그러므로 보험료를 줄이려다가 보장을 축소하거나 삭제, 혹은 환급률을 포기하게 된다. 주택도 아파트, 주택, 빌라, 원룸이 있듯 보험도 부담한 만큼 사는 것이다. 그래서 비싼 보험도 없다. 비싼 보험이 오히려 좋은 보험이라고 생각해야 한다. 해약 시 손해가 걱정이라면 처음부터 하지 말아야 한다. FP가 제안한 보험료가 높은 이유는 직업적으로 더 많은 보장을 주고 싶기 때문이다. FP는 보장으로 싸우고, 고객은 납입여력을 위해 싸우면 된다. 보험료를 바꿀 수 없다면 가치를 높여 상대적으로 저렴하게 만들면 된다. 사업비는 선불·완불이고, 용도는 체결과 유지비용 등 인건비를 포함한 일체의 비용으로 보험회사 운영을 분담하는 것이다. KTX 열차를 직접 운영할 필요없다. 대신 요금만 내면 되듯 사업비는 이용요금이다.

살 사람에게 판다 가입자격을 미리 확인하지 않으면 헛고생하게 되므로 알릴 의무를 통과할 정도의 건강, 병력, 직업, 유지가능성, 가족사랑의 정도 등을 점검하자. 상담은 PT(프리젠테이션)가 아닌 브리핑이다. 청약서를 먼저 꺼내 놓고, 왜 가입해야 하느냐란 명분을 설명할 수 있도록 준비하자. 돈 많고 건강한 사람에게 적당한 상품이 아닌, 꼭 필요한 사람에게 정확한 상품을 제공하

자. 돈 많은 사람은 마음이 닫힌 시장, 돈이 부족한 사람은 열린 시장이다. 어프로치는 비유로 머리 속에 그림을 그려 주는 것이다. 클로징은 비교하는 것이다. 비교는 클로징의 강력한 무기다. '일반적으로, 다수가, 남들은, 통계는, 예를 들어…'과 같이 말하며 비교샘플이나 보장분석과 같이 객관적이고 명확한 근거로 말해야 한다.

FP 추진력 일의 앞바퀴는 수수료, 뒷바퀴는 사회공헌에 대한 자부심이다. FP가 연봉 1억 원을 벌어야 고객도 많은 보장을 준비하게 되므로 성공하게 된다. 무한한 소득 욕심으로 앞바퀴 회전이 빨라지면 공헌의 뒷바퀴도 빨리 굴러간다. 학생이 장학금을 욕심낸다고 사악하다고 말하지 않고 오히려 칭찬한다. 팔자를 바꾸기 위해 두려움을 떨치고 뛰어들었다면 이른 성공으로 무실적 시기에 버틸 힘을 비축하자. 고객도 담당FP의 생존을 바랄 것이다. 후원회를 조직하여 지원할 수 없기에 FP의 성공은 고맙고 다행스러운 일 아닐까. 이렇게 말하자. 건강하게 오래 일할 수 있도록 기원해 달라고! 굳이 부탁을 안 해도 친구에게서 얻은 그 마음은 자연스럽게 소개와 추천으로 이어질 것이다.

복장 갖추기 멀쩡한 신사도 예비군복을 입으면 길가에서 소변을 본다. 복장이 행동을 지배하는 것이다. 오늘 복장을 보자. 보험 일에 맞는 복장인지! '보험=미래상품'이다. '가슴 뛰는 미래'를 말하면서도 복장, 물품, 악세사리는 '과거'를 말하면 안 된다. 패션 트렌드에도 민감해야 하는 이유다.

실전, 자기소개 만들기

지난달은 챔피언이었지만 이달은 상담도 엉망이고 실적도 변변치 않은 이유가 있다. 무언가 과정을 빼먹었기 때문이다. 백지에 '1,2,3,4,5,6,7,8,9'를 써보자. 빠진 숫자는 0^{ZERO}이다. '0'이란 아라비아 숫자에 없는 철학적 숫자다. 0단계 자기소개가 빠지면 말이 먹히지 않고 클로징에 문제가 된다. 자기소개는 3가지 관점(인생관, 보험관, 직업관)을 나누어 공감을 형성하는 것이다. 성공적인 프로세스의 99%는 새로운 자기소개에 달려 있다 해도 과언이 아니다. 고객이 FP를 단순한 세일즈맨으로 보고 있는 시각을 바꿔 놓지 않으면 말이 먹히지 않기 때문이다. 우선 고객이 듣고 싶은 순서로 상담 순서를 바로 잡아야 한다. 상담 중에도 지금이 어느 단계인가를 생각해야 한다. 어떤 이는 4나 7부터 시작하거나 아무 말이나 던지면, 체결 후에 어떤 말이 먹혔는지 모른다. 육하 원칙에 입각하여 나만의 PT북을 만들어 놓고 매달 자료를 넣고 빼면서 일의 방향과 마음자세를 잡아야 한다. 고객은 3가지로 분류된다.

3가지 고객

첫째. 묻지마 그룹 무조건 따르는 주체가 없는 그룹이다. 지식의 홀로서기가 안된 결정장해로 FP로부터 주입된 정보에 순응한다. 보험가치보다 선물과 관계를 중요시하는 20%의 그룹이다. 우리 국민들은 학창시절 '따지지 말고 외워', 가정적으로 '말대꾸 하지마', 군대에선 '까라면 까'라는 권위주의에 길들여 있던 결과다.

둘째. 팬클럽 밴드, 카카오스토리와 같은 SNS로 연결된 30~40%의 대중이다. 보험에 관심이 적고 동기유발도 필요하다. 이들은 실력보다 대중이 선호하는, 복장과 외모부터 호감을 주는 FP를 원한다. 동질감을 중요시하고 자신의 상황에 맞는 상품, 공감할 수 있는 접근방식을 원한다. 그래서 4인 가족이라면 각자의 설계사가 다를 수 있다. 이들에게 재무설계사는 아이돌(idol)이 되어야 한다. 깊이 있는 공부, 활동성, 적극적인 만남 횟수가 필요하다.

셋째. 주권자 그룹 주인의식이 있는 똑똑한 소비자 그룹(40%)이 늘어나고 있다. 이들은 언제든 설계사를 바꿀 수 있다. 고객이 바뀌었다면 재무설계사도 일의 방식을 바꿔야 한다. 2014년 4월 16일 세월호 사건 이후 엄청난 패러다임 변화가 일어났다. 전국민이 생생히 목격하며 가지게 된 생각은 각자도생이다. 옥시 사태로 기업도 믿지 못한다. 고객의 마음은 '국가가 날 구하지 않는다, 아무도 날 돕지 않는다'이다.

주인의식이 생긴 소비자는 누가 도와 달라고 해서 가입하지 않는다. 자신만의 관으로 보험을 해석하고 인터넷 서핑과 재무서적을 찾아보는 등 스스로 정보의 획득, 해석, 분석, 비판이 가능하다. 역사상 최초로 고객들이 FP보다 더 똑똑해진 시대이므로 철저히 가치관으로 접근해야 하고, 거짓말하거나 모르면서 아는 체하면 안 된다. 신인이라면 고객에게 배운다고 생각해야 한다.

어떤 결심을 해야할까?

고객을 앞에서 이끈다가 아닌 고객과 보조를 맞추며 소통하겠다. / '날 믿고 가입해'가 아니라 고객을 판매 대상, 서비스 대상, 관리 대상으로 보지 않고 의논하겠다. / 시행착오를 거치지 않도록 돕겠다. 보험이 필요하다가 아니라 보험을 통해 꿈에 더 가까이 갈 수 있도록 돕겠다. / 겸손한 자세와 소통을 위해 상식적인 마인드로 고객에게 이익이 안 되면 팔지 않겠다. / 고객이 낼 보험료에는 회사이익과 수수료가 다 들어 있다. 회사와 FP의 이익은 확정되었으므로 고객 이익만 대변하겠다. / 고객은 보험가입 과정에서 정보의 비대칭성 때문에 항상 약자이고, 약자는 보호해야 한다. 고객을 지켜 줄 사람은 FP밖에 없다. 고객의 손을 잡아 주고 삶의 개선에 더 관심을 가지며 더 많은 시간을 보내겠다. / 우리는 변호사, 대리인의 역할을 잘 안다. FP는 보험의 대리인, 변호사. 고객은 보험금 지급 분쟁과 같이 억울한 일을 당할 때 회사와 싸울 정도로 고객 편에 서겠다./FP와 고객은 보험의 실사구시를 통한 상생, 공생의 관계로 보험으로 이익을 준 결과 편익도 얻겠다. / FP의 사무실은 고객과 함께 하기에 경조사 현장, 장례식, 병실이다. 고객에게 확~붙어서 폭발적인 호응을 얻겠다.

고객을 회사대표가 아닌 '보험인'(직업인)으로 만나야 하고 보험은 단순한 서비스가 아니니 고객을 왕처럼 모시면 안 된다. 전문인으로서 당당해야 한다. 고객이 FP를 선별하는 것이 아니다. 오히려 FP가 고객을 선별하는 것이다. 판매인에게는 상품설명을 요구한다. 그러나 전문직업인에게 ①직업인으로서 추구하는 이상은 무엇인지(일의 명분), ②고객을 어떻게 보호할 것인지(일의 방침)를 요구한다. 기존고객에게도 굳이, 일부러, 새로 준비한 소개를 다시 해야 한다. 이것이 기존 고객 300명을 신규고객으로 재탄생시키는 방법이다. 고객 입장에서도 새로운 FP를 만나는 것보다 기존 FP가 새로 태어나는 것이 유리하다. 직업인으로 인정받게 되면 '친숙과정'은 생략될 수 있다. 자기소개의 개념도 브리핑이다. 명함 뒷면에 기재하는 것도 좋은 방법이다.

캐치프레이즈 만들기 한국인은 도그마(명분)을 중요시한다. 보험 일은 명분이 명확해야 한다. 일의 명분이 섰다면 출가^{出家}이고 명분 없이 돈만 벌겠다면 단순 가출^{家出}이 된다. 일을 시작하기 전, 국회의원이 공약을 하듯 명분을 세워야 한다. 보험인은 명분으로 일하고, 세일즈맨은 실리로 일한다. 머리로 끄덕여지는 이상, 가슴에 울림을 주는 캐치프레이즈가 있어야 한다. 내용은 성스러운 성직자, 현실에서는 비즈니스맨으로서의 원칙이 들어 있어야 한다. 계약체결만 하면 수수료를 챙길 수 있지만, 자기소개는 향후 추가계약, 추천과 소개를 위한 '약속어음'을 챙기는 것이다. 순서는 [일의 신념→고객과 관계설정→이슈 브리핑] 순이다.

> 1. 대한민국 모든 가정의 진정한 보험주치의가 되고픈 김성숙입니다. 아무 약이나 인터넷에서 팔진 않습니다. 모든 약은 독성이 있고, 반드시 부작용이 있습니다. 의사의 한마디를 듣기 위해 병원으로 가서 명의를 찾습니다. 경력이 오래 되었다고 명의가 되는 것은 아닙니다. 보험도 병이 날 수 있거든요. 저는 상처 나고 구멍 난 보험 치료 전문입니다. 저는 따뜻하게 영업합니다. 보험가입 상황에 대해 솔직하게 이야기해 주시고 제가 보험을 더 아니까 믿고 의논해 주십시오.

> 2. 까칠하게 고객을 선별하는 재무친구 이정순입니다. 저는 모든 이를 고객으로 모시지 않습니다. 저에게 고객이란 일을 그만 두어도 여전히 친구로 남을 사람입니다. 보험계약도 체결하지만 우정을 쌓는 과정이라고 생각합니다. 저는 친구가 최고 전문가라고 불러줄 때 행복감을 느낍니다. 때론 이렇게 말씀드리죠. '죄송하지만 선생님은 제 고객으로 모실 수 없습니다.' 까다롭게 고객을 선별하는 저의 고객으로 선택되신 것을 축하 드립니다.

3. 보험으로 한편의 성공드라마를 쓰는 작가 이숙자입니다. 인생은 한편의 드라마죠. 고객의 보험증권을 들여다 보면 드라마의 전개방향이 보입니다. '아~ 이 가정의 보험가입내역으로 보면 슬픈 드라마가 전개될 수 있는데,' 라며 안타까운 생각이 드는 경우가 많죠. 막상 걱정하던 일이 현실이 되는 경우가 많습니다.

4. 움직이는 보험정신, 경제독립운동가 송순영입니다. 배를 타는 사람은 seamanship이 있듯이 저는 보험을 통해 각 가정의 경제독립운동을 하고 있습니다. 제 결심은 이렇습니다. 연고시장 하나도 버리지 말고 다 구제하겠다. 가르치려 말고 사랑으로 돌보겠다. 과정마다 동의를 구하고 의논하겠다. 사상적 동지부터 만들겠다. 가까운 이웃이 되겠다. 찾을 수 있는 거리에 있겠다. 씨앗부터 뿌리겠다는 것입니다.

어프로치 이 일은 내 보험부터 잘 해놓으려 시작했습니다. 그러나 보험가치와 직업적 소명에 눈을 떠 발을 들여놓았습니다. 주변을 도우면서 나도 성장하며, 수수료를 뛰어넘는 가치를 준다는 확신때문이죠. FP인 저도 소비자입니다. 총알택시 기사가 직업관을 갖는다면 좋은 일 아닌가요? 믿을 만한 친구가 보험 일을 시작했다면 더더욱 좋은 일 아닌가요? 보험만큼은 믿어도 될 통로가 될 겁니다. 만남의 의도는 직업적 이웃사랑으로 직업적 혜택을 주기 위한 겁니다. 각자도생의 비정한 세상에 뒷심이 되고자 합니다. 단순히 판매자로만 보신다면 그 역할만 할 수 밖에 없습니다. 항상 다짐하는 것이 있습니다.

① 보험상품을 팔 거냐, 보험금을 팔 거냐
② 날 위한 거냐, 고객 이익을 위한 것이냐

③ 충신인가, 간신인가? 충신은 직언을 하듯 난 재무친구로서 직언을 할 거다.
④ '현상유지' 이상의 설계를 할 것이다.

　FP인 저도 그만둘 수 있습니다. 물론 일을 그만둬도 친구로 남을 것이지만, 보험과 관련된 모든 것을 고객 스스로 해야 합니다. 보험금은 보험회사가 알아서 챙겨 주지 않습니다. 보험금은 노후에 주로 타게 되는데 FP도 없는 상황에서 당황하지 않을까요? 보험은 생존비용이니 가입자도 목숨 걸고 공부해야 합니다. 항상 이 청약서가 마지막 청약서가 될 수 있다고 생각해야 합니다. 항상 사고 전, 미리 가입돼 있어야 하기 때문이죠.

　매달 내는 보험료의 의미는 운명을 개척하겠다는 염원이고 비록 보험금을 못 타도 사회적으로 기부하는 거죠. 또 청약서에 서명한 순간, 이미 보험금을 수령한 것입니다. 시간문제만 남게 만들어야 합니다. 보장은 0순위, 저축은 1순위죠. 자동차 보험료도 1년에 100만 원, 건강보험료 월 35만 원, 국민연금 월 35만 원을 내면서 자신과 가족을 위한 보험료를 너무도 아낍니다. 저는 수익자를 대변합니다. 당신 가정에 수익자가 꼭 되어야 할 사람은 누구인가요?

재무친구와의 만남은...

1. 수요자의 윤리 _ 고객에게도 조건이 있습니다.

① 가족을 생각하는 따뜻한 마음. (마음의 자격)
② 경제적 홀로서기를 위한 신념
③ 미래를 즐길 수 있는 상상력
④ 미래를 위해 보험을 생각할 수준
⑤ 최소한 보험만큼은 잘 해두겠다는 각오

2. 전하는 자의 자격 _ 차원 높은 보험을 다룰 자격도 필요합니다.

① 인생설계를 도울 만큼 건전한 철학을 가진 사람
② 상대의 말을 들어줄 귀
③ 균형 잡힌 시각과 미래를 보는 눈
④ 꼭 필요한 금융지식과 상품지식
⑤ 조언을 얻기 쉬운 성실하고 오래 일할 사람

3. 말을 믿어 줄 직업적 신뢰관계 _ 항상 함께 합니다.

① FP는 고객보다 앞서 가지 않는 보험의 동행리더로서
② 고객은 소비자대표인 FP의 후원회장으로서
③ 해결의 과정과 기억을 공유하는 만남

보험 미란다 원칙 미란다 원칙이란 경찰이 범죄용의자를 체포할 때 권리를 말해주는 것이다. 보험상담에 앞서 [미란다 원칙]을 말해주면 고객은 상담에 대한 긴장을 풀고 FP의 제안에 집중할 수 있다. 원칙은 보이텔스바흐 협약으로 1976년 서독의 보수와 진보를 대표하는 교육자, 정치가, 연구자 등이 독일의 보이텔스바흐에 모여 세운 교육의 원칙으로 상담에도 그대로 적용된다.

첫째, 고객에게 강요, 선생질(교화), 주입하지 않는다.
둘째, 판단 근거(장단점)를 그대로 알린다.
셋째, 스스로 결정하도록 한다.

고만이듣판결 최근 부모로부터 젊은 자녀를 소개받으면 그들은 스스로 알아서 할 거라며 만남을 거부하는 경우가 많다. TV프로그램 '집밥 백선생'이 뜬 이유와 같다. 누군가 운전하는 차를 타기보다 자신이 직접 운전석에 앉고 FP는 조수석에 옮겨 앉아 도와주기 원하는 것이다. 납입여력과 최종결정은 고객의 몫인데 FP가 미리 점(占)을 치고 있는 경우가 많다. FP는 통로로서 돕고 조언할 뿐, 이 2가지 주도권을 고객에게 넘기고, 효과적인 대안을 제안해주는 사람_호모제안리우스_이다. 이런 흐름이면, 상담을 꺼리거나 부담을 가질 이유가 없다. 세미나도 적극 참여하는 것이 이익이고, 전해주는 정보는 반갑고 기쁘게 받아들여야 한다. FP에 대한 신뢰만 있다면 거꾸로 상담을 요청하라고 말해도 상담전화가 오는 시대다. 상담을 위해 정보도 오픈하고 충분한 시간을 내야 한다고 말하면 듣는다. 정리해보면, FP는 고민하고, 만나고, 이야기한다.(고.만.이) 고객은 듣고, 판단하고, 결정한다.(듣.판.결)

이렇게 말하자. '직업인의 말을 들으면 자다 가도 떡이 생긴다. 응원군이 되어 주고 보험가입의 선한 모델이 되어 달라. 내가 어떤 일을 하는지 알아야 소개든 추천이든 전파해줄 수 있는 것 아닌가. 제안하는 것은 내 일이다. 보장분석부터 시작하자.'

점치는 선무당 때론 FP마저 실수하는 것이 있다. 보험사고가 날지, 안 날지는 신의 영역인데 FP도, 고객도 오늘 사고가 나지 않을 거란 근거없는 가정으로 설계하는 것이다. 마치 이단종교와 같은 기복신앙이다. FP가 행동하지 못하는 5가지 원인이 있다.

① 민폐를 끼친다? ☞ 보험은 돈을 만드는 일이다.
② 개척만 하겠다? ☞ 개척의 개념을 바꿔서 '지인 개척, 기존고객 개척'이다.
③ 보험료로 부담 주지 않겠다? ☞ 저보장은 서로 죽는 일이다.
④ 언제 그만둘지 모른다? ☞ 고객은 회사가 지킨다. 난 통로일 뿐!
⑤ 내 수수료만 챙기지 않겠다? ☞ 보험금이 적어 원망 듣지 않겠다.

실패유형 전형적인 실패유형은 다~다루고, 다~말하고, 다~터치하면서 FP 혼자 말하는 것이다. 기존 패러다임을 깨기 위해서는 퍽~하고 가슴에 박히는 질문, 절벽으로 몰아가는 이슈를 던져 주거니 받거니 대화를 통해 고객 스스로 문제를 깨닫게 해야 한다. 그러기 위해 FP와 회사의 이슈가 아닌 고객의 이슈를 고객의 언어로, 고객에게 말해야 한다.

질문리스트 (초회 AP)

- 보험상담이라 하니 부담스럽지는 않으셨나요? 혹 어떤 것이 부담되셨나요?
- 주변에 보험설계사들이 많으시죠? 그분들에게 어떤 이야기를 들으시나요?
- 그런 이야기를 들으시면 어떤 느낌이신가요?
- 평소에 보험에 대해 어떻게 생각하고 계시는지요?
- 보험 많이 가입하셨을 텐데요 어떤 부분을 염두에 두고 준비하셨나요?
- 보험가입의 계기는 어떤 것입니까? 그렇게 설계하신 특별한 이유가 있으신가요?

- 매월 적지 않은 보험료가 통장에서 빠져나가는데 나중에 어떤 도움이 될까요?
- 가입하신 보험에 몇 점 주시겠습니까? 만족하시나요?
- 가입하신 보험이 어느 정도까지 역할을 할 수 있다고 보세요?
- 가입하신 보험이 든든한가요, 여전히 불안한가요? 그렇게 느끼시는 이유는…
- 가입하신 보험에서 보험금을 탄 적이 있나요?

- 과거 FP는 어떤 도움을 줬나요, FP가 어떤 역할을 해야 한다고 생각하시나요?
- 고객님의 보험을 가장 잘 설계할 사람은 아마 고객님 자신일 겁니다. 왜냐하면 고객님 사정은 스스로가 가장 잘 알 것이기 때문이죠. 고객께서 판단하실 재무설계 기준과 제대로 된 상품정보가 제시된다면 어떨까요?
- 제가 재무친구로서 고객님께 적합한 방안을 의논 드려도 될까요?

이슈 던지기

1. 공무원 남편과 교사 아내가 결혼하면 어떻게 될까요? 65세 이후 월 780만 원의 연금을 받는다고 합니다. 이들의 결혼은 단순한 결합이 아니라 최적의 연금부부의 조합이죠. 이들은 급여의 몇 %를 납입하고 있을까요? (공무원 14%, 국민연금 9%)

2. 기존 보험만기가 끝난 후 질병이 발병하는 경우가 속출할텐데.. 이 문제를 의논하려 합니다. 다음 주 중 언제 시간을 낼 수 있습니까?

3. 치매 간병보장은 자신보다 사실 가족을 위한 것이죠. 자녀에게 폐를 끼치지 않을 방법을 의논하고 싶습니다.

4. 불황인데도 돈이 갈 곳 몰라 방황합니다. 현명한 투자제안이 있는데요.

5. 아내가, 엄마가 똑똑한 줄 알고 있을 겁니다. 보험증권도 마찬가지라고 생각하지 않을까요? 그러나 막상 일이 터졌는데 실망하게 되는 경우가 많습니다. 사고는 언제 일어날지 모르는데.. 미리따져 봐야 하지 않을까요?

6. 병원에 가신 적이 있으세요? 가족, 친지, 친구 중 아픈 사람은 없으신가요? 혹시 가족력은?

7. 저축하고 계시죠? 적금 만기는 언제인가요? 목돈은 어떻게 투자하시나요?

퍼즐 맞추기 체크리스트

현재 퍼즐
- ☐ 재테크, 단기저축, 교육비 편중
- ☐ 현실에 안주
- ☐ 대출 과다로 저축여력을 못 만듦
- ☐ 종합적 재무철학 부족으로 재무전략 없음
- ☐ 현금 흐름 불안정을 개선하지 못함
- ☐ 부정적인 돈의 철학과 과거 왜곡된 경험
- ☐ 잘못 구입한 보험상품으로 안심함
- ☐ 조각난 재무설계와 보험지식
- ☐ 머리만 복잡하고 행동하지 않음
- ☐ 부부 은퇴계획이 없거나 부족함을 방치하고 있음
- ☐ 저축과 보장의 포트폴리오가 없거나 부족함
- ☐ 뒤섞인 조언들로 보장이 중복, 과다, 부족
- ☐ 예비 신용불량상태

맞춰야 할 퍼즐
- ☐ 자신과 가족을 사랑하는 마음
- ☐ 현재 상황에 대한 개선의지
- ☐ 인생 시간표와 생로병사, 흥망성쇠의 이해
- ☐ 경제상황에 대한 방향감각
- ☐ 돈을 다루는 바른 태도
- ☐ 미래에 대해 미리 보고, 미리 생각하고 준비함 (선견, 선지, 선구)
- ☐ 균형 잡힌 금융보험지식과 절세전략
- ☐ 금융포트폴리오 전략 수립
- ☐ 노후를 축제로 만들 부부 은퇴플랜 보유
- ☐ 가장의 5가지 부채 해결
- ☐ 가문을 명가로 만들 자녀의 미래설계 보유
- ☐ 비과세 종합통장으로 자녀의 교육, 결혼과 인생 2막을 대비함
- ☐ 진정성 있는 재무친구와 사귀고 있음

3개월 작전

새로운 골든 룰 3개월간 100명(하루 1.5명)에게 3개월 뒤 일을 그만둘 각오, 혹은 3개월간 무실적 각오로 기존, 신규고객 가릴 것 없이 가장 먼저 구할 대상 100명(하루1.5명)을 찾아 리스트를 작성한 후 앞에서 정리한 [새로운 자기소개(명분)와 이슈]를 던지자. 고객은 100세 시대 생존을 위해 기존 보험을 재구성해야 하는 절실한 상황임에도 모르거나 미루고 있다가 "지금 가진 보험으로 100세까지 문제없으시죠?"란 질문을 받으면 겉으론 무표정해도 잠이 안 온다. 세상 고민의 99%는 돈 문제이고, 돈 문제의 대부분은 노후문제다. 인터넷을 보고, 연구해봐야 소용없다. 가장 빠른 길은 FP와 의논하는 것이다. 고민(번뇌)은 보험(보리)의 씨앗이다. 그래서 '108번뇌=108보험'이 된다. 생로병사가 다~번뇌다. 이슈를 던져 고객을 고민시켜야 한다. 이 고민의 씨를 마음에 심어 놓으면 시간이 가면 싹이 튼다. 싹이 자라나 걱정이 커져 잠도 오지 않게 되면 씨를 심은 FP의 전화를 기다리게 된다. FP가 주도권을 잡는 것이다. 평소에 보험의 고민 해결사란 사실을 알려 놓은 결과 결국 6개월 안에 90%는 체결이 된다. 10명을 만나 3명 가입한다는 골든 룰은 과거 이야기다. 30%는 3개월 안에 계약을 체결하고, 30%는 생각을 하다 다음 3개월 안에, 30%는 6개월 안에 '어떠한 계기'로, 나머지 10%는 절대 가입하지 않는다.

선순환 만들기 3개월은 운명을 바꿀 충분한 시간이다. 3개월 선순환을 만들기 위해 활동일지에 목숨을 걸어야 한다. 고능률의 한 달은 3주까지만 있다. 3주차까지 마감을 끝내놓고 마지막 주는 익월의 0주차로 익월 계약을 위한 어프로치에 집중하는 시기로 삼아야 한다. 그 결과 익월 1주차에 모든 업적을 쏟아 넣어 온갖 시상을 차지한다. 고객의 월급은 이미 쓸 곳이 정해져 있기에 마감에 쫓기면 고민과정이 생략되어 불완전 판매로 이어지고 월말에 계약이 집중되면 유지관리도 문제된다. 위로받아야 할 사람은 저능률이다. 한 달 내내 저실적으로 한번, 낮은 수수료로 두번! 실적에 비해 마음 고생만 심하고 막상 활동량은 적은 경우가 많다. 생각과 활동을 일치시키는 것이 활동일지다. 고객은 통장으로, FP는 활동일지로 말해야 한다. 활동일지를 통해 ①매일 활동하는지 ②일찍 출근하는지, ③사전 전화약속을 하는지, ④추가계약인지, 소개계약인지 ⑤계약(보장)분석을 하는지 등 셀프점검 Self-management 을 할 수 있다. 활동이란 만남이다. 한국인은 무조건 만나야 한다. 4차 산업혁명시대이고 SNS가 아무리 발달해도 한국인은 스킨십을 중요시하고 여전히 사람의 손길을 그리워한다. 기존고객도 다시 만나야 한다. 계약이 아니라도 고객과 함께 놀아야 한다.

Coffee Break
재무카페 오픈하기

일본에 보험숍^{Shop}이 있다면 한국에는 재무카페가 있다. 대전 성남동에 위치한 '공감카페'다. 삼성화재에서 18년 일했던 전병희 대표(56세,보험학교10기)가 주인공이다. 억대 연봉을 받던 그녀는 과감하게 회사를 나와 구입한 건물 1층에 재무카페 1호점을 오픈했다.

이곳에서는 회사 소속이 다른 FP들이 마음껏 상담할 수 있는 공간을 제공하고 후배들에게 자신만의 독특한 노하우도 전수한다. 또한, 그간 찾아가던 기존 고객들을 이젠 준비된 멋진 공간으로 초청, 단순한 상품판매를 넘어 본격적인 재무설계를 시작했다.

이곳은 단순한 보험 가입이 아닌 LC(라이프 사이클)를 통해 자신의 미래를 꿈꾸고 인간적인 나눔을 통해 재무친구와의 '관계'를 맺는 소중한 공간이 되고 있다. 독서모임을 주최하고 연중 몇 번씩 테라스 음악회를 열면서 지역주민들과 다양한 교류를 나누는 등 자신의 일을 사회봉사차원으로 끌어올리고 있다. 현장을 누비는 FP라면 누구나 꿈꿔 볼 미래의 모습이지 않을까.

보험人철학

신은 사람을 통해 일한다

　마틴 루터는 '일 속에 신이 있다'고 말한다. 신神을 본 사람은 없지만 신은 FP를 통해 일한다. 부처도 보살을 통해 중생을 구제한다. 그래서 FP는 경제적 구원제도를 전하는 신의 사자, 천사, 보살이다. 그런 의미에서 보험일은 일종의 예배이고 기도이며 수행이다. 현장은 직업정신의 가치실현 장소이고, 오늘은 한 가정을 에덴동산으로 만들 소중한 날이며, 고객과의 만남은 가정의 경제독립을 위한 공덕을 쌓고 보시(자비심으로 재물이나 불법을 베풂)하는 '예정된 만남'이다. 이때 자비심이 보험심保險心이다. 그런데 천사를 홀대하면 어떻게 될까? 천벌天罰을 받는다. 천벌이란 인과응보, 즉 심은 데로 거두는 벌이다. 100세 시대에는 지옥도 죽어서 가는 곳이 아니라 오래 살면서 지옥을 경험하게 된다. 현재라는 것은 과거에 내린 모든 결정에 대한 일종의 '심판'이다. 신은 인간을 통해 그의 뜻을 실현한다. 부지불식간에, 대비하라고! 그래서 FP의 전화 한 통, 방문은 단순한 것이 아니다. 5천만 명 인구 중에 FP와 만난 것은 보통 인연이 아니라 기가 막힌 인연이고, FP는 그냥 온 것이 아니라 오늘 만나 분명히 해둘 일이 있다. 그냥 넘어가면 안 된다. '오늘'이란 개인, 가정에 있어서도 분명 뜻이 있을 것이다. 그걸 모르면 전하지 못한 FP도, 듣지 않은 고객도 벌을 받게 된다. FP를 누가 불렀을까? 고객 자신이다. FP는 직업적으로 약자 편, 가난한 이를 돕는 사람, 그들의 소리를 듣는 사람이다. '관세음觀世音', 즉 세상의 소리를 본다는 것, 소리를 어떻게 볼 수 있을까? 세상의 소리란 고객의 '신음소리'다. 고객이 처할 미래의 위험을 미리 보고先見, 알고先知, 도우러 온 것이다. 이 소리 아닌가.

가장을 잃은 유자녀의 소리

병상에 누워 치료비를 걱정하는 고객 자신

생활비를 걱정하는 노인이 된 고객 자신

> **어프로치**
>
> 오늘 의논한 내용은 당신이 원했던 이야기가 아닌가? 날 부른 것은 바로 당신이다. 보험은 누군가 원했기 때문에 만들어진 것이고, 이 가입설계서는 주인이 있다. 난 그 주인을 찾고 있는 거다. 주인이 누군지 아는가? 자녀다. 미래를 현재로 느껴야 한다. 세월호 선장은 짐을 더 실으려고 평형수를 버렸다. 평형수가 보험료다. 재무설계를 하면서 마음이 아프다. 만약 어려움이 닥치면 도울 수 없을 텐데… 그 때 손을 내미는 것보다 지금 돕는 것이 낫다고 생각한다. 나는 고객이 원하는 설계를 한다. 설령 고객이 그것을 미쳐 모를지라도.

'나무관세음보살'에서 '나무'란 Back(돌아가자), '관세음보살'이란 중생의 신음소리를 듣고 자비심으로 구제하는 보살이다. Back to the basic, 즉 본질로 돌아가자는 말이나 나무관세음보살이란 말이나 같은 의미다.

소속이 어디야?

일을 하다보면 자꾸 마음에 걸리는 것이 있다. '나는 누구인가'라는 것. 이 물음에 매 순간 답을 얻어야 상처받지 않고 일할 수 있다. 대부분의 슬럼프는 고객과의 만남에서 비롯된다. 천상천하 유아독존^{天上天下有我獨存}! 하늘과 땅에서 내가 가장 소중하고 내가 선택한 직업, FP의 삶도 소중하다. 간호사, 소방수 등의 직업이 존경받는 이유는 숭고한 직업정신 때문이다. 어떤 직업이든 뿌리를 파고 올라가면 '순수한 정신'과 만나게 된다. 의사는 히포크라테스 선서, 군인은 군인정신, 보험인은 보험정신이다. 우리의 소속은 'OO 회사, OO지점'이 아니다. 등록시험교재를 보자. 설계사 등록은 금융위원회 소관업무다. 이 업무를 '협회'에서 대행하고 있을 뿐이다. 보험설계사는 금융위원회 소속이다. 금융위원회는 대통령 직속기관이고, 대통령은 국민이 뽑는 것이므로 결국 진짜 소속은 '대한민국', 근무처는 각 회사의 지점이며, 우리가 할 일은 어려운 보험을 쉽게 말해주는 사람이다. FP가 일하는 이유는 수수료 때문이 아니라 '자기확장'과 '만남을 통한 배움'이고 성공이 아닌 '일을 통한 성장'이다. 실적만을 위한 것이라면 서로가 부담스럽다. 오늘 고객을 만나 직업적 도움, 혜택, 배려를 줄 수 있으면 너무도 좋은 것이고, 친구와의 만남 자체로도 기쁘다. 만남의 본질은 기쁨이고, 기쁨이란 기($氣$)가 뿜어져 나오는 것이다. 아침 미팅을 끝낸 후 만남을 위해 자료를 챙기면서 설레임이 있어야 정상이고 만남을 통해 현장의 상처도 치유가 되는 보너스가 있어야 한다. 자동차를 왜 밀고 가는가? 편안하게 타고 가야지.

사랑한다, 보호한다, 보험한다!

아들이 물에 빠졌다면, 수영을 잘하든 못하든 잠시도 머뭇거리면 안 된다.

바로 물에 뛰어들어야 한다. 구해야 한다는 생각과 물에 뛰어드는 행동은 동시에 터져야 한다. '사랑'이란 동사^{verb}로 '가치있게 여기다'란 뜻이다. 멈춰 있는 감정이 아닌 살아 움직여 어떤 방식이든 반드시 표현하고 행동하는 것, 이것이 실체다. 표현되지 않은 사랑은 죽은 것이고 불완전하다. 사랑은 반드시 행위를 통해 완성된다. 가장 극단적인 사랑의 표현방식은 먹을 양식을 주고 옷을 입혀 주는 것이다. 보험으로 보면, 보험수익자를 지정하는 것이다. 아들이 2명이라면 한 놈은 아끼는 아들, 다른 한 놈은 말썽장이라 해도 똑같이 재산을 나눠주는 마음이다. 가족을 사랑한다 말해도 생활비를 안 주면 사랑은 없는 것이다. 마음 안에 있으면 사랑, 밖으로 툭 나오면 보험증서다. 사랑하는 것은 소중한 것이고, 소중한 것은 지켜야 한다. 지킬 만한 것은 보호할 것이고, 어느 땐 보호하고, 또 어느 때는 보호하지 않는 것이 아니라 항상 보호해야 할 것을 '보험하는 것'이다.

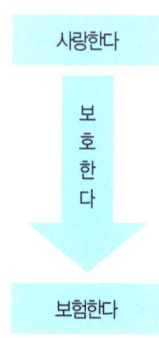

'보험한다'의 원인은 '사랑한다'이다. 누구나 보험심^{保險心}이 있다. 보호의 마음이 매달 통장에서 자동이체되는 것이다. 만일 보험심이 없다면 헛수고다. 펼쳤던 PT북을 접고 나와야 한다.

'보험을 든다, 가입해준다'가 아니다. 내 가족을 내가 보험하는 것이다. 사랑한다보다 더 직접적이고 강렬한 것은 다음 중 어떤 말인가?

♣ 나를 사랑해 = 나를 보험해
♣ 내 가족을 사랑해 = 내 가족을 보험해

보험, 언제부터 준비했어야 하는가?

월가에서는 최고의 인재들을 쓴다. 돈을 다루는 일은 최고의 인재가 해야 하는 것이다. 보험은 더욱 그렇다. 보험인이 금융인과 다른 점은 시각차이다. 금융인은 앉아서 여러 금융상품 중 하나만 보험상품을 팔기 위해 손님을 기다리지만 보험인은 찾아가서 보호한다. 찾아오는 손님은 '왕의 행차'다. 반면 FP가 외면하면 어느 누구도 보험을 준비할 수 없기에 보험인의 방문은 '천사의 두드림'이다. 보험인은 이렇게 말한다.

① 저축해라. 그것도 장기저축으로 큰 돈을 모아라.
② 언제 죽을지 모르니 대비해라.
③ 아플지 모르니 치료비를 준비해라.

보험인은 돈에 생명을 불어 넣고 신의 가호를 전달하는 직업군이다. 보험인을 지키고 보호하는 이가 신이고, 보험인은 신의 대리인이요, 천사요, 보살이다. 이들을 바르게 대해야 하나 푸대접, 홀대하는 경우가 많았다. 문제는 안에서 새는 바가지 밖에서 샌다는 것이다. 내부를 들여다보면, 자신의 직업의 가치를 모르고 그저 팔아서 돈을 번다는 것에 안주하기도 한다. 과거엔 잘 몰랐고, 먹고 살기 위해 열심히 일하다 보니 20~30년 근속했다. 그러나 지금은 달라져야 한다. 내가 어떤 일을 하는 사람인지(직업관) 잘 알고 제대로 해야 할 때 아닌가. 먼저 우리 스스로 자서전을 펼쳐 보자.

연금보험! 언제부터 가입했어야 할까? 1973년이다. 국민연금은 73년에 법제화됐지만 시행은 1988년부터였다. 국민연금의 납부기준은 40년, 60세부터 국민연금을 타려면 20세부터 납부했어야 한다. 최소한 일을 시작하는 순간부터 노후준비를 시작했어야 했지만 늦었지만 늦었다고 할 때가 가장 빠른 것이다.

보장성보험! 언제부터 가입했어야 할까? 방금 태어난 아이는 '죽을 날 받아 놓은 것'이다. 생로병사는 태어난 순간부터 피할 수 없다.

시간여행 일제강점기에는 억눌림 속에 자유가 없었고, 곧이어 6·25전쟁으로 배만 채우기에 급급하여 부의 상속, 이전, 그리고 몇 10년 후를 보는 인생설계가 없었다. 그래서 현재만 바라보고 미래를 준비하지 못하는 국민성을 가지게 되었다. 이것은 치료해야 할 질병으로 '가난의 대물림'이란 후유장애로 이어질 것이다. 1962년 국민저축조합법 시행으로 보험회사가 국민저축기관으로 지정되었고, 그 결과 급여 2%를 강제저축으로 모으는 통장역할을 하게 되었다. 보험의 본질은 보장성보험이나 저축성보험부터 출발하게 된 계기였다. 처음부터 보험을 제대로 이해시키고 가입하는 문화가 아니었다. 그 결과 잘못 가입 된 보험을 100세 시대를 목전에 두고 전 국민이 다시 설계해야 하는 것이다.

어디에서 해야 하나? 과거엔 정부 주도의 '경제성장'이 목표였다. 지금은 개인 가정의 '재정안정'이다. 집전, 용전 단계를 지나 돈을 지키는 수전 단계인 것이다. 출구전략이 필요한 것이다. 개인별로 양식을 쌓아 두어야 하고, 보험으로 100세 목적지까지 안전하게 타고 갈 배를 만들어야 한다. 한국은 수입보험료 기준 세계 8위의 보험대국이고 해약 규모의 몇 배의 보험료가 매월 보험사로 들어온다. 문제는 생보 7위, 손보 9위인데도 1인당 보험밀도는 17위에 불과하여 개인, 가정별로는 '보장결핍', 사회적으로는 심각한 '보험격차'가 벌어지고 있는 것이다. (보험통계연감, 2016년) 수많은 누군가의 통장에 돈이 쌓이는 소리가 들리는가? 나이는 젊은데도 '보험 귀머거리'라면 심각한 일이다.

> **은행** 돈을 맡기는 곳이 아니다. 캐시카드, 신용카드, 대출 등… 돈을 쓰게 한다.
> **주식** 주식도 환매하면 이틀이면 다 날린다. 왜? 내 통장의 돈은 내 돈이다. 내 돈은 내 맘이다. 써버리면 그만이다.
> **보험** 65세부터 연금개시인 연금보험은 65세까진 내 돈이 아니다. 암진단비 1억! 암진단을 받기 전까지 내 돈이 아니다. 즉 위험한 상황, 돈 없으면 죽게 되는 상황에서 비로소 내 돈이 된다. 돈은 필요할 때 있어야 하는 것이다.
> **부동산** 팔려야 내 돈이 된다.

백지 위에 한 줄을 그려보자. 30세 결혼, 60세 은퇴, 90세까지 각각 30년이다. 이 기간 내에 꼭 필요한 돈, 반드시 써야 할 돈이 있다. 계획을 세우는 것은 당연하다. 이 긴 계획에 맞는 상품을 보유한 곳은 어디일까? 보험회사다. 바로 연금보험과 종신보험 같은 상품이다. 왜 해야 하나?

국가가 해줄 수 없으니까. 독재, 공산국가가 아니니까.
나라가 돈이 없는데 의존하면 안 되니까.
세금도 안 내면서 투쟁하고, 삭발해도, 심지어 할복해도 안 되니까.

이런 고집스런 우매함, 깨어나지 않는 몽매함, 과거 경험에만 의지하고 미래를 보지 못함은 치료받아야 한다. 보험 일을 계기로 안 것을 혼자만 알면 되는가! 알려야 한다. 중요한 것은 인생관, 사람됨까진 못 가더라도 바른 직업관이다. 이 직업적 관점은 렌즈와 같다. 매일 동전을 잘 줍던 친구를 생각해 보자. 직업적 관점이 바뀌면 고객도, 니즈도 보인다. 시장보다 내부 자신의 시각 조정이 급선무다. 자신을 가장 괴롭히는 사람은 바로 자신이고 가장 변해야 할 사람도 자신이기 때문이다.

넌 누구냐? 고객은 마음속으로 묻는다. '넌, 누구냐'라고. 사람의 실체는 정신이므로 보험인의 실체도 '보험정신'이다. 이 정신은 조선시대로 가면 삼도수군통제사 이순신을 만든 정신, 일제시대엔 안중근, 유관순을 만든 정신이다. FP는 그 정신으로 일해야 한다. 애국지사의 정신을 이어받는 직업적 계승자란 말이다. GDP(국가총생산)의 의미를 생각해보자. 한 가정의 부가 모여 국부가 형성된다는 것이 아담 스미스의 경제학이다. 내가 잘 사는 것이 전체 사회를 잘 살게 하는 것이다. 이기심(사익)이 곧 이타심(공익)이다. 진정한 애국은 자신이 잘 사는 것, 고객을 잘 살게 만드는 일은 애족이 된다. 연금 100만 원을 가입한 사람도 애국자다. 이 돈으로 포항제철을 만들고 경부고속도로를 건설했다. 경제적으로 홀로 서겠다는 정신, 보험을 가입할 정도로 성숙한 정신으로 모인 돈은 부강한 나라를 만든다. 그 정신이 서야 비로소 결혼도 하고 한 가정을 이끌 수 있는 것이다.

과거에는 애국지사들이 독립운동으로 나라를 구했지만 지금의 애국은 무엇인가? 과거 일제의 노예로 살았다면 지금은 돈의 노예로 사는 국민을 구해야 한다. 안중근 의사가 살아 있다면 누구에게 총을 겨눌까. 바로 '돈의 결핍'이다. 지금 거북선을 만들 필요는 없다. 대신 그 정신으로 각 가정으로 들어가

'보장의 배, 노후의 배'를 만들어야 한다. 보험 잘 가입해놓는 것이 애국이고, 우리가 하는 일은 결과적으로 보험을 통한 경제독립운동이 되는 것이다. 안창호 선생은 하와이에서 일하던 동포들에게 이렇게 말했다. "오렌지를 따도 애국의 마음으로 일하면 그것이 바로 독립운동이다." 남이 알든 모르든 중요하지 않다. 어떤 마음이냐가 중요한 것이다. 국가란 각 가정이 모여 나라가 된 것이다. 국가(國家) = 家(가정이 모여) + 國(나라가 된다)

태극마크 금융의 태극마크는 보험이다. 보험은 금융의 중심, 재무설계의 중심이다. 태극은 주역의 핵심원리다. 음(파란색)은 보장성보험, 양(빨간색)은 장기저축인 연금이다. 이것이 마치 엄마, 아빠가 결합하듯 하나로 합쳐지면 국민연금이 된다. 활동기에 보장, 활동기 이후엔 연금을 받는다는… 이것이 가장 이상적인 재무설계의 밑그림이다. 마찬가지로 보장과 연금으로 태극마크를 만들면 재무설계는 끝난다. 그 다음 '건곤감리'(하늘·땅·물·불) 4괘가 재테크다. 만약 태극마크(연금·보장)가 빠지면 엉망이 된다. 만나는 모두에게 보험으로 태극마크를 주어야 한다. 主一無敵(주일무적)이란 이순신 장군의 첫 번째 철학이다. 주된 하나를 꽉 잡음으로 사사로운 것은 신경 쓰지 않는다는 말이다. 재무설계의 핵심인 보험을 잘해 놓으므로 재테크에 휘둘리지 않게 된다. 두 번째는 이겨놓고 싸우라는 거다.

    FP는 보험사와 고객을 연결하는 꿀벌이다. 꿀벌은 꿀을 목적으로 하지만 동시에 수정을 시키는 엄청난 일을 한다. 돈을 벌면서도 지탄받는 직업이 많은데 보험일은 개인, 가정, 사회, 국가적으로 기여하는 가치는 당당히 'A+학점'이다. 이렇게 훌륭한 직업적 가치를 누가 말해 줘야 하는가? 현장에 있는 바로 당신이다.

    이 시대 보험일은 단순한 세일즈가 아니라 시대가 요구하는 사명이고 FP는 그 중심에 서 있다. 3가지 장면을 기억하자. ①단순히 고객을 만나는 것이 아니라 '작은 대한민국'을 만나는 1번 장면, ②단순한 보험가입이 아니라 'SAVE', 즉 한 사람, 한 가정씩 두 손으로 잡아 물에서 힘껏 끌어올려 구출하는 장면, ③폭우로 갇힌 사람을 헬리콥터를 타고 가 튼튼한 동아줄을 내리는 장면, 이것이 보험일이다. 100세 희망을 전하는 FP는 불과 4~5년 일하는 국회의원·대통령의 관점보다 20~30년을 더 내다보고, 구체적이고도 직접적으로 도와 재산을 만든다. 어떤가, 정말 중요한 일이 아닌가. 너무도 깨끗하고 정당한 수수료 아닌가.

    한 가정에서는 엄마, 아빠일지 모르지만 일단 일을 시작하면 '보험정신'의 옷으로 갈아입고, 보험으로 돕는 재무친구로 직업적 이웃사랑을 실천하는 사람, 바로 FP란 이름의 훌륭한 직업을 가진 당신이다.

나오는 글 | You are special!

이 책을 손에 든 당신, 내일 희망의 역사를 쓸 수 있다. 더욱이 7장까지 마쳤다면 성공의 첫 단추를 푼 것이다. 많은 내용으로 혼란스러울지도 모르지만 걱정할 필요는 없다. 하루 이틀 시간이 지나면서 머릿속 수납공간에 차곡차곡 지식과 컨셉의 퍼즐이 정리될 것이기 때문이다. 상담 중 자신도 모르게 내용을 인용하거나 각각의 지식이 '사통팔달'로 뚫리고 한 줄로 꿰어지는 느낌이 오는 순간이 온다. 그러면 일단 성공이다. 이제부터가 중요하다. 다시 목차를 보며 매일 One point study로 내 것으로 만들기 바란다. 그다음 자신의 보장내역을 점검함으로 FP 자신이 '현명한 보험가입'의 모델이 되는 것이다.

이 책을 통해 얻어야 할 부분은 '단품보험'이 아닌 전체적인 '조언'을 할 능력을 갖추는 것이다. 그러기 위해 언급된 패러다임 변화들을 명확하게 인식해야 하고 그에 맞춰 ①기존 지식과 개념들을 갱신해야 한다.(퍼즐 맞추기) 보험지식은 일반지식과 달리 많이 아는 것보다 이미 안 것을 다시 알고, 또 알고, 고쳐 아는 것이 중요하다. 수박겉핥기로 알면 백전백패이므로 정리된 지식을, 디테일하게 알고, 절실하게 알아야 말문이 터지게 된다. ②핵심키워드를 정리하면 고객에게 어떤 이슈를 던져야 하는지를 알게 되고, '질문'을 던질 수 있게 된다. ③각 장에 들어 있는 상품별, 플랜별 어프로치를 기승전결에 맞춰 자신만의 스크립트를 작성해 보자. ④마지막으로 새로운 '자기소개'를 만들어 보자. 자동차가 시원하게 달리려면 아스팔트(인식)부터 깔아야 하듯 지인과 기존고객에게 내 일을 다시 소개하므로 보험과 보험인을 대하는 자세와 태도부터 바꾸어야 한다.

특히, 주목할 부분은 보험인의 직업관이다. '보험인'이란 FP만을 의미하진 않는다. 보호의 마음(보험심)을 가진 모든 이가 보험인이다. 한 가정의 가장이 보험인이고, 군인·경찰은 나라를 지키는 직업적 보험인, 이순신은 임진왜란 때 직업적 보험인, 김구 선생은 일제강점기 보험인이었다. [자기애(1차원)→가족애(2차원)→애사심(3차원)→애국심(4차원)→인류애(5차원)]로 이어지는 보험심의 수준에 따라 행동(보험가입)이 달라진다. 우리가 자기애(1차원)와 가족사랑(2차원)의 마음으로 보험가입을 하지만 결과적으로 애국(3차원)이 되고, FP일도 생계 이상의 아주 특별^{Special}한 의미, 즉 각 가정의 경제독립을 돕는 역할이다. 역사학자 이덕일 소장(한가람역사문화연구소)은 '조선왕독살사건'을 비롯한 역사평론서로 100만부 베스트셀러 작가이자 인기강연자다. 보험학교 초청강연을 통해, 애국지사의 정신이 곧 보호의 정신이고, 일제강점기 독립운동이 오늘날 경제독립운동으로 이어져야 한다는 견해에 '올바른 접목'임을 확인하기도 했다. 생각해보자. 역사적으로 백성

나오는 글 | You are special!

을 누가 보호했는가. 조선 후기 실학자인 성호 이익 선생은 '한강 이북은 중국에서, 한강 이남은 양반들이 다 빼앗아 간다'고 통탄했다. 지금은 돈이 국민의 목을 조른다. 각자도생의 시대엔 누가 국민을 구할 수 있을까? 한국인은 나라가 위기에 처하면 의병을 일으키고, 재해가 나면 전국각지에서 성금과 물품을 보내며, IMF시절 금모으기를 하는 보험DNA가 있다. 이 시대 보험이 '금 모으기'이고, FP는 '의병'이고 '선한 이웃'이다. 이 같은 사실을 만나는 모든 이에게 꼭 말해 주라. 처음엔 의아하게 생각할지 모르지만 조금 지나면 '보험에 그런 깊은 의미가 있는지 몰랐다, 다시 한번 생각하게 되었다.'며 공감과 더불어 FP에 대해 달라진 태도를 확인하게 될 것이다.

길어야 80세였던 기존 보험들, 이제 100세 보장으로 속속 전환되고 있다. 이미 장기보험의 3분의 1은 만기가 100세 이상이다. 바야흐로 '보험금확보전쟁'이다. 예정이율 인하와 손해율 증가로 보험료가 오른 것은 사실이다. 그러나 100세 보험은 '돌아오는 소비'이고, 복지지출이 늘어나면 '보험=재산'이 된다. 보험에 돈 쓰란 이야기가 아니라 돈좀 만들라는 이야기를 하는 거다. 누군가는 보험에서 금(노다지)을 캐고 있는 지금, 친구들 사이에서 바보 되지 않도록 피보험이익보다 보험을 안 들어 생길 손해(피보험손실)를 강조하기 바란다.

이제 마무리할 시간이다. 집필 중 계절이 4번 바뀌었다. FP에게 맛있는 밥상을 차려주기 위해 꼭 필요한 직업정신, 개념, 지식, 최신 통계를 찾아 정리해온 시간들이 주마등같이 스쳐 간다. FP가 건넨 청약서는 종이가 아니라 밥이고 고기다. 고객의 밥상은 누가 차리는가? 바로 FP라는 훌륭한 직업을 가진 당신이다. 아무쪼록 이 책을 통해 혁명적인 패러다임 변화와 세일즈폭발의 기적이 일어나기를 기원한다.

제기동 연구실에서

김 송 기

> 고맙습니다.
> 그리고 감사합니다.
> 소중한 일을 맡은 보험인!
> 당신을 칭찬합니다.

보험학교 '북포럼' (예비과정)
① The Ship(보험철학세우기)
② 아버지가 선물한 아침(가치전달전략)
③ 장수입장권(실전.은퇴플랜)
  : 책자제공. 4시간 완성

보험학교 '경제독립운동가 과정'(본 과정)
• 1일 7시간 (5주간 5회, 총 35H)
• FP · 매니저 · 관리자 대상, 저자 직강의 멘토링스쿨

  1주 : 세일즈폭발Ⅱ (컨셉세우기)
  2주 : 실전, LC백지설계 마스터
  3주 : 가치폭발전략 세우기
  4주 : 노후플랜 실전 PT
  5주 : 보장플랜 실전 PT

저자와 소통 BAND · **카톡친구** : '보험학교'
• 문의 : 010-9414-3340 (보험학교)

세일즈폭발 Ⅱ

초판 1쇄 2017년 8월 1일
    3쇄 2020년 6월 8일

지은이	김 송 기
발행인	김 송 기
발행처	SM성공문화연구소
등록번호	제303-2005-000005호
등록일자	2005년 3월1일
표지디자인	조 경 훈
주소	서울시 성북구 동소문로34길24, 107-904호
대표전화	02)6451-0411 fax 02)6451-0412
C.P	010-3212-2141
E-mail	kimsg0607@hanmail.net

가격 28,000원

ⓒ 김 송 기, 2017

ISBN 978-89-94611-03-7 13320

* 잘못된 책은 바꾸어 드립니다.